高等职业教育土建专业系列教材

建设工程法规

（第三版）

主　编　李海霞　何立志　曾　欢

副主编　杨述兵　张　伟　董登友

参　编　王先敏　周怡安　曾健如　龚智勇

主　审　常爱萍

南京大学出版社

内容提要

本教材根据高等职业教育教学及改革的实际需求,以知识、能力、思政三维学习目标为挈领,按照"工程应用—学习内容—案例分析—'1+X'证书习题"为脉络主线重构课程内容,润物细无声地穿插课程思政专栏,注重学生知识的掌握、能力的提升及价值的引领。每个模块基于工作实际岗位需求,设置了若干有针对性的项目,每个项目均设置了互为匹配的工程实际案例与"1+X"证书习题,便于学习者理解、掌握对应的建设工程法律法规知识,并能运用所学知识解决学习、生活和工作过程中遇到的法律纠纷,培育和践行社会主义核心价值观。

本书既适用于高职高专土建类、工程经济类专业学生学习使用,也可作为自学者和相关从业人员的重要参考书。

图书在版编目(CIP)数据

建设工程法规 / 李海霞,何立志,曾欢主编. —3版. —南京:南京大学出版社,2021.6
ISBN 978-7-305-24829-0

Ⅰ.①建⋯ Ⅱ.①李⋯②何③曾⋯ Ⅲ.①建筑法—中国—高等职业教育—教材 Ⅳ.①D922.297

中国版本图书馆CIP数据核字(2021)第152752号

出版发行	南京大学出版社
社 址	南京市汉口路22号　　　邮编　210093
出版人	金鑫荣

书 名 建设工程法规
主 编 李海霞　何立志　曾 欢
责任编辑 朱彦霖　　　　　编辑热线　025-83597482

照 排	南京开卷文化传媒有限公司
印 刷	南京鸿图印务有限公司
开 本	787×1092　1/16　印张 16.5　字数 458 千
版 次	2021年6月第3版　2021年6月第1次印刷
ISBN	978-7-305-24829-0
定 价	45.00元

网 址	:http://www.njupco.com
官方微博	:http://weibo.com/njupco
微信服务号	:njutumu
销售咨询热线	:(025)83594756

第3版前言

《建设工程法规》从初版到再版再到第3版的这8年里，伴随着全面依法治国的推进，建筑行业日趋规范，与之对应的建设工程法规的修订也日趋频繁。自2017年3月第2版出版至今，本教材涉及到的70%建设工程法规已经修订。一系列建设工程法规的修订，意味着一系列建设工程法规的废止和生效，第2版的大部分内容已经过时或被废止，《建设工程法规》教材内容的修订迫在眉睫。2019年1月，《国家职业教育改革实施方案》的印发，吹响职业教育改革的号角，接踵而来的"教师、教材、教法"三教改革也已响彻中华大地，创新型教材的研究与开发已成为趋势。创新型教材的研究与开发，意味着纯纸质版的传统教材已经不能满足新时代学生泛在学习的需要，第2版教材的数字化建设也就势在必行。

本教材以知识、能力、思政三维学习目标为挈领，按照"工程应用—学习内容—案例分析—'1+X'证书习题"为脉络主线重构课程内容，润物细无声穿插课程思政专栏，注重学生知识的掌握、能力的提升及价值的引领。每个模块基于工作实际岗位需求，设置了若干有针对性的项目，每一个项目均设置了互为匹配的工程实际案例与"1+X"证书习题，便于学习者理解、掌握对应的建设工程法律法规知识，并能运用所学知识解决学习、生活和工作过程中遇到的法律问题和纠纷，培育和践行社会主义核心价值观。

这次改版在保留原版教材编写体例的基础上，主要做了以下修订：

(1) 全面推进"课程思政"教学改革。本教材开发团队以"课程思政"教学改革为突破口，深度挖掘本门课程蕴含的家国、行业、职业素养等思政元素，以问题导向的方式引导学习者深入思考，融会贯通，培养其家国情怀、职业道德和职业素养。

(2) 全面更新教材内容及案例。一是按照最新修订的建设工程法规，对每个模块的内容进行了更新,从而使得新版的内容与时俱进;如根据 2021 年 1 月 1 日实行的《民法典》,修订了模块 1《建设工程法规入门基础知识》中的"1.2 建设工程有关的民事法律法规的基本知识"、模块 4《建设工程合同法律制度》;根据新修订的《大气污染防治法》《环境噪声污染防治法》等法律,修订了模块 8 中的"建设工程施工现场环境保护制度"等。二是根据教材使用者反馈的建议,新增了部分内容,从而使得新版的内容更加完善;如在模块 2 中增加了"工程建设项目审批制度"等。三是结合建设工程实务最新的案例,对教材中的教学案例进行了适时的更新,以满足广大师生教学的需要。

(3)建设配套数字化课程资源。本教材开发团队在第 2 版部分内容信息化的基础上,进行了配套数字化课程资源的建设与开发,便于学习者结合教材进行线上自主学习或者线上线下混合式学习。

本书由湖南工程职业技术学院李海霞、何立志、曾欢担任主编;由湖南交通职业技术学院杨述兵、贵州工业职业技术学院张伟、黔西南民族职业技术学院董登友担任副主编,由湖南工程职业技术学院王先敏、周怡安,湖南交通职业技术学院曾健如、湖南昌祥律师事务所的龚智勇担任参编。全书由湖南交通职业技术学院常爱萍负责审定,最后由李海霞负责全书统稿。

修订过程中,编者查阅了大量的文献资料,进行了相应的调查研究,同时也参考了业界许多专家、学者的论著,在此表示衷心的感谢;同时感谢南京大学出版社编辑的鼓励和指导,才使得本教材能够再版。尽管本次修订对第 2 版中的内容进行了更新,对编写体例进行了优化,对出现的疏漏做出了更正,但由于编者水平有限,第 3 版中仍有疏漏难免,恳请广大读者提出宝贵的意见。

编　者

2021 年 5 月于长沙

目　　录

模块1　建设工程法规入门基础知识

学习目标

知识目标：能说出法的概念、特征及作用等法律基础知识，列举建设工程有关的民事法律法规的基本知识，并能就建设工程法规相关知识进行举例说明。

能力目标：能运用所学知识解决学习、工作和生活中遇到的常见民事法律问题。

思政目标：崇尚法治精神，自觉践行社会主义核心价值观，做遵纪守法好公民。

1.1　法律基础知识

工程应用

知识点	项目应用阶段	典型工作事件	主要涉及的岗位	要求
法的概述	项目全寿命周期	法的核心内容在于规定人们在法律上的权利和义务	工程涉及的所有岗位	说出
法的效力	项目全寿命周期	上位法的效力高于下位法等	工程涉及的所有岗位	举例
法律责任	项目全寿命周期	法律责任相称原则	工程涉及的所有岗位	列举

学习内容

1.1.1　法的概述

1. 法的概念

法有广义与狭义之分。

广义的法是指由国家制定或认可，并由国家强制力保证实施的，反映着统治阶级意志的规范体系，这一意志的内容是由统治阶级的物质生活条件决定的，它通过规定人们在相互关系中的权利与义务，确认、保护和发展对统治阶级有利的社会关系和社会秩序。

狭义的法是指具体的法律规范，包括宪法、法律、行政法规、地方性法规、行政规章、判例、习惯法等各种成文法和不成文法。

2. 法的特征

人类社会的存在和发展离不开各式各样的社会规范。社会规范是调整人与人之间社会关系的行为规则,包括法律规范、道德规范、宗教规范、社会团体规范等。法作为一种特殊的社会规范,具有以下基本特征。

(1) 法是具有规范性、概括性和可预测性的社会规范

马克思指出,法律是肯定的、明确的、普遍的规范。法具有规范性、概括性和可预测性的特点。规范性是指法规定了人们在一定情况下可以做什么、应当做什么或不应当做什么,也就是为人们的行为规定了模式、标准和方向。概括性是指法的对象是抽象的、一般的人和事,在同样的情况和条件下,法律可以反复使用。可预测性是指人们通过法有可能预见到国家对自己和他人的行为的态度和产生的法律后果,因为法律规定了人们的行为模式,从而成为评价人们行为合法与不合法的标准。

(2) 法是国家制定或认可的社会规范

法是由国家制定或者认可的,这是法区别于其他社会规范的重要特点之一。制定和认可是国家创制法律规范的两种基本方式和途径。制定是指社会生活中原来没有某种行为规则,立法者根据需要,通过相应的国家机关,按照法定程序制定出各种规范性法律文件来体现这种行为规则。认可是指社会生活中原来已经存在着某种行为规则(如道德、习惯、宗教、礼仪等),国家以一定形式对其加以承认并且赋予其法律效力。无论是制定还是认可,都与国家权力有着不可分割的联系,都体现着国家的意志。

(3) 法是规定人们权利和义务的社会规范

法的核心内容在于规定人们在法律上的权利和义务。法律权利是指法律赋予人们的某种权能。法律义务是指法律规定人们必须履行的某种责任。法通过人们在一定社会关系中的权利和义务来确认、保护和发展有利于统治阶级的社会关系和社会秩序。

(4) 法是以国家强制力为后盾,通过法律程序保证实施的社会规范

任何社会规范的实施都需要某种力量作保证。但在所有的社会规范中,只有法是以国家强制力来保证实施的。统治阶级为了法的实施,依靠军队、警察、法庭、监狱等暴力机器,迫使社会全体成员遵守。在任何国家,违反法律规定的行为都将由专门国家机关依法定程序追究行为人的法律责任。因此,法是具有普遍约束力的社会规范。但是,法以国家强制力来保证实施,是从法的"最后一道防线"意义上讲的,并不是说国家强制力是法得以实现的唯一途径。

3. 法的作用

法的作用又称法的功能,泛指法对个人以及社会发生影响的体现。法的作用可以分为法的规范作用和法的社会作用。

(1) 法的规范作用

① 指引作用。指引作用的对象是每个人自身的行为。法律规范由行为模式和法律后果两部分构成;法律规范可分为授权性规范和义务性规范两大类。这两类规范都体现了法律对每个人自己行为的指引。但区别是授权性规范是一种有选择的指引,即在这种规范中,法律容许人们自己来选择是否这样行为。义务性规范却是一种明确的指引,它告诉人们必须根据法律所指引的那样来行为。从立法目的来说,这两类规范中包含的法律后果都是促使人们行为时所要考虑到的重要因素。但不同的是,就有选择的指引(即授权性规范)来说,立法的目的是

鼓励人们从事法律所容许的行为；相反地，就明确的指引（即义务性规范）来说，立法的目的是防止人们做出违反法律指引的行为。

② 评价作用。评价作用的对象是其他人的行为。作为一种规范，法有判断、衡量他人行为的评价作用。在评价他人行为时，总要有一个客观的评价准则。法是一种重要的准则，通过法可以判断某个人的行为是合法还是违法（包括违反什么法、违反到什么程度等）。当然，仅仅根据法来判断人的行为往往是不够的。这是因为，一般地说，法只能作为判断人的行为是否合法的准则；同时，在社会生活中，人们行为的很多方面，由于各种原因，法不去调整而由其他社会规范加以调整；再有，某种行为尽管并不违法，但并不一定合法。法律上不明确制止的行为，一般可以说是合法的行为，但法对某些行为虽不明确制止，但也并不意味着法就支持或保护这种行为。在以上这些情况下，法的评价作用就有局限性了。

③ 教育作用。教育作用的对象是一般人的行为。这里讲的教育作用不同于上面所说的指引作用，也不是指法在促进文化教育领域方面的社会作用，它是指通过法的实施而对一般人今后行为所发生的影响。有人因违法行为而受到制裁，对其他一般人有教育作用（严格地说，对那些企图违法的人来说，是一种警戒作用）；人们合法的行为及其法律后果也同样对一般人的行为有重大示范作用。

④ 预测作用。在法学中，法的预测作用有几种意义。这里讲的只是指法的一种规范作用，或者说，法具有可预测性的特征。这种作用的对象是人们相互的行为。依靠法，人们可以预先估计到他们相互间将怎样行为，包括可以预先估计到社会舆论和国家机关对自己和他人的行为会有什么反应。

⑤ 强制作用。强制作用的对象是违法者的行为。法律都有由国家强制力保证实施的特征。我国的法律是以广大人民自觉遵守为基础的，但强制也是一个不可缺少的条件。法的强制作用无论对法的社会作用或对法的其他规范作用来说，都有重要的意义。强制之所以必要，是为了制裁、惩罚违法犯罪者，也是为了预防违法犯罪行为，增进人们的安全感。所有这些都是建立社会秩序的重要条件。

（2）法的社会作用

就阶级对立社会来说，法的社会作用大体可归纳为以下两大方面。

① 实现阶级统治的作用。一般地说，在阶级对立社会中，法的社会作用首先是实现统治阶级的阶级统治，即对敌对阶级实行专政并调整阶级内部或统治阶级和它的同盟者之间关系的作用。实现阶级统治，维护对统治阶级有利的社会关系和社会秩序，也就是法的主要目的或任务。

② 执行社会公共事务中的作用。阶级对立社会的法，从某种意义上说可分为两类。一类是实现阶级统治的法；另一类是执行社会公共事务的法，如环境保护法、交通管理法规、卫生法规以及很多技术法规等。后一类法律，从客观上说，是为了全社会的利益而不是统治阶级一个阶级的利益；它们的内容，即使在不同社会制度下，也是大体上类似的，是可以相互借鉴的。

1.1.2　法的效力

1. 法的效力层次

（1）法的效力的概念

法的效力即法律的约束力，指人们应当按照法律规定的那样行为，必须服从。通常，法的效力分为规范性法律文件的效力和非规范性法律文件的效力。规范性法律文件的效力也叫狭义的法的效力，是法律的生效范围或适用范围，即法律对什么人、什么事、在什么地方和什么时间有约束力。非规范性法律文件的效力指判决书、裁定书、逮捕证、许可证、合同等的法律效力。这些文件在经过法定程序之后也具有约束力，任何人不得违反。但是，非规范性法律文件是适用法律的结果而不是法律本身，因此不具有普遍约束力。

（2）法的效力层次

法的效力层次是指规范性法律文件之间的效力等级关系。根据我国《立法法》的有关规定，我国法律的效力层次可以概括为：

① 上位法的效力高于下位法，即规范性法律文件的效力层次决定于其制定主体的法律地位，行政法规的效力高于地方性法规的效力。

② 在同一位阶的法律之间，特别法优于一般法，即同一事项，两种法律都有规定的，优先适用特别法。

③ 新法优于旧法。

2. 法的效力范围

根据效力范围不同，法律效力可以分为对人的效力、对事的效力、空间效力、时间效力。

（1）法律对人的效力

法律对人的效力是指法律对谁有效力，适用于哪些人。在世界各国的法律实践中先后采用过四种对人的效力的原则，即属人主义原则，属地主义原则，保护主义原则，以属地原则为主，与属人主义、保护主义相结合的原则。根据我国法律，对人的效力包括对中国公民的效力和对外国人、无国籍人的效力两个方面。

① 属人主义即法律只适用于本国公民，不论其身在国内还是国外，非本国公民即使身在该国领域内也不适用。

② 属地主义即法律适用于该国管辖地区内的所有人，不论是否是本国公民，都受法律约束和法律保护，本国公民不在本国，则不受本国法律的约束和保护。

③ 保护主义即以维护本国利益作为是否适用本国法律的依据，任何侵害了本国利益的人，无论其国籍和所在地域，都要受该国法律的追究。

④ 以属地主义为主，与属人主义、保护主义相结合的原则既要维护本国利益，坚持本国主权，又要尊重他国主权，照顾法律适用中的实际可能性。

我国采用的是第四种原则。根据我国法律，对人的效力包括两个方面：

① 对中国公民的效力。中国公民在中国领域内一律适用中国法律。在中国境外的中国公民，也应遵守中国法律并受中国法律保护。但是，这里存在着适用中国法律与适用所在国法律的关系问题。对此，应当根据法律区分情况，分别对待。

② 对外国人和无国籍人的效力。外国人和无国籍人在中国领域内，除法律另有规定者外，适用中国法律，这是国家主权原则的必然要求。

（2）法律对事的效力

法律对事的效力指法律对什么样的行为有效力，适用于哪些事项。这种效力范围的意义在于告诉人们什么行为应当做、什么行为不应当做、什么行为可以做，指明法律对什么事项有效，确定不同法律之间调整范围的界限。

（3）法律的空间效力

法律的空间效力指法律在哪些地域有效力,适用于哪些地区。一般来说,一国法律适用于该国主权范围所及的全部领域,包括领土、领水及其底土和领空,以及作为领土延伸的本国驻外使馆、在外船舶及飞机。

（4）法律的时间效力

法律的时间效力指法律何时生效、何时终止效力以及法律对其生效以前的事件和行为有无溯及力。

① 法律的生效时间主要有三种:自法律公布之日起生效;由该法律规定具体生效时间;规定法律公布后符合一定条件时生效。

② 法律终止生效即法律被废止,指法律效力的消灭,可分为明示的废止和默示的废止。

③ 法的溯及力也称法律溯及既往的效力,是指法律对其生效以前的事件和行为是否适用。如果适用,就具有溯及力;如果不适用,就没有溯及力。法律是否具有溯及力,不同法律规范之间的情况是不同的。关于法律的溯及力问题,一般遵循两个原则:首先"法律不溯及既往"原则,即国家不能用现在制定的法律指导人们过去的行为,更不能由于人们过去从事某种当时是合法而现在看来是违法的行为,而依照现在的法律处罚他们;其次,作为法律"不溯及既往"原则的补充,法律规范的效力可以有条件地适用于既往的行为。从我国目前有关法律溯及既往的原则的规定,一般采用"不溯及既往"原则。

课程思政 1－1

《民法典》已施行,溯及力如何规定?

专家解读:最高人民法院副院长杨万明就发布的适用民法典时间效力的司法解释(法释〔2020〕15 号文件)问题回答了记者提问:"最高人民法院这次制定了关于适用民法典时间效力的司法解释,里面提到了"溯及适用"。能否通俗地介绍一下关于"溯及适用"的相关规定?

杨万明:法不溯及既往,是一项重要的法治原则。一般情况下,新的法律只对其实施以后法律事实产生约束力,对其施行以前的法律事实一般没有溯及力。这次编纂民法典不是制定全新的民事法律,也不是简单的法律汇编,而是对现行的民事法律规范进行编订纂修,对已经不适应现实情况的规定进行了修改完善,对经济社会生活中出现的一些新情况、新问题作出了有针对性的新规定。我国《立法法》第 93 条的规定,法律不溯及既往,但为了更好地保护公民、法人和其他组织的权利和利益而作的特别规定的除外。我们把这种情况称为"有利溯及"。时间效力司法解释根据立法法规定,总结民事审判经验,在坚持"法不溯及既往"这一基本原则的前提下,规定了两种例外情形:

第一种例外情形就是"有利溯及"。比如说民法典实施前成立的合同,按照当时的法律和司法解释的规定,合同无效。而民法典规定合同有效的,民法典施行后,应当适用民法典的规定。这样做就更加符合当事人的意思自治,也有利于促进和鼓励交易。

第二种例外情形是新增规定的溯及适用问题。在民事审判领域,旧法对某一事项没有规定,而新的法律在总结理论研究成果和审判实践经验基础上对此作出明确规定的,基于维护公平正义、统一法律适用的需要,人民法院是可以适用新法的规定。比如:民法典关于保理合同的规定,合同编通则关于债的种类的规定等等,需要注意的是,并不是所有的新增规定都能够溯及适用,如果适用新增规定明显减损当事人合法权益,增加当事人法定义务,背离当事人合理预期的,则不能溯及适用。

(来源:北大法律信息网)

思政要点:体现了《民法典》以人民为中心的立法定位。

1.1.3　法律责任

1. 法律责任的含义与分类

法律责任是指因违反了法定义务或契约义务,或不当行使法律权利、权力所产生的,由行为人承担的不利后果。就其性质而言,法律关系可以分为法律上的功利关系和法律上的道义关系,与此对应,法律责任方式可以分为补偿性方式和制裁性方式。

法律责任是由特定法律事实所引起的对损害予以补偿、强制履行或接受惩罚的特殊义务,亦由于违反第一性义务而引起的第二性义务。

法律责任的特点在于:

(1) 法律责任首先表示一种因违反法律上的义务(包括违约等)关系而形成的责任关系,它是以法律义务的存在为前提的。

(2) 法律责任还表示为一种责任方式,即承担不利后果。

(3) 法律责任具有内在逻辑性,即存在前因与后果的逻辑关系。

(4) 法律责任的追究是由国家强制力实施或者潜在保证的。

根据违法行为所违反的法律的性质,法律责任可分为民事责任、刑事责任、行政责任与违宪责任和国家赔偿责任。

2. 法律责任的构成

法律责任的构成要件是指构成法律责任必须具备的各种条件或必须符合的标准,它是国家机关要求行为人承担法律责任时进行分析、判断的标准。根据违法行为的一般特点,我们把法律责任的构成要件概括为主体、过错、违法行为、损害事实和因果关系,共五个方面。

(1) 主体

主体是指违法主体或者承担法律责任的主体。责任主体不完全等同于违法主体。

(2) 过错

过错即承担法律责任的主观故意或者过失。

(3) 违法行为

违法行为是指违反法律规定的义务、超越权利的界限行使权利以及侵权行为的总称。一般认为,违法行为包括犯罪行为和一般违法行为。

(4) 损害事实

损害事实即受到的损失和伤害的事实,包括对人身、对财产、对精神(或者三个方面兼有)

的损失和伤害。

（5）因果关系

因果关系即行为与损害之间的因果关系，它是存在于自然界和人类社会中的各种因果关系的特殊形式。

3. 归责

法律责任的认定和归结简称归责，它是指对违法行为所引起的法律责任进行判断、确认、归结、缓减以及免除的活动。

归责一般必须遵循以下法律原则：

（1）责任法定原则

① 违法行为发生后应当按照法律事先规定的性质、范围、程度、期限、方式追究违法者的责任；作为一种否定性法律后果，它应当由法律规范预先规定。

② 排除无法律依据的责任，即责任擅断和"非法责罚"。

③ 在一般情况下要排除对行为人有害的既往追溯。

（2）因果联系原则

① 在认定行为人违法责任之前，应当首先确认行为与危害或损害结果之间的因果联系，这是认定法律责任的重要事实依据。

② 在认定行为人违法责任之前，应当首先确认意志、思想等主观方面因素与外部行为之间的因果联系，有时这也是区分有责任与无责任的重要因素。

③ 在认定行为人违法责任之前，应当区分这种因果联系是必然的还是偶然的，直接的还是间接的。

（3）责任相称原则

① 法律责任的性质与违法行为的性质相适应。

② 法律责任的轻重和种类应当与违法行为的危害或者损害相适应。

③ 法律责任的轻重和种类还应当与行为人的主观恶性相适应。

（4）责任自负原则

① 违法行为人应当对自己的违法行为负责。

② 不能让没有违法行为的人承担法律责任，即反对株连或变相株连。

③ 要保证责任人受到法律追究，也要保证无责任者不受法律追究，做到不枉不纵。

4. 免责

免责是指行为人实施了违法行为，应当承担法律责任，但由于法律的特别规定，可以部分或全部免除其法律责任，即不实际承担法律责任。免责的条件和方式可以分为：

（1）时效免责

（2）不诉免责

（3）自首、立功免责

（4）有效补救免责

对于那些实施违法行为，造成一定损害，但在国家机关归责之前采取及时补救措施的人，免除其部分或全部责任。

（5）协议免责或意定免责

协议免责或意定免责是指双方当事人在法律允许的范围内通过协商所达成的免责，即所谓"私了"。

（6）自助免责

自助免责是对自助行为所引起的法律责任的减轻或免除。自助行为是指权利人为保护自己的权利,在情势紧迫而又不能及时请求国家机关予以救助的情况下,对他人的财产或自由施加扣押、拘束或其他相应措施,而为法律或公共道德所认可的行为。

（7）人道主义免责

在权利相对人没有能力履行责任或全部责任的情况下,有关的国家机关或权利主体可以出于人道主义考虑,免除或部分免除有责主体的法律责任。

5. 惩罚性责任与补偿性责任

根据追究责任的目的分为补偿性责任和惩罚性责任。

惩罚即法律制裁,是国家以法律的道义性为基础,通过强制对责任主体的人身和精神实施制裁的责任方式。

补偿是国家以功利性为基础,通过强制力或当事人要求责任主体以作为或不作为形式弥补或赔偿所造成损失的责任方式。

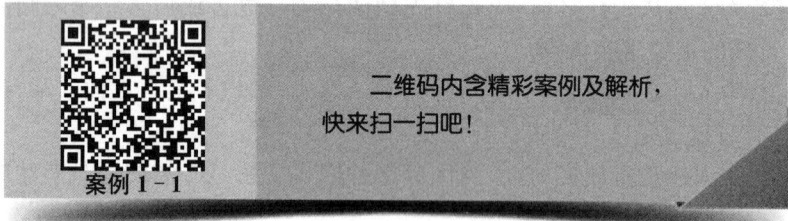

二维码内含精彩案例及解析,快来扫一扫吧!

案例 1－1

1.2　建设工程有关的民事法律法规基本知识

工程应用

知识点	项目应用阶段	典型工作事件	主要涉及的岗位	要求
民事法律行为	项目全寿命周期	法律行为必须是出于人们自觉的作为和不作为	工程涉及的所有岗位	列举
代理	项目全寿命周期	代理人以被代理人的名义从事活动	建设项目负责人、监理单位负责人、造价咨询机构负责人等	运用
物权	项目全寿命周期	物权的客体主要是经过劳动加工后具有价值和使用价值的有体财产	建设项目负责人、建设企业法律顾问等	运用

（续表）

知识点	项目应用阶段	典型工作事件	主要涉及的岗位	要求
债权	项目全寿命周期	合同是债发生的最常见的根据	建设项目负责人、承包单位负责人、建设企业法律顾问等	运用
诉讼时效	项目全寿命周期	我国民事诉讼的一般诉讼时效为 3 年	工程涉及的所有岗位	运用

学习内容

1.2.1　民事法律行为

1. 民事法律行为的概念

（1）法律行为的概念

法律行为指能发生法律上效力的人们的意志行为，即根据当事人的个人意愿形成的一种有意识的活动，它是在社会生活中引起法律关系产生、变更和消灭的最经常的事实。法律行为包括直接意义上的作为，也包括不作为（即对于一定行为的抑制）。通常又把前者称为积极的法律行为，后者称为消极的法律行为。

法律行为的成立必须具有下列条件：

① 必须是出于人们自觉的作为和不作为。无意识能力的幼年人、疯癫、白痴、精神病，以及一般人在暴力胁迫下的作为和不作为，都不能视为法律行为。

② 必须是基于当事人的意思而具有外部表现的举动，单纯心理上的活动不产生法律上的后果。意思表示是法律行为不可缺少的核心构成要素。如果法律行为能够产生主体预期的后果，按照当事人的意思安排他们之间的权利义务关系，当事人必须要能够自主做出意思表示，而且这种意思表示能够依法在当事人之间产生拘束力。法律行为与事实行为的根本区别即在于当事人是否做出了意思表示且这种意思表示是否能够产生拘束力。如虽有犯罪意思而无犯罪行为的，不能视为犯罪，也不能视为法律行为。

③ 必须是为法律规范所确认而发生法律上效力的行为。不由法律调整、不发生法律效力的，如通常的社交、恋爱等不是法律行为。

（2）民事法律行为的概念

根据《民法典》第 133 条规定，民事法律行为是民事主体通过意思表示设立、变更、终止民事法律关系的行为。

2. 民事法律行为的成立

《民法典》第 134 条规定，民事法律行为可以基于双方或者多方的意思表示一致成立，也可以基于单方的意思表示成立。法人、非法人组织依照法律或者章程规定的议事方式和表决程序作出决议的，该决议行为成立。

3. 民事法律行为的形式

民事法律行为可以采用书面形式、口头形式或者其他形式；法律、行政法规规定或者当事人约定采用特定形式的,应当采用特定形式。

4. 民事法律行为的生效时间

民事法律行为自成立时生效,但是法律另有规定或者当事人另有约定的除外。行为人未依法律规定或者未经对方同意,不得擅自变更或者解除民事法律行为。

5. 民事法律行为的效力

《民法典》第143条规定,具备下列条件的民事法律行为有效:

(1)行为人具有相应的民事行为能力;

(2)意思表示真实;

(3)不违反法律、行政法规的强制性规定,不违背公序良俗。

6. 民事法律行为的附条件和附期限

(1)附条件的民事法律行为

民事法律行为可以附条件,但是根据其性质不得附条件的除外。附生效条件的民事法律行为,自条件成就时生效。附解除条件的民事法律行为,自条件成就时失效。附条件的民事法律行为,当事人为自己的利益不正当地阻止条件成就的,视为条件已经成就;不正当地促成条件成就的,视为条件不成就。

(2)附期限的民事法律行为

民事法律行为可以附期限,但是根据其性质不得附期限的除外。附生效期限的民事法律行为,自期限届至时生效。附终止期限的民事法律行为,自期限届满时失效。

1.2.2　代理

1. 代理的概念和法律特征

(1)代理的概念

代理指代理人在代理权限范围内,以被代理人的名义与第三人实施的民事法律行为,由此产生的法律后果由被代理人承担的一种法律制度。在代理关系中,代理他人实施民事法律行为的人称代理人;由他人代自己实施民事法律行为的人称被代理人;与代理人实施民事法律行为的人称第三人。

(2)代理的特征

① 代理人必须以被代理人的名义进行活动。

在代理关系中,代理人只有以被代理人的名义从事活动,才能为被代理人取得民事权利和履行民事义务。如果代理人以自己的名义进行民事活动,就不是代理活动,其法律后果由行为人自己承担。

② 代理行为必须是具有法律意义的行为。

代理人代被代理人实施的行为主要是法律行为。通过代理行为,必然在被代理人与第三人之间发生、变更或终止某种民事法律关系。如代签合同,代理变更合同内容或代理解除合同等。

③ 代理人必须在代理的权限内独立进行意思表示。

代理人必须在被代理人的授权范围内或法律规定或指定的权限范围内进行民事活动,不得擅自变更或超越代理权限。为了更好地完成代理事务,代理人在代理权限内可以根据代理活动的具体情况,有权向第三人做出意思表示,以维护被代理人的利益。

④ 代理的法律后果由被代理人承担。

代理人是以被代理人的名义,为被代理人的利益进行的活动。因此,在代理活动中,代理人不因其所实施的民事法律行为直接取得任何个人利益,由代理行为产生的权利和义务应由被代理人本人承受。

2. 代理的种类

《民法典》第163条规定,代理包括委托代理和法定代理。委托代理人按照被代理人的委托行使代理权。法定代理人依照法律的规定行使代理权。

(1) 委托代理

委托代理又称授权代理、意定代理,是指代理人按照被代理人的委托而进行的代理。

① 授权委托书。委托代理授权采用书面形式的,授权委托书应当载明代理人的姓名或者名称、代理事项、权限和期限,并由被代理人签名或者盖章。

② 共同代理。数人为同一代理事项的代理人的,应当共同行使代理权,但是当事人另有约定的除外。

③ 违法代理及其法律后果。代理人知道或者应当知道代理事项违法仍然实施代理行为,或者被代理人知道或者应当知道代理人的代理行为违法未作反对表示的,被代理人和代理人应当承担连带责任。

④ 禁止自我代理和双方代理及例外。代理人不得以被代理人的名义与自己实施民事法律行为,但是被代理人同意或者追认的除外。代理人不得以被代理人的名义与自己同时代理的其他人实施民事法律行为,但是被代理的双方同意或者追认的除外。

⑤ 复代理。代理人需要转委托第三人代理的,应当取得被代理人的同意或者追认。转委托代理经被代理人同意或者追认的,被代理人可以就代理事务直接指示转委托的第三人,代理人仅就第三人的选任以及对第三人的指示承担责任。转委托代理未经被代理人同意或者追认的,代理人应当对转委托的第三人的行为承担责任;但是,在紧急情况下代理人为了维护被代理人的利益需要转委托第三人代理的除外。

⑥ 职务代理。执行法人或者非法人组织工作任务的人员,就其职权范围内的事项,以法人或者非法人组织的名义实施的民事法律行为,对法人或者非法人组织发生效力。法人或者非法人组织对执行其工作任务的人员职权范围的限制,不得对抗善意相对人。

⑦ 无权代理。行为人没有代理权、超越代理权或者代理权终止后,仍然实施代理行为,未经被代理人追认的,对被代理人不发生效力。相对人可以催告被代理人自收到通知之日起三十日内予以追认。被代理人未作表示的,视为拒绝追认。行为人实施的行为被追认前,善意相对人有撤销的权利。撤销应当以通知的方式作出。行为人实施的行为未被追认的,善意相对人有权请求行为人履行债务或者就其受到的损害请求行为人赔偿。但是,赔偿的范围不得超过被代理人追认时相对人所能获得的利益。相对人知道或者应当知道行为人无权代理的,相对人和行为人按照各自的过错承担责任。

⑧ 表见代理。行为人没有代理权、超越代理权或者代理权终止后,仍然实施代理行为,相对人有理由相信行为人有代理权的,代理行为有效。

(2) 法定代理

法定代理是指根据法律的直接规定而产生代理。如无民事行为能力人和限制民事行为能力人,其监护人因法律直接规定而成为被监护人的法定代理人,这种代理无须被代理人授权。

3. 代理终止

（1）委托代理终止的情形

《民法典》第 173 条规定，有下列情形之一的，委托代理终止：① 代理期限届满或者代理事务完成；② 被代理人取消委托或者代理人辞去委托；③ 代理人丧失民事行为能力；④ 代理人或者被代理人死亡；⑤ 作为代理人或者被代理人的法人、非法人组织终止。

但也有例外，即被代理人死亡后，有下列情形之一的，委托代理人实施的代理行为有效：① 代理人不知道且不应当知道被代理人死亡；② 被代理人的继承人予以承认；③ 授权中明确代理权在代理事务完成时终止；④ 被代理人死亡前已经实施，为了被代理人的继承人的利益继续代理。作为被代理人的法人、非法人组织终止的，参照适用前款规定。

（2）法定代理终止的情形

《民法典》第 175 条规定，有下列情形之一的，法定代理终止：① 被代理人取得或者恢复完全民事行为能力；② 代理人丧失民事行为能力；③ 代理人或者被代理人死亡；④ 法律规定的其他情形。

1.2.3　物权

1. 物权的概念

物权是民事权利主体在法律规定的范围内，直接支配一定的物，并排斥他人干涉的民事权利。物权是物质资料所有制和财产占有、支配关系的法律表现。它是同债权相对应的一种财产权，也是同债权、知识产权既有区别又有联系的一项法律制度。

《民法典》规定，本法所称物权，是指权利人依法对特定的物享有直接支配和排他的权利，包括所有权、用益物权和担保物权。

2. 物权的法律特征

（1）物权的权利主体是特定的，而义务主体是不特定的，物权是一种对世权

物权的权利主体总是特定的。权利主体以外的一切人，都是物权关系的义务主体。因而，物权也被称为对世权。这就是说，社会上所有的人都负有不得侵犯他人的物权的义务。

（2）物权的客体是特定的独立之物

物权的客体主要是经过劳动加工后具有价值和使用价值的有体财产，也包括某些有体和无体自然财产，如自然资源、光、电、热能等，而行为、精神财富和精神利益不能成为物权的客体。

（3）物权的内容是对物的直接管理和支配

对物的直接管理和支配意味着物权的权利主体实现其权利，只要符合法律规定，不需要他人积极地做出相应的协助行为。物权的义务主体的义务就在于不为一定的行为。义务人只要不干涉物权人行使其权利就是履行了义务。

（4）物权具有独占性和排他性

同一物上不能有内容互不相容的两个物权，因此物权有独占性。物权是一种支配权，因而具有排他性，即排除他人干涉。

（5）物权具有追及力和优先权

追及力是指物权的标的物无论辗转落入何人之手，物权人都可以追及其物，向实际占有人主张其权利。优先权是指同一物上数种权利时，物权具有较其他权利优先行使的效力。在债权的标的上成立物权时，物权便具有优先于债权的权利；先设定的物权，优先于后设定的物权。

3. 物权的种类

我国《民法典》规定，物权包括所有权、用益物权和担保物权。

（1）所有权

财产所有权的权能，是指所有人对其所有的财产依法享有的权利，包括占有权、使用权、收益权、处分权。

①占有。占有，就是所有权人对财产的实际控制和掌握。占有可以分为所有人的占有和非所有人的占有。所有人的占有是指所有人在事实上占据或控制属于自己所有的财产。就是财产所有者直接行使占有权的表现。如房屋所有人居住自己的房屋等。非所有人占有。又分为合法占有和非法占有。合法占有通常是财产所有人依法将占有权进行转让的结果，或是非所有人根据法律规定或者与所有人的约定而占有所有人的财产。非所有人的合法占有受法律保护。非法占有，是指非所有人没有法律上的根据而占有他人财产。非法占又分为善意占有和恶意占有两种。善意占有是指占有人不知道也不可能知道对财产的占有是非法的。恶意占有是指占有人知道或知道其占有财产是非法的，但为了某种私利仍占有他人的财产。

②使用。使用，是指所有人或占有人按照物的性能和用途加以利用，以发挥财产的使用价值。如职工用自己的工资购买生活资料，农民在承包的土地上种植农作物等。使用权既可以由所有人直接行使，也可以依法由非所有人行使。非所有人的合法使用，不仅包括使用权的取得是合法的，还包括使用的目的和方法也必须是合法的。滥用使用权或使用不当，使用人要承担法律责任。没有法律根据或未经所有人同意使用他人财产，是非法使用。对非法使用应当追究法律责任。

③收益。收益，是指财产所有人或占有人通过财产的占有、使用、经营、转让而取得经济效益。所有人本人行使使用权所得的利益全部归所有人所有。但收益权也可以随着占有、使用、经营等方式的变动，全部或部分转让给非财产所有人。收益又称为孳息，包括天然孳息（如家禽下蛋、家禽生崽、果树结果等）和法定孳息（如银行存款利息、出租房屋所得租金等）两种。

④处分。处分，是财产所有人对其财产在事实上和法律上的最终处置。因为处分涉及财产的命运和所有权的根本改变。而占有、使用、收益，通常并不发生所有权的根本改变。从这个意义上说，处分是所有权的主要权能，也是所有权中带有根本性的一项权能。经过处分，财产所有人通常就丧失了对该财产的所有权。

（2）用益物权

用益物权是权利人对他人所有的不动产或者动产，依法享有占有、使用和收益的权利。用益物权包括土地承包经营权、建设用地使用权、宅基地使用权、居住权和地役权。国家所有或者国家所有由集体使用以及法律规定属于集体所有的自然资源，单位、个人依法可以占有、使用和收益。此时，单位或者个人就成为用益物权人。因不动产或者动产被征收、征用，致使用益物权消灭或者影响用益物权行使的，用益物权人有权获得相应补偿。

①土地承包经营权。土地承包经营权人依法对其承包经营的耕地、林地、草地等享有占有、使用和收益的权利，有权从事种植业、林业、畜牧业等农业生产。耕地的承包期为三十年。草地的承包期为三十年至五十年。林地的承包期为三十年至七十年。上述规定的承包期限届满，由土地承包经营权人依照农村土地承包的法律规定继续承包。

②建设用地使用权。建设用地使用权人依法对国家所有的土地享有占有、使用和收益的权利，有权利用该土地建造建筑物、构筑物及其附属设施。建设用地使用权可以在土地的地

表、地上或者地下分别设立。

③ 宅基地使用权。宅基地使用权人依法对集体所有的土地享有占有和使用的权利,有权依法利用该土地建造住宅及其附属设施。宅基地使用权的取得、行使和转让,适用土地管理的法律和国家有关规定。宅基地因自然灾害等原因灭失的,宅基地使用权消灭。对失去宅基地的村民,应当依法重新分配宅基地。已经登记的宅基地使用权转让或者消灭的,应当及时办理变更登记或者注销登记。

④ 居住权。居住权人有权按照合同约定,对他人的住宅享有占有、使用的用益物权,以满足生活居住的需要。设立居住权,当事人应当采用书面形式订立居住权合同。居住权无偿设立,但是当事人另有约定的除外。设立居住权的,应当向登记机构申请居住权登记。居住权自登记时设立。居住权不得转让、继承。设立居住权的住宅不得出租,但是当事人另有约定的除外。居住权期限届满或者居住权人死亡的,居住权消灭。居住权消灭的,应当及时办理注销登记。

⑤ 地役权。地役权人有权按照合同约定,利用他人的不动产,以提高自己的不动产的效益。他人的不动产为供役地,自己的不动产为需役地。地役权自地役权合同生效时设立。当事人要求登记的,可以向登记机构申请地役权登记;未经登记,不得对抗善意第三人。地役权不得单独转让。土地承包经营权、建设用地使用权等转让的,地役权一并转让,但是合同另有约定的除外。

(3) 担保物权

担保物权是权利人在债务人不履行到期债务或者发生当事人约定的实现担保物权的情形,依法享有就担保财产优先受偿的权利。债权人在借贷、买卖等民事活动中,为保障实现其债权,需要担保的,可以依照《民法典》的规定设立担保物权。

① 抵押权。为担保债务的履行,债务人或者第三人不转移财产的占有,将该财产抵押给债权人的,债务人不履行到期债务或者发生当事人约定的实现抵押权的情形,债权人有权就该财产优先受偿。上述规定的债务人或者第三人为抵押人,债权人为抵押权人,提供担保的财产为抵押财产。债务人或者第三人有权处分的下列财产可以抵押:建筑物和其他土地附着物;建设用地使用权;海域使用权;生产设备、原材料、半成品、产品;正在建造的建筑物、船舶、航空器;交通运输工具;法律、行政法规未禁止抵押的其他财产。抵押人可以将上述所列财产一并抵押。

以建筑物抵押的,该建筑物占用范围内的建设用地使用权一并抵押。以建设用地使用权抵押的,该土地上的建筑物一并抵押。

② 质权。为担保债务的履行,债务人或者第三人将其动产出质给债权人占有的,债务人不履行到期债务或者发生当事人约定的实现质权的情形,债权人有权就该动产优先受偿。前款规定的债务人或者第三人为出质人,债权人为质权人,交付的动产为质押财产。此外,债务人或者第三人有权处分的下列权利可以出质:汇票、本票、支票;债券、存款单;仓单、提单;可以转让的基金份额、股权;可以转让的注册商标专用权、专利权、著作权等知识产权中的财产权;现有的以及将有的应收账款;法律、行政法规规定可以出质的其他财产权利。

③ 留置权。债务人不履行到期债务,债权人可以留置已经合法占有的债务人的动产,并有权就该动产优先受偿。上述规定的债权人为留置权人,占有的动产为留置财产。留置财产折价或者拍卖、变卖后,其价款超过债权数额的部分归债务人所有,不足部分由债务人清偿。

同一动产上已经设立抵押权或者质权,该动产又被留置的,留置权人优先受偿。留置权人对留置财产丧失占有或者留置权人接受债务人另行提供担保的,留置权消灭。

4. 物权的设立、变更、转让和消灭

(1) 不动产物权的设立、变更、转让和消灭

不动产物权的设立、变更、转让和消灭,经依法登记,发生效力;未经登记,不发生效力。依法属于国家所有的自然资源,所有权可以不登记。不动产登记,由不动产所在地的登记机构办理。不动产物权的设立、变更、转让和消灭,依照法律规定应当登记的,自记载于不动产登记簿时发生效力。不动产登记簿是物权归属和内容的根据。不动产登记簿由登记机构管理。

(2) 动产物权的设立和转让

动产物权的设立和转让,自交付时发生效力,但是法律另有规定的除外。

① 特殊动产登记的效力。船舶、航空器和机动车等的物权的设立、变更、转让和消灭,未经登记,不得对抗善意第三人。

② 简易交付。动产物权设立和转让前,权利人已经占有该动产的,物权自民事法律行为生效时发生效力。

③ 指示交付。动产物权设立和转让前,第三人占有该动产的,负有交付义务的人可以通过转让请求第三人返还原物的权利代替交付。

④ 占有改定。动产物权转让时,当事人又约定由出让人继续占有该动产的,物权自该约定生效时发生效力。

5. 物权的保护

物权受到侵害的,权利人可以通过和解、调解、仲裁、诉讼等途径解决。

(1) 物权确认请求权。因物权的归属、内容发生争议的,利害关系人可以请求确认权利。

(2) 返还原物请求权。无权占有不动产或者动产的,权利人可以请求返还原物。

(3) 排除妨害请求权。妨害物权或者可能妨害物权的,权利人可以请求排除妨害或者消除危险。

(4) 物权复原请求权。造成不动产或者动产毁损的,权利人可以依法请求修理、重作、更换或者恢复原状。

(5) 物权损害赔偿请求权。侵害物权,造成权利人损害的,权利人可以依法请求损害赔偿,也可以依法请求承担其他民事责任。

上述物权保护方式,可以单独适用,也可以根据权利被侵害的情形合并适用。

1.2.4 债权

1. 债权的概念与特征

(1) 债权的概念

《民法典》第118条规定,民事主体依法享有债权。债权是因合同、侵权行为、无因管理、不当得利以及法律的其他规定,权利人请求特定义务人为或者不为一定行为的权利。享有权利的人是债权人,负有义务的人是债务人。

(2) 债权的法律特征

在债的关系中,债权人享有的权利即为债权,债务人负有的义务即为债务。债权具有以下主要法律特征:

① 债权为请求权。债权人只能通过请求债务人履行债务,实现自己的利益,不能直接支配标的物。

② 债权为相对权。即债权只能存在于特定的当事人之间,债权人只能请求债务人履行债务,而不能要求债务人以外的人向自己履行义务。

③ 债权的发生具有任意性与多样性。债可以依合法行为而发生,也可因不法行为而发生。对于合法行为设定的债权,法律并不特别规定其种类。

④ 债权具有平等性和相容性。即在同一标的物上可以成立内容相同的数个债权,这些债权效力平等,不存在优先性和排他性。

2. 债的发生根据

债的发生根据就是引起债产生的法律事实。主要包括以下几种:

(1) 合同

合同是当事人之间设立、变更、终止民事关系的协议。当事人通过订立合同设立的以债权、债务为内容的民事关系,称为合同之债。合同是债发生的最常见的根据。当事人既可以通过合同设立债的关系,也可以通过合同变更或撤销债的关系。

(2) 不当得利

不当得利是指没有合法根据,取得不应获得的利益而使他人受到损害的事实。在发生不当得利的事实时,当事人之间便发生债权、债务关系,受损害的一方有权请求取得利益的一方返还所得的利益,不当得利的一方应当将不当利益返还给受损害的一方。因不当得利发生的债,称为不当得利之债。

(3) 无因管理

无因管理是指没有法定的或者约定的义务,为避免他人利益受损失而进行管理或者服务的义务。形成无因管理的,管理或服务者有权要求受益人偿付因无因管理而支付的必要费用。必要费用包括在管理或者服务过程中直接支出的费用,以及在该活动中受到的实际损失。

(4) 侵权行为

侵权行为是指侵害他人财产或人身权利的不法行为。侵权行为一旦发生,依照法律规定,侵害人和受侵害人之间就产生债权、债务关系。由侵权行为产生的债叫侵权之债。受害人有权要求加害人赔偿损失,加害人必须依法承担民事责任。

(5) 单方允诺

单方允诺也称单独行为或单务约束,是指表意人向相对人做出的为自己设定某种义务,使对方取得某种权利的意思的表示。依意思自治原则,民事主体可基于某种物质上或精神上的需要为自己设定单方义务,同时放弃对于他方当事人的对价请求。因此,单方允诺能够引起债的发生。在社会生活中较为常见的单方允诺有悬赏广告、设立幸运奖和遗赠等。

(6) 其他

除上述发生原因外,债的发生还可因其他法律事实而产生。例如,因缔约过失,会在缔约当事人之间产生债权债务关系;因拾得遗失物,会在拾得人与物的所有人之间产生债权债务关系;因防止、制止他人合法权益受侵害而实施救助行为,会在因此而受损的救助人与受益人之间产生债的关系。

以上几种债在多个场合下可以构成竞合。

3. 债的分类

（1）法定之债与意定之债

根据债发生的原因以及债的内容是否以当事人的意志的不同，可以将债分为法定之债与意定之债。法定之债包括侵权损害赔偿之债、不当得利之债、无因管理之债及缔约过失之债；意定之债主要是指合同之债。

（2）特定物之债与种类物之债

根据标的物属性的不同，可以将债分为特定物之债与种类物之债。

（3）单一之债与多数人之债

根据债的主体双方人数的多少，可以将债分为单一之债与多数人之债。

（4）按份之债与连带之债

根据各方各自享有的权利或承担的义务及相互间关系，可以将债分为按份之债与连带之债。按份之债的各债务人只对自己分担的债务份额负清偿责任，债权人请求各债务人清偿全部债务。在连带责任中，连带债权人在任何一人接受了全部履行，或者连带债务人的任何一人清偿了全部债务时，虽然原债归于消灭，但连带债权人或连带债务人之间则会产生新的按份之债。

（5）主债与从债

根据两个债之间的关系，可以将债分为主债与从债。主债是从债存在的依据，从债的效力决定于主债的效力，主债消灭从债也随之消灭。

（6）财物之债与劳务之债

根据债务人的义务是提供财物还是提供劳务，可以将债分为财物之债与劳务之债。

4. 债的消灭

债的消灭是指债因一定的法律事实的出现而使既存的债权债务关系在客观上不复存在。

（1）债因履行而消灭

债务人履行了债务，债权人的利益得到了实现，当事人间设立债的目的已经达到，债的关系也就自然消灭了。

（2）债因提存而消灭

提存是指债权人无正当理由拒绝接受履行或其下落不明或数人就同一债权主张权利，债权人一时无法确定，致使债务人一时难以履行债务，经公证机关证明或人民法院的裁决，债务人可以将履行的标的物提存有关部门保存的行为。提存是债务履行的一种方式，如果超过法律规定的期限，债权人仍不领取提存标的物的，应收归国库所有。

（3）债因免除而消灭

免除是指债权人放弃债权，从而解除债务人承担的义务。债务人的债务一经债权人解除，债的关系自行解除。

（4）债因抵消而消灭

抵消是指同类已到履行期限的对等债务，因当事人相互抵充其债务而同时消灭。

（5）债因当事人死亡而解除

债因当事人死亡而解除仅指具有人身性质的合同之债，因为人身关系是不可继承和转让的。

(6)债因混同而消灭

混同是指某一具体之债的债权人和债务人合为一体。

1.2.5 诉讼时效

1. 诉讼时效的概念

诉讼时效是指民事权利受到侵害的权利人在法定的时效期间内不行使权利,当时效期间届满时,即丧失了请求人民法院依诉讼程序强制义务人履行义务权利的制度。在法律规定的诉讼时效期间内,权利人提出请求的,人民法院就强制义务人履行所承担的义务。而在法定的诉讼时效期间届满之后,权利人行使请求权的,人民法院就不再予以保护。

可见,诉讼时效是权利人行使请求权,获取人民法院保护其民事权利的法定时间界限。它包含两层意思,一是权利人在此时间内享有依诉讼程序请求人民法院予以保护的权利;二是这一权利在此时间内连续不行使即归于消灭。

2. 诉讼时效期间的种类

(1)普通诉讼时效期间

除了法律有特别的规定,民事权利适用普通诉讼时效期间。《民法典》第188条第一款规定:"向人民法院请求保护民事权利的诉讼时效期间为三年。法律另有规定的。依照其规定。"这表明,我国民事诉讼的一般诉讼时效为三年。

(2)最长诉讼时效期间

《民法典》第188条第二款规定,自权利受到损害之日起超过二十年的,人民法院不予保护,有特殊情况的,人民法院可以根据权利人的申请决定延长。这里规定的是最长诉讼时效期间。

3. 诉讼时效期间的起算

诉讼时效期间自权利人知道或者应当知道权利受到损害以及义务人之日起计算,法律另有规定的,依照其规定。权利人知道或应当知道自己的权利遭到了侵害,这是其请求法院保护其权利的基础,从这一时间点开始计算诉讼时效期间,符合诉讼时效是权利人请求法院保护权利的法定期间的本旨。知道权利遭了侵害,指权利人现实地于主观上已明了自己权利被侵害事实的发生;应当知道权利遭受了侵害,指权利人尽管于主观上不明了其权利已被侵害的事实,但他对权利被侵害的不知情,是出于对自己的权利未尽必要注意的情况。

(1)分期履行债务的诉讼时效。当事人约定同一债务分期履行的。诉讼时效期间自最后一期履行期限届满之日起计算。

(2)对法定代理人请求权的诉讼时效。无民事行为能力人或者限制民事行为能力人对其法定代理人的请求权的诉讼时效期间。自该法定代理终止之日起计算。

(3)受性侵未成年人赔偿请求权的诉讼时效。未成年人遭受性侵害的损害赔偿请求权的诉讼时效期间。自受害人年满十八周岁之日起计算。

4. 诉讼时效期间的中止

时效期间的中止,就是时效期间的暂停计算。《民法典》第194条规定,在诉讼时效期间的最后六个月内。因下列障碍。不能行使请求权的。诉讼时效中止:(1)不可抗力;(2)无民事行为能力人或者限制民事行为能力人没有法定代理人。或者法定代理人死亡、丧失民事行为能力、丧失代理权;(3)继承开始后未确定继承人或者遗产管理人;(4)权利人被义务人或者其他人控制;(5)其他导致权利人不能行使请求权的障碍。自中止时效的原因消除之日起满六个月。诉讼时效期间届满。

5. 诉讼时效期间的中断

时效期间的中断,就是时效期间的重新计算。《民法典》规定,有下列情形之一的,诉讼时效中断,从中断、有关程序终结时起,诉讼时效期间重新计算:(1) 权利人向义务人提出履行请求;(2) 义务人同意履行义务;(3) 权利人提起诉讼或者申请仲裁;(4) 与提起诉讼或者申请仲裁具有同等效力的其他情形。

6. 不适用诉讼时效的情形

《民法典》规定,下列请求权不适用诉讼时效的规定:(1) 请求停止侵害、排除妨碍、消除危险;(2) 不动产物权和登记的动产物权的权利人请求返还财产;(3) 请求支付抚养费、赡养费或者扶养费;(4) 依法不适用诉讼时效的其他请求权。

7. 诉讼时效期间届满的法律效果

诉讼时效期间届满的,义务人可以提出不履行义务的抗辩。诉讼时效期间届满后,义务人同意履行的,不得以诉讼时效期间届满为由抗辩;义务人已经自愿履行的,不得请求返还。但人民法院不得主动适用诉讼时效的规定。

二维码内含精彩案例及解析,
快来扫一扫吧!

案例 1－2

课程思政 1－2

当房屋过户可能危及古稀老人的居住权时,法官将如何化解这一法理情理难题?

案情回顾:1998 年,王芳的丈夫去世,他俩的房屋由王芳、儿子小罗及女儿共同继承。等到小罗面临终身大事时,王芳及其女儿放弃遗产继承权,将房屋赠与小罗。为了保障自己居家养老的权利,赠与合同中约定了王芳享有该房屋的居住权利,直到去世。2006 年,小罗与小吕结婚,第二年,孩子出生。2020 年,小罗与小吕离婚,孩子归小吕抚养。考虑到孩子的抚养费问题,小罗在母亲不知情的情况下,在离婚协议中明确房屋作为抚养费归前妻。王芳知道后,体谅儿子与儿媳在抚养费问题上的困难,但无法接受自身居住权利受到损害,便向法院提起诉讼。

法庭最终判决:案涉房屋不动产权登记在小罗名下,小罗作为房屋的单独所有权人,应当积极协助王芳办理案涉房屋的不动产居住权登记手续。

专家解读:赋予居住权人对他人所有住宅享有占有和使用的权能,既沿袭了为达到赡养、抚养或扶养目的的传统司法实践基础,又拓展了其社会保障属性,体现了立法对于居住权保障弱势群体的功能定位,具有重要的现实意义和时代特征。需要指出的是,居住权是一种用益物权,在不影响用益物权行使的基础上,所有权人仍可行使处分的权利。小罗作为案涉房屋的所有权人,赠与合同中关于设立居住权的约定,并不妨碍其在保障原告行使居住权的前提下,将房屋赠予给第三人前妻,作为对未成年人的抚养费支出。诉讼中,法院也就该问题向第三人释明,第三人表示理解并表示同意保障老人关于案涉房屋的居住权。该案各方当事人通情达理,充分实现了扶老与抚幼的有机统一,共同维护了各方家庭成员的合法权益。同时,也倡导社会公众,坚持弘扬社会主义核心价值观,尊老爱幼,和善为先,共建友善和谐的良好社会氛围。

(摘自四川高院)

思政要点:培育和践行社会主义核心价值观。

1.3　建设工程法规概述

工程应用

知识点	项目应用阶段	典型工作事件	主要涉及的岗位	要求
建设工程法规的概念	项目全寿命周期	建设工程法规调整工程各参建方的利益	工程涉及的所有岗位	说出
建设工程法规的法律渊源	项目全寿命周期	地方性法规只在本辖区内有效	建设项目负责人、施工单位负责人、监理单位负责人、造价咨询机构负责人、企业法律顾问、施工项目经理、施工技术负责人等	列举
建设工程法律关系	项目全寿命周期	法律关系主体包括公民(自然人)、机构和组织(法人)、国家	建设项目负责人、施工单位负责人、监理单位负责人、造价咨询机构负责人、企业法律顾问、施工项目经理、施工技术负责人等	说明
建设工程法规的基本原则	项目全寿命周期	建设工程法规基本原则是确保质量、安全,遵守国家法律法规等	建设项目负责人、施工单位负责人、监理单位负责人、造价咨询机构负责人、企业法律顾问、施工项目经理、施工技术负责人等	解释

学习内容

1.3.1　建设工程法规的概念

建设工程法规是指国家权力机关或其授权的行政机关制定的,旨在调整国家及其有关机构、企事业单位、社会团体、公民之间在建设工程活动中或建设工程行政管理活动中发生的各种社会关系的法律、法规的统称。

建设工程法规是调整建设工程活动各方面关系的法律、法规、部门规章和地方性法规等规范性法律文件。建设工程法规在国家法律体系中占有重要地位,是国家现行法律体系中不可缺少的重要组成部分。

国家立法机关颁发的调整建设工程活动的法律规范及相关的法律规范有《中华人民共和国城乡规划法》《中华人民共和国建筑法》《中华人民共和国房地产管理法》《中华人民共和国土地管理法》《中华人民共和国招标投标法》《中华人民共和国文物保护法》《中华人民共和国民法典》等法律文件;国家颁发的调整建设工程活动的行政法规有《建设工程勘察设计条例》《建设工程质量管理条例》《建设工程安全生产管理条例》《国有土地上房屋征收与补偿条例》等规范性文件;国家建设行政主管部门颁发的规范建设工程活动的规章包括建设工程质量管理、建设市场管理、建设活动主体资质管理、建设活动从业人员资质管理、工程建设标准化管理、房地产开发经营管理、城市建设等方面约 400 多个规范性文件。

建设法规的调整对象是建设行政管理关系以及与之密切联系的建设经济协作关系。

1. 行政管理关系

建设工程活动的内容包括建设工程的计划、立项、资金筹措、设计、施工、工程验收等。建设工程活动的行政管理关系是国家及其建设行政主管部门与建设单位、设计单位、施工单位、建设监理单位及其他有关单位之间的管理与被管理关系。它包括 2 个相关联的方面:一方面是提供指导、协调与服务;另一方面是检查、监督、控制与调节。建设工程法规规范了建设工程活动管理中建设行政主管部门的权力和职责。

2. 经济协作关系

在建设工程活动中,各个经济活动主体为自身的经济利益,在建设工程法规允许的范围内建立建设工程经济协作关系。这种经济协作关系是平等、自愿、互利的横向协作关系,通过法定的合同形式来确定。

1.3.2 建设工程法规的法律渊源

法律的渊源指那些因来源不同而具有法的不同效力意义和作用的法的外在表现形式。当今世界上法的渊源主要有制定法、判例法、习惯法及国际条约、公约等。当代中国法律渊源是以宪法为核心的制定法形式。建设工程法规的渊源有宪法、法律、行政法规、地方性法规、规章、国际条约和行政协定。

1. 宪法

宪法是由全国人民代表大会依特别程序制定的具有最高效力的根本法。宪法是集中反映统治阶级的意志和利益,规定国家制度、社会制度的基本原则,具有最高法律效力的根本大法,其主要功能是制约和平衡国家权力,保障公民权利。宪法是我国的根本大法,在我国法律体系中具有最高的法律地位和法律效力,是我国最高的法律渊源。宪法主要由两个方面的基本规范组成:一是《中华人民共和国宪法》;二是其他附属的宪法性文件,主要包括主要国家机关组织法、选举法、民族区域自治法、特别行政区基本法、国籍法、国旗法、国徽法、保护公民权利法及其他宪法性法律文件。

2. 法律

法律是由全国人民代表大会和全国人民代表大会常务委员会制定和颁布的规范性法律文件，即狭义的法律，其法律效力仅次于宪法。法律分为基本法律和一般法律（非基本法律、专门法）。基本法律是由全国人民代表大会制定的调整国家和社会生活中带有普遍性的社会关系的规范性法律文件的统称，如刑法、民法、诉讼法以及有关国家机构的组织法等法律。一般法律是由全国人民代表大会常务委员会制定的调整国家和社会生活中某种具体社会关系或其中某一方面内容的规范性文件的统称，其调整范围较基本法律小，内容较具体，如商标法、文物保护法等。

3. 行政法规

行政法规是国家最高行政机关国务院根据宪法和法律就有关执行法律和履行行政管理职权的问题，以及依据全国人大的特别授权制定的规范性文件的总称。行政法规的法律地位和法律效力仅次于宪法和法律，但高于地方性法规。

4. 地方性法规

地方性法规是指依法由有地方立法权的地方人民代表大会及其常委会就地方性事务以及根据本地区实际情况执行法律、行政法规的需要所制定的规范性文件。有权制定地方性法规的地方人大及其常委会包括省、自治区、直辖市人大及其常委会、较大的市的人大及其常委会。较大的市，指省、自治区人民政府所在地的市，经济特区所在地的市和经国务院批准的较大市。地方性法规只在本辖区内有效。

5. 规章

国务院各部、委员会、中国人民银行、审计署和具有行政管理职能的直属机构，以及省、自治区、直辖市人民政府和较大的市的人民政府制定的规范性文件称为规章。内容限于执行法律、行政法规、地方法规的规定，以及相关的具体行政管理事项。

6. 国际条约和行政协定

国际条约指我国与外国缔结、参加、签订、加入、承认的双边、多边的条约、协定和其他具有条约性质的文件（国际条约的名称，除条约外还有公约、协议、协定、议定书、宪章、盟约、换文和联合宣言等）。这些文件的内容除我国在缔结时宣布持保留意见不受其约束的以外，都与国内法具有一样的约束力，所以也是我国法的渊源。

行政协定指两个或两个以上的政府相互之间签订的有关政治、经济、贸易、法律、文件和军事等方面内容的协议。国际条约和行政协定的区别在于前者以国家名义签订，后者以政府名义签订。我们国家和政府一旦与外国或外国政府签订了条约或协定，签订的条约和协定对国内的机关、组织和公民同样具有法律约束力。

1.3.3 建设工程法律关系

1. 法律关系

（1）法律关系的概念

法律关系是法律在调整人们行为的过程中形成的特殊的权利和义务关系。或者说，法律关系是指被法律规范所调整的权利与义务关系。法律关系是以法律为前提而产生的社会关系，没有法律的规定，就不可能形成相应的法律关系。法律关系是以国家强制力作为保障的社会关系,当法律关系受到破坏时,国家会动用强制力进行矫正或恢复。法律关系由三要素构成,即法律关系的主体、客体和内容。法律关系具有如下特征:① 法律关系是以法律规范为前提的社会关系;② 法律关系是以权利义务为内容的社会关系;③ 法律关系是以国家强制力作为保障手段的社会关系。

(2) 法律关系的种类

① 调整性法律关系和保护性法律关系(按照法律关系产生的依据、执行的职能和实现规范的内容不同):前者基于人们的合法行为而产生,执行法的调整职能的法律关系,不需要适用法律制裁;后者是由于违法行为产生的、旨在恢复被破坏的权利和秩序的法律关系,如刑事法律关系。

② 纵向(隶属)的法律关系和横向(平权)的法律关系(按照法律主体在法律关系中的地位不同):前者为不平等的主体之间,如亲权、上下级行政机关,此时主体之间权利与义务具有强制性,不能随意转让和放弃;后者为平等法律主体之间。

③ 单向(单务)法律关系、双向(双边)法律关系和多向(多边)法律关系(按照法律主体的多少及其权利义务是否一致):前者权利人仅享权利,义务人仅履行义务;中者为特定双方法律主体之间,存在着两个密不可分的单向权利义务关系,如买卖关系;后者为三个或三个以上相关法律关系的复合体,如人事调动关系,至少三方面,调出单位与被调动者,调出单位与调入单位,调入单位与被调动者。

④ 第一性法律关系(主法律关系)和第二性法律关系(从法律关系)(按照相关的法律关系作用和地位不同)。如实体和程序法律关系中,实体为第一,程序为第二。

(3) 法律关系的主体

法律关系主体是法律关系的参加者,是指参加法律关系,依法享有权利和承担义务的当事人。即在法律关系中,一定权利的享有者和一定义务的承担者。在每一具体的法律关系中,主体的多少各不相同,在大体上都属于相对应的双方:一方是权利的享有者,成为权利人;另一方是义务的承担者,成为义务人。法律关系主体强调的是能够参与法律关系的主体,包括自然人、法人和非法人组织。

① 自然人。自然人从出生时起到死亡时止,具有民事权利能力,依法享有民事权利,承担民事义务。成年人为完全民事行为能力人,可以独立实施民事法律行为,十六周岁以上的未成年人,以自己的劳动收入为主要生活来源的,视为完全民事行为能力人。八周岁以上的未成年人、不能完全辨认自己行为的成年人为限制民事行为能力人,实施民事法律行为由其法定代理人代理或者经其法定代理人同意、追认;但是,可以独立实施纯获利益的民事法律行为或者与其智力、精神健康状况相适应的民事法律行为。不满八周岁的未成年人、不能辨认自己行为的成年人为无民事行为能力人,由其法定代理人代理实施民事法律行为。

② 法人。法人是具有民事权利能力和民事行为能力,依法独立享有民事权利和承担民事义务的组织。法人应当依法成立。法人应当有自己的名称、组织机构、住所、财产或者经费。法人成立的具体条件和程序,依照法律、行政法规的规定。

设立法人,法律、行政法规规定须经有关机关批准的,依照其规定。法人的民事权利能力和民事行为能力,从法人成立时产生,到法人终止时消灭。法人包括营利法人、非营利法人和特别法人。

③ 非法人组织。非法人组织是不具有法人资格,但是能够依法以自己的名义从事民事活

动的组织。非法人组织应当依照法律的规定登记。设立非法人组织，法律、行政法规规定须经有关机关批准的，依照其规定。非法人组织包括个人独资企业、合伙企业、不具有法人资格的专业服务机构等。

（4）法律关系的客体

法律关系的客体是法律关系主体之间权利和义务所指向的对象，包括物、人身、精神产品、行为结果。

① 物。法律意义上的物是指法律关系主体支配的、在生产上和生活上所需要的客观实体。它可以是天然物，也可以是生产物；可以是活动物，也可以是不活动物。在我国，大部分天然物和生产物可以成为法律关系的客体。但有以下几种物不得进入国内商品流通领域，成为私人法律关系的客体：人类公共之物或国家专有之物，如海洋、山川、水流、空气；文物；军事设施、武器（枪支、弹药等）；危害人类之物（如毒品、假药、淫秽书籍等）。

② 人身。人身是由各个生理器官组成的生理整体（有机体）。它是人的物质形态，也是人的精神利益的体现。

③ 精神产品。精神产品是人通过某种物体（如书本、砖石、纸张、胶片、磁盘）或大脑记载下来并加以流传的思维成果。精神产品不同于有体物，其价值和利益在于物中所承载的信息、知识、技术、标识（符号）和其他精神文化。我国法学界常称为"智力成果"或"无体财产"。

④ 行为。这种客体一般情况下发生于债。比如说合同的标的就是行为，当事人之间签订合同之后，要相互履行约定的义务，而此种履行义务的行为其实就是合同的标的。

（5）法律关系的内容

法律关系的内容是指法律关系主体之间在法律上的权利和义务。这种权利和义务为法律规范所规定，得到国家的确认和保护。

① 法律权利。法律权利是指法律赋予法律关系主体的某种利益或行为自由。法律权利的结构为：权利人有权为或不为一定行为；权利人有权要求他人为或不为一定行为；权利人有权要求国家机关对自己的权利予以保护；但是需要注意，公民在行使自己的权利的时候，不得侵犯其他公民的合法权利。

② 法律义务。法律义务是指法律规定法律关系主体必须履行的某种责任或行为界限。法律义务的结构为：为一定行为，即义务人必须按照权利人的要求或法律的规定做出某种积极的行为，例如，成年子女有赡养父母的义务；不为一定行为，即义务人不得实施法律禁止的行为；接受国家的强制措施，即当义务人有违法行为时，有接受国家法律强制或制裁的义务。

③ 权利和义务的相互关系。权利与义务作为法律关系的重要因素，它体现了人们在社会生活中的地位及其相互关系，反映着法律调整的文明程度，从宏观方面讲，可以把权利与义务的关系概括为：历史进程中曾有的离合关系，逻辑结构上的对立统一关系，总体数量上的等值关系，功能上的互补关系，运行中的制约关系，价值意义上的主次关系。

（6）法律关系的产生、变更和消灭

① 法律关系产生、变更和消灭的条件。法律关系处在不断地生成、变更和消灭的运动过程。它的形成、变更和消灭，需要具备一定的条件。其中最主要的条件有二：一是法律规范；二是法律事实。所谓法律事实，就是法律规范所规定的、能够引起法律关系产生、变更和消灭的客观情况或现象。

② 法律事实的种类。法律事实大体上可分为法律事件和法律行为。法律事件是法律规

范规定的、不以当事人的意志为转移而引起法律关系形成、变更或消灭的客观事实。法律事件又分成社会事件(如政变、游行示威)和自然事件(如地震、海啸)两种。注:客观事件中,是依当事人的意志为转移就不能属于事件,是依他人的意志为转移但是不依当事人意志为转移的而引起的一些社会性的事件那可以作为法律事件。法律行为可以作为法律事实而存在,能够引起法律关系形成、变更和消灭。因为人们的意志有善意与恶意、合法与违法之分,故其行为也可以分为善意行为、合法行为与恶意行为、违法行为。在法学上,人们常常把两个或两个以上的法律事实所构成的一个相关的整体(两个以上的法律事实引起同一个法律关系的产生、变更或消灭),称为"事实构成"。例如房屋买卖,除双方签订合同,还需要登记过户。同一法律事实可引起多种法律关系变化,如工伤致死,引起婚姻关系消灭,继承、保险关系产生。

2. 建设工程法律关系

建设工程法律关系是法律关系的一种,是在建设工程管理和协作过程中产生的由建设工程法规所确认和调整的权利义务关系。

(1)建设工程法律关系的主体

建设工程法律关系的主体是指参与建设工程活动,受建设工程法规调整,在法律上享有权利、承担义务的人。建设工程法律关系的主体有自然人、法人和其他组织。如施工企业工作人员、从事工程勘察设计的单位、从事工程施工的建设工程施工企业、从事房地产开发的企业、工程项目的投资者(建设单位)、国家机关等。

(2)建设工程法律关系的客体

建设工程法律关系的客体是指参加建设工程法律关系的主体权利义务所共同指向的对象。客体的表现形式一般有财、物、行为和非物质财富。比如建设工程资金、为工程建设取得的贷款等就是财客体;建设工程材料、建设工程机械设备就是物客体;勘察设计、施工安装、检查验收等就是行为客体;建设工程设计方案、装潢设计等就是非物质财富客体。

(3)建设工程法律关系的内容

建设工程法律关系的内容指建设工程法律关系主体享有的权利和承担的义务。如在一个建设工程合同所确立的法律关系中,发包方的权利是获得符合法律规定和合同约定的完工的工程,其义务是按照约定的时间和数量支付承包方工程款;承包方的权利是按照约定的时间和数量得到工程款,其义务是按照法律的规定和合同的约定完成工程的施工任务。

(4)建设工程法律关系的产生、变更与消灭

建设工程法律关系不是从来就有的,而是一定的法律事实发生后才产生的,并且它也可以因一定的法律事实的发生而改变或消灭。

建设工程法律关系的主体之间形成一定的权利义务关系,就产生了建设工程法律关系。如发包方和承包方签订了建设工程合同,双方产生了相应的权利义务,建设工程法律关系即告产生。

建设工程法律关系的主体、客体发生改变,必然导致其内容发生改变,此时建设工程法律关系就发生了变更。如在一个建设工程合同履行过程中,由于业主意图的改变,从而设计方案变更,施工也随之变更,原来的建设工程法律关系的内容就发生了变化。

建设工程法律关系主体之间的权利义务不复存在,建设工程法律关系即告消灭。消灭的方式可以是自然消灭、协议消灭或违约消灭。一个建设工程合同履行完毕,发包方和承包方之间的建设工程法律关系就自然消灭。建设工程合同双方协商一致取消已经订立的合同,双方

的建设工程法律关系就因协议而取消。建设工程合同的承包方可以因发包方不按合同支付工程款的违约行为而停止履行合同,该建设工程法律关系就因一方的违约而消灭。

1.3.4　建设工程法规的基本原则

建设工程活动投资大、周期长、涉及面广,其产成品是建设工程,关系到人民生命、财产的安全,为保证建设工程活动顺利进行和建设工程产品安全可靠,建设工程法规立法时应遵循一些基本原则。

1. 确保建设工程质量

建设工程质量是指国家规定和合同约定对工程建设产品的适用、安全、经济、美观等一系列指标的要求。建设工程法规通过一系列规定对建设工程提出了强制性质量要求,是建设工程必须达到的最低标准,并赋予有关政府部门监督和检查的权力。

2. 确保建设活动符合安全标准

工程建设安全标准是对工程建设的设计、施工方法和安全所做的统一要求。多年以来,我国建筑业就是伤亡率非常高的行业,建设工地伤亡事件时有发生。建设工程法规通过一系列规定对工程建设活动的安全提出了强制性要求,并同时赋予有关政府部门监督和检查的权力。

3. 遵守国家法律法规原则

建设工程活动是最频繁、对国家经济和人民生活影响最为巨大的社会经济活动之一。它涉及面广,建设工程法规对于建设工程活动的规定要与国家有关法律法规相统一。建设工程活动参与单位和人员不仅应遵守建设工程法规的规定,还要遵守其他相关法规的规定。

4. 合法权益受法律保护原则

宪法和法律保护每个市场主体的合法权益不受侵害。因此,建设工程法规保护合法主体的合法权益,维护建设市场的正常秩序。

5. 遵循市场经济规律原则

建设工程法规规定建设市场主体的法律地位,保证它们在建设工程活动中的权利,确立建设市场体系的统一性和开放性,保证市场主体依据《民法典》享有的自由签约权。

二维码内含精彩案例及解析,
快来扫一扫吧!

案例 1-3

二维码内含本模块"1＋X"证书习题及答案,
快来扫一扫吧!

"1＋X"证书习题 1

模块 2　建设工程许可制度

学习目标

知识目标：能说出从业单位的资质等级及承包工程的范围，能分别列举从业人员执业资格获取的条件、程序及执业范围，能举例说明工程建设项目审批程序，能解释清楚建筑工程施工许可证的申请条件及程序。

能力目标：能运用所学知识办理从业单位的资质许可、从业人员的资格许可、工程建设项目审批、建筑工程施工许可证。

思政目标：信仰法律、遵守法律、服从法律、维护法律，自觉培养法治思维。

2.1　从业单位的资质许可制度

工程应用

知识点	项目应用阶段	典型工作事件	主要涉及的岗位	要求
从业单位资质管理规定	工程策划、工程招标	工程从业单位在资质允许范围内承接业务	建设方项目负责人	说出
建设工程企业资质管理规定	工程策划、工程招标	施工单位资质等级及承揽业务范围	建设方招标负责人、施工方投标负责人	列举
工程监理企业资质管理规定	工程策划、工程招标	监理企业资质等级及承揽业务范围	建设方招标负责人、监理方投标负责人	解释
工程造价咨询企业管理规定	工程策划、工程招标	造价咨询单位资质等级及承揽业务范围	建设方招标负责人、造价方投标负责人	解释

学习内容

工程建设活动是一项专业性、技术性很强的经济活动，与整个国家经济的发展、人民生活的改善有着密切的关系。建筑工程投资大、周期长，一旦发生问题，会给国家和人民的生命财产安全造成极大损失。随着科学发展和技术进步，越来越多的新技术、新方法、新材料将应用于建设领域，使得工程建设过程日趋复杂。为了提高我国工程建设水平，保证建筑工程的质量和安全，国家对从事建筑活动的主体资格作了严格限定。

2.1.1 从业单位资质管理规定

资质管理是指资格认证、资质审查的管理,是建筑市场管理的一项重要内容。《建筑法》第12条规定,从事建筑活动的建筑施工企业、勘察单位、设计单位和工程监理单位,应当具备下列条件:有符合国家规定的注册资本;有与其从事的建筑活动相适应的具有法定执业资格的专业技术人员;有从事相关建筑活动所应有的技术装备;法律、行政法规规定的其他条件。

从事建筑活动的建筑施工企业、勘察单位、设计单位和工程监理单位,按照其拥有的注册资本、专业技术人员、技术装备和已完成的建筑工程业绩等资质条件,划分为不同的资质等级,经资质审查合格,取得相应等级的资质证书后,方可在其资质等级许可的范围内从事建筑活动。

2.1.2 建设工程企业资质管理规定

凡在中华人民共和国境内从事建设工程勘察、设计、施工、监理活动的企业,必须申请建设工程勘察、设计、施工、监理企业资质。这里的建设工程企业包括工程勘察、设计、施工、监理企业。企业按照资质标准规定要求申请相应资质,经审查合格并取得资质证书后,方可在其资质许可的范围内从事相应的建设工程勘察、设计、施工、监理活动。

1. 企业资质的分类分级

根据中华人民共和国住房和城乡建设部《建设工程企业资质管理制度改革方案》的要求,工程勘察资质分为综合资质和专业资质,工程设计资质分为综合资质、行业资质、专业和事务所资质,施工资质分为综合资质、施工总承包资质、专业承包资质和专业作业资质,工程监理资质分为综合资质和专业资质。资质等级原则上压减为甲、乙两级(部分资质只设甲级或不分等级),资质等级压减后,中小企业承揽业务范围将进一步放宽,有利于促进中小企业发展。

(1)工程勘察资质

资质类别	序号	勘察资质类型	等级
综合资质	1	综合资质	不分等级
专业资质	1	岩土工程	甲、乙级
	2	工程测量	甲、乙级
	3	勘探测试	甲、乙级

(2)工程设计资质

资质类别	序号	设计资质类型	等级
综合资质	1	综合资质	不分等级
行业资质	1	建筑行业	甲、乙级
	2	市政行业	甲、乙级
	3	公路行业	甲级
	4	铁路行业	甲、乙级
	5	港口与航道行业	甲、乙级

（续表）

资质类别	序号	设计资质类型	等级
行业资质	6	民航行业	甲、乙级
	7	水利行业	甲、乙级
	8	电力行业	甲、乙级
	9	煤炭行业	甲、乙级
	10	冶金建材行业	甲、乙级
	11	化工石化医药行业	甲、乙级
	12	电子通信广电行业	甲、乙级
	13	机械军工行业	甲、乙级
	14	轻纺农林商物粮行业	甲、乙级
专业和事务所资质	1	建筑行业建筑工程专业	甲、乙级
	2	建筑行业人防工程专业	甲、乙级
	3	市政行业（燃气工程、轨道交通工程除外）	甲、乙级
	4	市政行业给水工程专业	甲、乙级
	5	市政行业排水工程专业	甲、乙级
	6	市政行业燃气工程专业	甲、乙级
	7	市政行业热力工程专业	甲、乙级
	8	市政行业道路与公共交通工程专业	甲、乙级
	9	市政行业桥梁工程专业	甲、乙级
	10	市政行业隧道工程专业	甲级
	11	市政行业轨道交通工程专业	甲级
	12	公路行业公路专业	甲、乙级
	13	公路行业特大桥梁专业	甲级
	14	公路行业特长隧道专业	甲级
	15	公路行业交通工程专业	甲、乙级
	16	铁路行业桥梁专业	甲级
	17	铁路行业隧道专业	甲级
	18	铁路行业轨道专业	甲级
	19	铁路行业电气化专业	甲级
	20	铁路行业通信信号专业	甲级
	21	港口与航道行业港口工程专业	甲、乙级
	22	港口与航道行业航道工程专业	甲、乙级
	23	水利行业水库枢纽专业	甲、乙级
	24	水利行业引调水专业	甲、乙级
	25	水利行业灌溉排涝专业	甲、乙级

（续表）

资质类别	序号	设计资质类型	等级
专业和事务所资质	26	水利行业围垦专业	甲、乙级
	27	水利行业河道整治与城市防洪专业	甲、乙级
	28	水利行业水土保持与水文设施专业	甲、乙级
	29	电力行业火力发电工程专业	甲、乙级
	30	电力行业水力发电工程专业	甲、乙级
	31	电力行业新能源发电工程专业	甲、乙级
	32	电力行业核工业工程专业	甲、乙级
	33	电力行业送变电工程专业	甲、乙级
	34	煤炭行业矿井工程专业	甲、乙级
	35	煤炭行业露天矿工程专业	甲、乙级
	36	煤炭行业选煤厂工程专业	甲、乙级
	37	冶金建材行业冶金工程专业	甲、乙级
	38	冶金建材行业建材工程专业	甲、乙级
	39	冶金建材行业冶金建材矿山工程专业	甲、乙级
	40	化工石化医药行业化工工程专业	甲、乙级
	41	化工石化医药行业化工矿山专业	甲、乙级
	42	化工石化医药行业石油及化工产品储运专业	甲、乙级
	43	化工石化医药行业油气开采专业	甲、乙级
	44	化工石化医药行业海洋石油专业	甲、乙级
	45	化工石化医药行业原料药专业	甲、乙级
	46	化工石化医药行业医药工程专业	甲、乙级
	47	电子通信广电行业电子工业工程专业	甲、乙级
	48	电子通信广电行业电子系统工程专业	甲、乙级
	49	电子通信广电行业有线通信专业	甲、乙级
	50	电子通信广电行业无线通信专业	甲、乙级
	51	电子通信广电行业广播电视制播与电影工程专业	甲、乙级
	52	电子通信广电行业传输发射工程专业	甲、乙级
	53	机械军工行业机械工程专业	甲、乙级
	54	机械军工行业军工工程专业	甲、乙级
	55	轻纺农林商物粮行业轻工工程专业	甲、乙级
	56	轻纺农林商物粮行业纺织工程专业	甲、乙级
	57	轻纺农林商物粮行业农业工程专业	甲、乙级
	58	轻纺农林商物粮行业林业工程专业	甲、乙级
	59	轻纺农林商物粮行业商物粮专业	甲、乙级
	60	建筑设计事务所	不分等级

（续表）

资质类别	序号	设计资质类型	等级
专业和事务所资质	61	结构设计事务所	不分等级
	62	机电设计事务所	不分等级
	63	建筑装饰工程通用专业	甲、乙级
	64	建筑智能化工程通用专业	甲、乙级
	65	照明工程通用专业	甲、乙级
	66	建筑幕墙工程通用专业	甲、乙级
	67	轻型钢结构工程通用专业	甲、乙级
	68	风景园林工程通用专业	甲、乙级
	69	消防设施工程通用专业	甲、乙级
	70	环境工程通用专业	甲、乙级

（3）施工资质

资质类别	序号	施工资质类型	等级
综合资质	1	综合资质	不分等级
施工总承包资质	1	建筑工程施工总承包	甲、乙级
	2	公路工程施工总承包	甲、乙级
	3	铁路工程施工总承包	甲、乙级
	4	港口与航道工程施工总承包	甲、乙级
	5	水利水电工程施工总承包	甲、乙级
	6	市政公用工程施工总承包	甲、乙级
	7	电力工程施工总承包	甲、乙级
	8	矿山工程施工总承包	甲、乙级
	9	冶金工程施工总承包	甲、乙级
	10	石油化工工程施工总承包	甲、乙级
	11	通信工程施工总承包	甲、乙级
	12	机电工程施工总承包	甲、乙级
	13	民航工程施工总承包	甲、乙级
专业承包资质	1	建筑装修装饰工程专业承包	甲、乙级
	2	建筑机电工程专业承包	甲、乙级
	3	公路工程类专业承包	甲、乙级
	4	港口与航道工程类专业承包	甲、乙级
	5	铁路电务电气化工程专业承包	甲、乙级

（续表）

资质类别	序号	施工资质类型	等级
专业承包资质	6	水利水电工程类专业承包	甲、乙级
	7	通用专业承包	不分等级
	8	地基基础工程专业承包	甲、乙级
	9	起重设备安装工程专业承包	甲、乙级
	10	预拌混凝土专业承包	不分等级
	11	模板脚手架专业承包	不分等级
	12	防水防腐保温工程专业承包	甲、乙级
	13	桥梁工程专业承包	甲、乙级
	14	隧道工程专业承包	甲、乙级
	15	消防设施工程专业承包	甲、乙级
	16	古建筑工程专业承包	甲、乙级
	17	输变电工程专业承包	甲、乙级
	18	核工程专业承包	甲、乙级
专业作业资质	1	专业作业资质	不分等级

（4）工程监理资质

资质类别	序号	监理资质类型	等级
综合资质	1	综合资质	不分等级
专业资质	1	建筑工程专业	甲、乙级
	2	铁路工程专业	甲、乙级
	3	市政公用工程专业	甲、乙级
	4	电力工程专业	甲、乙级
	5	矿山工程专业	甲、乙级
	6	冶金工程专业	甲、乙级
	7	石油化工工程专业	甲、乙级
	8	通信工程专业	甲、乙级
	9	机电工程专业	甲、乙级
	10	民航工程专业	甲、乙级

　　住房和城乡建设部会同国务院有关主管部门制定统一的企业资质标准，大幅精简审批条件，放宽对企业资金、主要人员、工程业绩和技术装备等的考核要求。适当放宽部分资质承揽业务规模上限，多个资质合并的，新资质承揽业务范围相应扩大至整合前各资质许可范围内的业务，尽量减少政府对建筑市场微观活动的直接干预，充分发挥市场在资源配置中的决定性作用。

2. 资质申请和许可程序

(1) 申请建设工程企业资质的,应依法取得工商行政管理部门颁发的公司法人营业执照。

(2) 企业申请住房城乡建设部许可的建设工程企业资质应按照规定的申请程序提出申请。军队所属企业可由总后基建营房部工程管理局向住房城乡建设部提出申请。

(3) 企业申请省、自治区、直辖市人民政府住房城乡住房城乡建设主管部门(以下简称省级住房城乡住房城乡建设主管部门)许可的建设工程企业资质,按照省级住房城乡住房城乡建设主管部门规定的程序提出申请。省级住房城乡住房城乡建设主管部门应在其门户网站公布有关审批程序。

(4) 企业申请设区的市人民政府住房城乡住房城乡建设主管部门许可的建设工程企业资质,按照设区的市人民政府住房城乡住房城乡建设主管部门规定的程序提出申请。设区的市人民政府住房城乡住房城乡建设主管部门应在其门户网站公布有关审批程序。

(5) 企业首次申请或增项申请建筑业企业资质,其资质按照最低等级资质核定。企业可以申请综合资质、施工总承包、专业承包、专业作业资质四个序列的各类别资质,申请资质数量不受限制。

(6) 企业申请资质升级、资质增项的,资质许可机关应当核查其申请之日起前一年至资质许可决定作出前有无违法违规行为,并将核查结果作为资质许可的依据。

(7) 企业申请资质升级不受年限限制。

(8) 资质许可机关应当在其门户网站公布企业资质许可结果。

(9) 资质许可机关对建设工程企业的所有申请、审查等书面材料应当至少保存5年。

(10) 住房城乡建设部负责许可的建设工程企业资质的中级及以上职称人员(涉及公路、水运、水利、通信、铁路、民航等方面资质除外)、现场管理人员、技术工人、企业资产的审核,由企业工商注册地省级住房城乡住房城乡建设主管部门负责,其中通过国务院国有资产管理部门直接监管的建筑企业(以下简称"中央建筑企业")直接申报的,由中央建筑企业审核;省级住房城乡住房城乡建设主管部门以及中央建筑企业将审核结果与企业申报材料一并上报,住房城乡建设部将审核结果与企业基本信息一并在住房城乡建设部网站公示,并组织抽查。

(11) 企业发生合并、分立、改制、重组以及跨省变更等事项,企业性质由内资变为外商投资或由外商投资变为内资的,继承原资质的企业应当同时申请重新核定,并按照《住房城乡建设部关于建设工程企业发生重组、合并、分立等情况资质核定有关问题的通知》(建市〔2014〕79号)有关规定办理。

(12) 香港服务提供者和澳门服务提供者申请设立建设工程企业时,其在香港、澳门和内地的业绩可共同作为评定其在内地设立的建筑业企业资质的依据。管理和技术人员数量应以其在内地设立的建筑业企业的实际人员数量为资质评定依据。

3. 延续与变更

(1) 延续。建设工程企业资质证书有效期届满,企业继续从事建设工程活动的,应当于资质证书有效期届满3个月前,向原资质许可机关提出延续申请。资质许可机关应当在建设工程企业资质证书有效期届满前做出是否准予延续的决定;逾期未做出决定的,视为准予延续。

(2) 变更。企业在建设工程企业资质证书有效期内名称、地址、注册资本、法定代表人等发生变更的,应当在工商部门办理变更手续后1个月内办理资质证书变更手续。

4. 监督管理

县级以上人民政府住房城乡住房城乡建设主管部门和其他有关部门应当依照有关法律、法规,加强对企业取得建设工程企业资质后是否满足资质标准和市场行为的监督管理。上级住房城乡住房城乡建设主管部门应当加强对下级住房城乡住房城乡建设主管部门资质管理工作的监督检查,及时纠正建设工程企业资质管理中的违法行为。住房城乡住房城乡建设主管部门、其他有关部门的监督检查人员履行监督检查职责时,有权采取下列措施:

(1) 要求被检查企业提供建设工程企业资质证书、企业有关人员的注册执业证书、职称证书、岗位证书和考核或者培训合格证书,有关施工业务的文档,有关质量管理、安全生产管理、合同管理、档案管理、财务管理等企业内部管理制度的文件;

(2) 进入被检查企业进行检查,查阅相关资料;

(3) 纠正违反有关法律、法规及有关规范和标准的行为。

监督检查人员应当将监督检查情况和处理结果予以记录,由监督检查人员和被检查企业的有关人员签字确认后归档。

2.1.3　工程监理企业资质管理规定

工程监理企业资质分为综合资质、专业资质和事务所资质。其中,专业资质按照工程性质和技术特点划分为若干工程类别。综合资质、事务所资质不分级别。专业资质分为甲级、乙级;其中,房屋建筑、水利水电、公路和市政公用专业资质可设立丙级。

1. 资质等级与标准

工程监理企业的资质等级标准如下:

(1) 综合资质标准

① 具有独立法人资格且具有符合国家有关规定的资产。② 企业技术负责人应为注册监理工程师,并具有 15 年以上从事工程建设工作的经历或者具有工程类高级职称。③ 具有 5 个以上工程类别的专业甲级工程监理资质。④ 注册监理工程师不少于 60 人,注册造价工程师不少于 5 人,一级注册建造师、一级注册建筑师、一级注册结构工程师或者其它勘察设计注册工程师合计不少于 15 人次。⑤ 企业具有完善的组织结构和质量管理体系,有健全的技术、档案等管理制度。⑥ 企业具有必要的工程试验检测设备。⑦ 申请工程监理资质之日前一年内没有《工程监理企业资质管理规定》第 16 条禁止的行为。⑧ 申请工程监理资质之日前一年内没有因本企业监理责任造成重大质量事故。⑨ 申请工程监理资质之日前一年内没有因本企业监理责任发生三级以上工程建设重大安全事故或者发生两起以上四级工程建设安全事故。

(2) 专业资质标准

① 甲级。具有独立法人资格且具有符合国家有关规定的资产。企业技术负责人应为注册监理工程师,并具有 15 年以上从事工程建设工作的经历或者具有工程类高级职称。注册监理工程师、注册造价工程师、一级注册建造师、一级注册建筑师、一级注册结构工程师或者其它勘察设计注册工程师合计不少于 25 人次;其中,相应专业注册监理工程师不少于《专业资质注册监理工程师人数配备表》中要求配备的人数,注册造价工程师不少于 2 人。企业近 2 年内独立监理过 3 个以上相应专业的二级工程项目,但是,具有甲级设计资质或一级及以上施工总承包资质的企业申请本专业工程类别甲级资质的除外。企业具有完善的组织结构和质量管理体系,有健全的技术、档案等管理制度。企业具有必要的工程试验检测设备。申请工程监理资质

之日前一年内没有《工程监理企业资质管理规定》第 16 条禁止的行为。申请工程监理资质之日前一年内没有因本企业监理责任造成重大质量事故。申请工程监理资质之日前一年内没有因本企业监理责任发生三级以上工程建设重大安全事故或者发生两起以上四级工程建设安全事故。

②乙级。具有独立法人资格且具有符合国家有关规定的资产。企业技术负责人应为注册监理工程师，并具有 10 年以上从事工程建设工作的经历。注册监理工程师、注册造价工程师、一级注册建造师、一级注册建筑师、一级注册结构工程师或者其它勘察设计注册工程师合计不少于 15 人次。其中，相应专业注册监理工程师不少于《专业资质注册监理工程师人数配备表》中要求配备的人数，注册造价工程师不少于 1 人。有较完善的组织结构和质量管理体系，有技术、档案等管理制度。有必要的工程试验检测设备。申请工程监理资质之日前一年内没有《工程监理企业资质管理规定》第 16 条禁止的行为。申请工程监理资质之日前一年内没有因本企业监理责任造成重大质量事故。申请工程监理资质之日前一年内没有因本企业监理责任发生三级以上工程建设重大安全事故或者发生两起以上四级工程建设安全事故。

③丙级。具有独立法人资格且具有符合国家有关规定的资产。企业技术负责人应为注册监理工程师，并具有 8 年以上从事工程建设工作的经历。相应专业的注册监理工程师不少于《专业资质注册监理工程师人数配备表》（附表 1）中要求配备的人数。有必要的质量管理体系和规章制度。有必要的工程试验检测设备。

（3）事务所资质标准

①取得合伙企业营业执照，具有书面合作协议书。②合伙人中有 3 名以上注册监理工程师，合伙人均有 5 年以上从事建设工程监理的工作经历。③有固定的工作场所。④有必要的质量管理体系和规章制度。⑤有必要的工程试验检测设备。

2. 资质许可

（1）申请综合资质、专业甲级资质的，可以向企业工商注册所在地的省、自治区、直辖市人民政府住房城乡建设主管部门提交申请材料。省、自治区、直辖市人民政府住房城乡建设主管部门收到申请材料后，应当在 5 日内将全部申请材料报审批部门。国务院住房城乡建设主管部门在收到申请材料后，应当依法作出是否受理的决定，并出具凭证；申请材料不齐全或者不符合法定形式的，应当在 5 日内一次性告知申请人需要补正的全部内容。逾期不告知的，自收到申请材料之日起即为受理。国务院住房城乡建设主管部门应当自受理之日起 20 日内作出审批决定。自作出决定之日起 10 日内公告审批结果。其中，涉及铁路、交通、水利、通信、民航等专业工程监理资质的，由国务院住房城乡建设主管部门送国务院有关部门审核。国务院有关部门应当在 15 日内审核完毕，并将审核意见报国务院住房城乡建设主管部门。组织专家评审所需时间不计算在上述时限内，但应当明确告知申请人。

（2）专业乙级、丙级资质和事务所资质由企业所在地省、自治区、直辖市人民政府住房城乡建设主管部门审批。专业乙级、丙级资质和事务所资质许可。延续的实施程序由省、自治区、直辖市人民政府住房城乡建设主管部门依法确定。省、自治区、直辖市人民政府住房城乡建设主管部门应当自作出决定之日起 10 日内，将准予资质许可的决定报国务院住房城乡建设主管部门备案。

（3）工程监理企业资质证书分为正本和副本，每套资质证书包括一本正本，四本副本。正、副本具有同等法律效力。工程监理企业资质证书的有效期为 5 年。工程监理企业资质证书由国务院住房城乡建设主管部门统一印制并发放。

（4）企业申请工程监理企业资质，在资质许可机关的网站或审批平台提出申请事项，提交专业技术人员、技术装备和已完成业绩等电子材料。

（5）资质有效期届满，工程监理企业需要继续从事工程监理活动的，应当在资质证书有效期届满60日前，向原资质许可机关申请办理延续手续。对在资质有效期内遵守有关法律、法规、规章、技术标准，信用档案中无不良记录，且专业技术人员满足资质标准要求的企业，经资质许可机关同意，有效期延续5年。

3. 业务范围

工程监理企业资质相应许可的业务范围如下：

（1）综合资质

可以承担所有专业工程类别建设工程项目的工程监理业务。

（2）专业资质

① 专业甲级资质：可承担相应专业工程类别建设工程项目的工程监理业务。② 专业乙级资质：可承担相应专业工程类别二级以下（含二级）建设工程项目的工程监理业务。③ 专业丙级资质：可承担相应专业工程类别三级建设工程项目的工程监理业务。

（3）事务所资质

可承担三级建设工程项目的工程监理业务，但是，国家规定必须实行强制监理的工程除外。工程监理企业可以开展相应类别建设工程的项目管理、技术咨询等业务。

2.1.4　工程造价咨询企业管理规定

工程造价咨询企业，是指接受委托，对建设项目投资、工程造价的确定与控制提供专业咨询服务的企业。工程造价咨询企业应当依法取得工程造价咨询企业资质，并在其资质等级许可的范围内从事工程造价咨询活动。

1. 资质等级与标准

工程造价咨询企业资质等级分为甲级、乙级。

（1）甲级工程造价咨询企业资质标准：① 已取得乙级工程造价咨询企业资质证书满3年；② 技术负责人已取得一级造价工程师注册证书，并具有工程或工程经济类高级专业技术职称，且从事工程造价专业工作15年以上；③ 专职从事工程造价专业工作的人员（以下简称专职专业人员）不少于12人，其中，具有工程（或工程经济类）中级以上专业技术职称或者取得二级造价工程师注册证书的人员合计不少于10人；取得一级造价工程师注册证书的人员不少于6人，其他人员具有从事工程造价专业工作的经历；④ 企业与专职专业人员签订劳动合同，且专职专业人员符合国家规定的职业年龄（出资人除外）；⑤ 企业近3年工程造价咨询营业收入累计不低于人民币500万元；⑥ 企业为本单位专职专业人员办理的社会基本养老保险手续齐全；⑦ 在申请核定资质等级之日前3年内无《工程造价咨询企业管理办法》第25条禁止的行为。

（2）乙级工程造价咨询企业资质标准：① 技术负责人已取得一级造价工程师注册证书，并具有工程或工程经济类高级专业技术职称，且从事工程造价专业工作10年以上；② 专职专业人员不少于6人，其中，具有工程（或工程经济类）中级以上专业技术职称或者取得二级造价工程师注册证书的人员合计不少于4人；取得一级造价工程师注册证书的人员不少于3人，其他人员具有从事工程造价专业工作的经历；③ 企业与专职专业人员签订劳动合同，且专职专业人员符合国家规定的职业年龄（出资人除外）；④ 企业为本单位专职专业人员办理的社会基本养老保险手续齐全;⑤ 暂定期内工程造价咨询营业收入累计不低于人民币50万元;⑥ 申请核定资质等级之日前无《工程造价咨询企业管理办法》第25条禁止的行为。新申请工程造价咨询企业资质的,其资质等级按照乙级工程造价咨询企业资质标准第①项至第④项所列资质标准核定为乙级,设暂定期一年。

2. 资质许可

(1) 甲级工程造价咨询企业资质,由国务院住房城乡住房城乡建设主管部门审批。

申请甲级工程造价咨询企业资质的,可以向申请人工商注册所在地省、自治区、直辖市人民政府住房城乡住房城乡建设主管部门或者国务院有关专业部门提交申请材料。

省、自治区、直辖市人民政府住房城乡住房城乡建设主管部门或者国务院有关专业部门收到申请材料后,应当在5日内将全部申请材料报国务院住房城乡住房城乡建设主管部门,国务院住房城乡住房城乡建设主管部门应当自受理之日起20日内作出决定。组织专家评审所需时间不计算在上述时限内,但应当明确告知申请人。

(2) 申请乙级工程造价咨询企业资质的,由省、自治区、直辖市人民政府住房城乡住房城乡建设主管部门审查决定。其中,申请有关专业乙级工程造价咨询企业资质的,由省、自治区、直辖市人民政府住房城乡住房城乡建设主管部门商同级有关专业部门审查决定。乙级工程造价咨询企业资质许可的实施程序由省、自治区、直辖市人民政府住房城乡住房城乡建设主管部门依法确定。省、自治区、直辖市人民政府住房城乡住房城乡建设主管部门应当自作出决定之日起30日内,将准予资质许可的决定报国务院住房城乡住房城乡建设主管部门备案。

准予资质许可的,资质许可机关应当向申请人颁发工程造价咨询企业资质证书。工程造价咨询企业资质证书由国务院住房城乡住房城乡建设主管部门统一印制,分正本和副本。正本和副本具有同等法律效力。工程造价咨询企业遗失资质证书的,应当向资质许可机关申请补办,由资质许可机关在官网发布信息。工程造价咨询企业资质有效期为3年。

3. 业务范围

工程造价咨询业务范围包括:① 建设项目建议书及可行性研究投资估算、项目经济评价报告的编制和审核;② 建设项目概预算的编制与审核,并配合设计方案比选、优化设计、限额设计等工作进行工程造价分析与控制;③ 建设项目合同价款的确定(包括招标工程工程量清单和标底、投标报价的编制和审核);合同价款的签订与调整(包括工程变更、工程洽商和索赔费用的计算)及工程款支付,工程结算及竣工结(决)算报告的编制与审核等;④ 工程造价经济纠纷的鉴定和仲裁的咨询;⑤ 提供工程造价信息服务等。工程造价咨询企业可以对建设项目的组织实施进行全过程或者若干阶段的管理和服务。

课程思政 2-1

建设工程企业资质申报弄虚作假遭严打,为何还屡禁不止?

专家解读:2021年2月26日,青海省住房和城乡建设厅通报四家建设工程企业资质申报弄虚作假,决定对这4家企业予以通报批评,不批准其资质申请,自通报印发之日起1年内不受理上述企业资质申请。同年4月7日,重庆市住房和城乡建设委员会通报4家企业资质申报弄虚作假,不批准其资质申请,将其不良行为在重庆建设工程信息网予以公布;自通报印发之日起,1 年内不予受理上述企业申请建筑业企业资质。同年 6 月 13 日,河北省住房和城乡建设厅通报撤销了 7 家建筑企业资质,并将其列入建筑市场主体严重失信名单进行信用惩戒;对 14 家在资质申报过程中存在弄虚作假行为的建筑企业进行了信用预警。建设行政主管部门的通报令企业负责人和员工很紧张,但为何屡禁不止呢?究其原因是企业片面追求高级别资质而弄虚作假,背离了诚实守信的市场竞争规则。为加强建筑市场的准入清出管理,严肃查处建设工程企业资质申报中弄虚作假行为,根据《建设工程企业资质申报弄虚作假行为处理办法》第 12 条规定,对资质申报中弄虚作假的企业,住房城乡住房城乡建设主管部门按照行政审批权限依法给予警告,并作如下处理:① 企业新申请资质时弄虚作假的,不批准其资质申请,企业在一年内不得再次申请该项资质;② 企业在资质升级、增项申请中弄虚作假的,不批准其资质申请,企业在一年内不得再次申请该项资质升级、增项;③ 企业在资质延续申请中弄虚作假的,不予延续,企业按低一等级资质或缩小原资质范围重新申请核定资质,并一年内不得申请该项资质升级、增项。对弄虚作假取得资质的企业,住房城乡住房城乡建设主管部门依法给予行政处罚并撤销其相应资质,且自撤销资质之日起三年内不得申请该项资质。

(来源:青海省住房和城乡建设厅、重庆市住房和城乡建设委员会、河北省住房和城乡建设厅)

思政要点:培育和践行社会主义核心价值观、树立法治意识。

二维码内含精彩案例及解析,
快来扫一扫吧!
案例 2-1

2.2 从业人员的资格许可制度

 工程应用

知识点	项目应用阶段	典型工作事件	主要涉及的岗位	要求
注册建造师	施工投标阶段、施工实施阶段	注册建造师考试条件、从业范围	施工项目经理、技术负责人等	运用
注册监理工程师	监理投标阶段、监理实施阶段	注册监理工程师考试条件、从业范围	监理项目总监、专监等	运用
注册造价工程师	造价投标阶段、造价咨询实施阶段	注册造价工程师考试条件、从业范围	项目造价编制人员、审计人员	运用

![学习内容]

执业资格制度是指对具备一定专业学历、资历的从事建筑活动的专业技术人员,通过考试和注册确定其执业的技术资格,获得相应建筑工程文件签字权的一种制度。在技术要求较高的行业,实行专业技术人员执业资格制度已成为国际惯例。《建筑法》第 14 条规定,从事建筑活动的专业技术人员,应取得相应的执业资格证书,并在执业资格证书许可的范围内从事建筑活动。

目前,我国对从事建筑活动的专业技术人员已建立起注册建筑师、注册工程师(包括注册结构工程师、注册土木工程师、注册电气工程师、注册设备工程师、注册化工工程师等)、注册建造师、注册监理工程师、注册造价工程师等执业资格制度。

从事建筑工程活动的人员要通过国家任职资格考试、考核,由建设行政主管部门注册并颁发资格证书。

建筑工程的从业人员主要包括注册建筑师、注册结构工程师、注册监理工程师、注册工程造价师、注册建造师以及法律、法规规定的其他人员。

建筑工程从业者资格证件严禁出卖、转让、出借、涂改、伪造。违反上述规定的,将视具体情节,追究法律责任。建筑工程从业者资格的具体管理办法,由国务院建设行政主管部门另行规定。

2.2.1　注册建造师

1. 注册建造师的概念

注册建造师,是指通过考核认定或考试合格取得中华人民共和国建造师资格证书(以下简称资格证书),并按照《注册建造师管理规定》注册,取得中华人民共和国建造师注册证书(以下简称注册证书),担任施工单位项目负责人、项目技术负责人及从事相关活动的专业技术人员。未取得注册证书的,不得担任建设工程项目的施工单位技术负责人、项目负责人和项目技术负责人,不得以注册建造师的名义从事相关活动。

2. 注册建造师的考试

一级建造师执业资格实行统一大纲、统一命题、统一组织的考试制度,由人事部、住房和城乡建设部共同组织实施,原则上每年举行一次考试。二级建造师执业资格实行全国统一大纲,各省、自治区、直辖市命题并组织考试的制度。住房和城乡建设部负责拟定二级建造师执业资格考试大纲,人事部负责审定考试大纲。各省、自治区、直辖市人事厅(局),建设厅(委)按照国家确定的考试大纲和有关规定,在本地区组织实施二级建造师执业资格考试。

(1) 一级建造师的考试条件

具备下列条件之一者,可以申请参加一级建造师执业资格考试:① 取得工程类或工程经济类大学专科学历,工作满 6 年,其中从事建设工程项目施工管理工作满 4 年。② 取得工程类或工程经济类大学本科学历,工作满 4 年,其中从事建设工程项目施工管理工作满 3 年。③ 取得工程类或工程经济类双学士学位或研究生班毕业,工作满 3 年,其中从事建设工程项目施工管理工作满 2 年。④ 取得工程类或工程经济类硕士学位,工作满 2 年,其中从事建设工程项目施工管理工作满 1 年。⑤ 取得工程类或工程经济类博士学位,从事建设工程项目施工管理工作满 1 年。

（2）二级建造师的考试条件

凡遵纪守法并具备工程类或工程经济类中等专科以上学历并从事建设工程项目施工管理工作满2年，可报名参加二级建造师执业资格考试。具体的报考条件参照各省、自治区、直辖市有关部门确定的相关规定执行。

（3）考试合格证书颁发

参加一级建造师执业资格考试合格，由各省、自治区、直辖市颁发人事部统一印制的，人事部与住房和城乡建设部用印的《中华人民共和国一级建造师执业资格证书》。该证书在全国范围内有效。二级建造师执业资格考试合格者，由省、自治区、直辖市人事部门颁发由人事部、建设部统一格式的《中华人民共和国二级建造师执业资格证书》。该证书在所在行政区域内有效。

3. 注册建造师的注册

（1）申请初始注册时应当具备的条件

① 经考核认定或考试合格取得资格证书；② 受聘且只受聘于一个单位；③ 达到继续教育要求；④ 没有《注册建造师管理规定》第15条所列情形。

《注册建造师管理规定》第15条所列不予注册的情形：① 不具有完全民事行为能力的；② 申请在两个或者两个以上单位注册的；③ 未达到注册建造师继续教育要求的；④ 受到刑事处罚，刑事处罚尚未执行完毕的；⑤ 因执业活动受到刑事处罚，自刑事处罚执行完毕之日起至申请注册之日止不满5年的；⑥ 因前项规定以外的原因受到刑事处罚，自处罚决定之日起至申请注册之日止不满3年的；⑦ 被吊销注册证书，自处罚决定之日起至申请注册之日止不满2年的；⑧ 在申请注册之日前3年内担任项目经理期间，所负责项目发生过重大质量和安全事故的；⑨ 申请人的聘用单位不符合注册单位要求的；⑩ 年龄超过65周岁的；⑪ 法律、法规规定不予注册的其他情形。

（2）注册建造师的注册程序

① 一级建造师的注册程序。取得一级建造师资格证书并受聘于一个从事工程建设单位的人员，应当通过聘用单位向国务院住房城乡住房城乡建设主管部门提出注册申请；也可以向聘用单位工商注册所在地的省、自治区、直辖市人民政府住房城乡住房城乡建设主管部门提交申请材料。省、自治区、直辖市人民政府住房城乡住房城乡建设主管部门收到申请材料后，应当在5日内将全部申请材料报国务院住房城乡住房城乡建设主管部门审批。国务院住房城乡住房城乡建设主管部门在收到申请材料后，应当依法作出是否受理的决定，并出具凭证；申请材料不齐全或者不符合法定形式的，应当在5日内一次性告知申请人需要补正的全部内容。逾期不告知的，自收到申请材料之日起即为受理。涉及铁路、公路、港口与航道、水利水电、通信与广电、民航专业的，国务院住房城乡住房城乡建设主管部门应当会同同级有关部门审核。符合条件的，由国务院住房城乡住房城乡建设主管部门核发《中华人民共和国一级建造师注册证书》。对申请注册的，国务院住房城乡住房城乡建设主管部门应当自受理之日起20日内作出审批决定。自作出决定之日起10日内公告审批结果。国务院住房城乡住房城乡建设主管部门会同同级有关部门审核的，有关部门应当在10日内审核完毕，并将审核意见送国务院住房城乡住房城乡建设主管部门。对申请延续注册的，国务院住房城乡住房城乡建设主管部门应当自受理之日起10日内作出审批决定。申请办理证书变更和注销手续的，国务院住房城乡住房城乡建设主管部门应当自受理之日起5日内作出审批决定。取得一级建造师资格证书并受聘于一个建设工程勘察、设计、施工、监理、招标代理、造价咨询等单位的人员，应当通过聘用

单位向单位工商注册所在地的省、自治区、直辖市人民政府住房城乡建设主管部门提出注册申请。省、自治区、直辖市人民政府住房城乡建设主管部门受理后提出初审意见,并将初审意见和全部申报材料报国务院住房城乡建设主管部门审批;涉及铁路、公路、港口与航道、水利水电、通信与广电、民航专业的,国务院住房城乡建设主管部门应当将全部申报材料送同级有关部门审核。符合条件的,由国务院住房城乡建设主管部门核发《中华人民共和国一级建造师注册证书》,并核定执业印章编号。

②二级建造师的注册程序。取得二级建造师资格证书的人员申请注册,由省、自治区、直辖市人民政府住房城乡住房城乡建设主管部门负责受理和审批,具体审批程序由省、自治区、直辖市人民政府住房城乡建设主管部门依法确定。对批准注册的,核发由国务院住房城乡住房城乡建设主管部门统一样式的《中华人民共和国二级建造师注册证书》,并在核发证书后 30 日内送国务院住房城乡住房城乡建设主管部门备案。

注册证书是注册建造师的执业凭证,由注册建造师本人保管、使用。注册证书有效期为 5 年。申请人与聘用企业签订聘用合同不足 5 年的,以聘用合同截止日为有效期截止日。一级注册建造师的注册证书由国务院住房城乡住房城乡建设主管部门统一印制。注册建造师证书推行电子证书,具体办法另行规定。

4. 注册建造师的执业

注册建造师应当在其注册证书所注明的专业范围内从事建设工程施工管理活动。未列入或新增工程范围由国务院住房城乡建设主管部门会同国务院有关部门另行规定。工程施工项目负责人和技术负责人必须由本专业注册建造师担任。一级注册建造师可担任大、中、小型工程施工项目负责人,二级注册建造师可以承担中、小型工程施工项目负责人。其中,大、中型工程施工项目负责人和技术负责人不得由一名建造师兼任。一级注册建造师可在全国范围内以一级注册建造师名义执业。通过二级建造师资格考核认定,或参加全国统考取得二级建造师资格证书并经注册人员,可在全国范围内以二级注册建造师名义执业。工程所在地各级住房城乡建设主管部门和有关部门不得增设或者变相设置跨地区承揽工程项目执业准入条件。

(1)注册建造师担任两个及以上建设工程施工项目负责人的例外情形

注册建造师不得同时担任两个及以上建设工程施工项目负责人和项目技术负责人。发生下列情形之一的除外:① 同一工程相邻分段发包或分期施工的;② 合同约定的工程验收合格的;③ 因非承包方原因致使工程项目停工超过 90 天(含),经建设单位同意的。

(2)注册建造师担任施工项目负责人和项目技术负责人期间更换的例外情形

注册建造师担任施工项目负责人和项目技术负责人期间原则上不得更换。如发生下列情形之一的,应当办理书面交接手续后更换施工项目负责人和项目技术负责人:① 发包方与注册建造师受聘企业已解除承包合同的;② 发包方同意更换的;③ 因不可抗力等特殊情况必须更换的。建设工程合同履行期间变更项目负责人和项目技术负责人的,企业应当于变更后 5 个工作日内报住房城乡建设行政主管和有关部门备案。注册建造师担任施工项目负责人和项目技术负责人,在其承建的建设工程项目竣工验收或移交项目手续办结前,除上述情形外,不得变更注册至另一企业。

(3)注册建造师签章的相关规定

担任建设工程施工项目负责人和项目技术负责人的注册建造师应当在工程项目相关

技术、质量、安全、管理等文件上签字，并承担相应责任。其中担任施工项目负责人的注册建造师应当对工程质量终身负责。注册建造师有权拒绝在不合格或者有弄虚作假内容的建设工程施工管理文件上签字。专业工程独立发包时，应由执业范围涵盖该专业工程的注册建造师担任该专业工程施工项目负责人和技术负责人。分包工程施工管理文件应当由分包企业注册建造师签字。分包企业签署质量合格的文件上，必须由担任总承包企业项目负责人的注册建造师签字。建设工程合同包含多个专业工程的，担任施工总承包项目负责人和技术负责人的注册建造师，负责该工程施工管理文件签字。修改注册建造师签字的工程施工管理文件，应当征得所在企业同意后，由注册建造师本人进行修改；注册建造师本人不能进行修改的，应当由企业指定同等资格条件的注册建造师修改，由其签字并对修改部分承担相应的法律责任。

（4）注册建造师的权利

《注册建造师管理规定》规定，注册建造师享有下列权利：① 使用注册建造师名称；② 在规定范围内从事执业活动；③ 在本人执业活动中形成的文件上签字；④ 保管和使用本人注册证书；⑤ 对本人执业活动进行解释和辩护；⑥ 接受继续教育；⑦ 获得相应的劳动报酬；⑧ 对侵犯本人权利的行为进行申述。

（5）注册建造师的义务

《注册建造师管理规定》规定，注册建造师应当履行下列义务：① 遵守法律法规、有关管理规定和合同约定，到岗尽责，恪守职业道德；② 执行技术标准、规范和规程；③ 保证执业成果的质量，并承担相应责任，对工程质量终身负责；④ 接受继续教育，努力提高执业水准；⑤ 保守在执业中知悉的国家秘密和他人的商业、技术等秘密；⑥ 与当事人有利害关系的，应当主动回避；⑦ 协助注册管理机关完成相关工作。

（6）注册建造师的禁止性行为规范

《注册建造师管理规定》规定，注册建造师不得有下列行为：① 不履行注册建造师义务；② 在执业过程中，索贿、受贿或者谋取合同约定费用外的其他利益；③ 在执业过程中实施商业贿赂；④ 签署有虚假记载等不合格的文件；⑤ 允许他人以自己的名义从事执业活动；⑥ 同时在两个或者两个以上单位受聘；⑦ 涂改、倒卖、出租、出借或以其他形式非法转让资格证书、注册证书；⑧ 超出执业范围和聘用单位业务范围内从事执业活动；⑨ 法律、法规、规章禁止的其他行为。

5. 继续教育

注册建造师在每一个注册有效期内应当达到继续教育要求。住房城乡建设部统一管理全国注册建造师的继续教育工作，组织制定一级注册建造师的继续教育规划。省级住房城乡住房城乡建设主管部门负责本行政区域内一级、二级注册建造师继续教育的组织实施和管理，组织制定二级注册建造师继续教育规划并组织实施。注册建造师应当按照注册建造师继续教育规划，参加培训机构或企业自行组织的继续教育培训。注册建造师达到继续教育要求的，负责培训的组织应当出具证明材料，并对证明的真实性负责。

6. 法律责任

（1）隐瞒有关情况或者提供虚假材料申请注册的，住房城乡住房城乡建设主管部门不予受理或者不予注册，1 年内不得再次申请注册，作为不良记录计入诚信档案。

（2）以欺骗、贿赂等不正当手段取得注册证书的注册建造师，由注册机关撤销其注册，3

年内不得再次申请注册,由县级以上地方人民政府住房城乡住房城乡建设主管部门处以罚款,并作为不良记录计入诚信档案。其中没有违法所得的,处以 1 万元以下的罚款;有违法所得的,处以 1 万元以上 3 万元以下的罚款。

(3)违反《注册建造师管理规定》,未取得注册证书,担任建设工程项目施工单位项目负责人,或者以注册建造师的名义从事相关活动的,其所签署的工程文件无效,由县级以上地方人民政府住房城乡住房城乡建设主管部门或者其他有关部门给予警告,责令停止违法活动。并对聘用单位处以 1 万元以上 3 万元以下的罚款。

(4)违反《注册建造师管理规定》,因本人原因未按时办理注销手续的注册建造师,由县级以上地方人民政府住房城乡住房城乡建设主管部门或者其他有关部门责令限期改正,没有违法所得的,处以 1 万元以下的罚款;有违法所得的,处以 1 万元以上 3 万元以下的罚款。

(5)违反《注册建造师管理规定》,注册建造师在执业活动中有第三十一条所列行为之一的,由县级以上地方人民政府住房城乡住房城乡建设主管部门或者其他有关部门依法给予处罚。可视情节,给予警告,责令改正,没有违法所得的,处以 1 万元以下的罚款;有违法所得的,处以 1 万元以上 3 万元以下的罚款。

(6)聘用单位为申请人提供虚假注册材料的,由县级以上地方人民政府住房城乡住房城乡建设主管部门或者其他有关部门给予警告,并处以 1 万元以上 3 万元以下的罚款。其不良行为记入信用档案。

(7)县级以上人民政府住房城乡住房城乡建设主管部门及其工作人员,在注册建造师管理工作中,有下列情形之一的,由其上级行政机关或者监察机关责令改正,对直接负责的主管人员和其他直接责任人员依法给予处分:① 对不符合法定条件的申请人准予注册的;② 对符合法定条件的申请人不予注册或者不在法定期限内作出准予注册决定的;③ 对符合法定条件的申请不予受理或者未在法定期限内初审完毕的;④ 利用职务上的便利,收受他人财物或者其他好处的;⑤ 不依法履行监督管理职责或者监督不力,造成严重后果的。

2.2.2　注册监理工程师

1. 注册监理工程师的概念

注册监理工程师,是指经考试取得中华人民共和国监理工程师资格证书(以下简称资格证书),并按照规定注册,取得中华人民共和国注册监理工程师注册执业证书(以下简称注册证书)和执业印章,从事工程监理及相关业务活动的专业技术人员。未取得注册证书和执业印章的人员,不得以注册监理工程师的名义从事工程监理及相关业务活动。

2. 注册监理工程师的考试

(1)注册监理工程师的考试条件

凡中华人民共和国公民,具有工程技术或工程经济专业大专(含)以上学历,遵纪守法并符合以下条件之一者,均可报名参加监理工程师执业资格考试:① 具有按照国家有关规定评聘的工程技术或工程经济专业中级专业技术职务,并任职满三年。② 具有按照国家有关规定评聘的工程技术或工程经济专业高级专业技术职务。

对从事工程建设监理工作并同时具备下列 4 项条件的报考人员可免试《工程建设合同管理》和《工程建设质量、投资、进度控制》2 个科目:① 1970 年(含)以前工程技术或工程经济专业大专(含)以上毕业;② 具有按照国家有关规定评聘的工程技术或工程经济专业高级专业技术职务;③ 从事工程设计或工程施工管理工作 15 年(含)以上;④ 从事监理工作 1 年(含)以上。

根据《关于同意香港、澳门居民参加内地统一组织的专业技术人员资格考试有关问题的通知》(国人部发〔2005〕9 号),凡符合注册监理工程师执业资格考试相应规定的香港、澳门居民均可按照文件规定的程序和要求报名参加考试。

(2) 考试合格证书颁发

监理工程师执业资格考试合格者,由各省、自治区、直辖市人事(职改)部门颁发人事部统一印制的、人事部与住房和城乡建设部用印的中华人民共和国《监理工程师执业资格证书》。该证书在全国范围内有效。

3. 注册监理工程师的注册

注册监理工程师实行注册执业管理制度。取得资格证书的人员,经过注册方能以注册监理工程师的名义执业。注册监理工程师依据其所学专业、工作经历、工程业绩,按照《工程监理企业资质管理规定》划分的工程类别,按专业注册。每人最多可以申请两个专业注册。

(1) 申请初始注册应当具备的条件

《工程监理企业资质管理规定》规定,申请初始注册,应当具备以下条件:① 经全国注册监理工程师执业资格统一考试合格,取得资格证书;② 受聘于一个相关单位;③ 达到继续教育要求;④ 没有《注册监理工程师管理规定》第 13 条所列情形。

《注册监理工程师管理规定》第 13 条所列不予初始注册、延续注册或者变更注册的情形:① 不具有完全民事行为能力的;② 刑事处罚尚未执行完毕或者因从事工程监理或者相关业务受到刑事处罚,自刑事处罚执行完毕之日起至申请注册之日止不满 2 年的;③ 未达到监理工程师继续教育要求的;④ 在两个或者两个以上单位申请注册的;⑤ 以虚假的职称证书参加考试并取得资格证书的;⑥ 年龄超过 65 周岁的;⑦ 法律、法规规定不予注册的其他情形。

(2) 注册监理工程师的注册程序

取得资格证书的人员申请注册,由国务院住房城乡建设主管部门审批。取得资格证书并受聘于一个建设工程勘察、设计、施工、监理、招标代理、造价咨询等单位的人员,应当通过聘用单位提出注册申请,并可以向单位工商注册所在地的省、自治区、直辖市人民政府住房城乡建设主管部门提交申请材料;省、自治区、直辖市人民政府住房城乡建设主管部门收到申请材料后,应当在 5 日内将全部申请材料报审批部门。

国务院住房城乡建设主管部门在收到申请材料后,应当依法作出是否受理的决定,并出具凭证;申请材料不齐全或者不符合法定形式的,应当在 5 日内一次性告知申请人需要补正的全部内容。逾期不告知的,自收到申请材料之日起即为受理。对申请初始注册的,国务院住房城乡建设主管部门应当自受理申请之日起 20 日内审批完毕并作出书面决定。自作出决定之日起 10 日内公告审批结果。对申请变更注册、延续注册的,国务院住房城乡建设主管部门应当自受理申请之日起 10 日内审批完毕并作出书面决定。符合条件的,由国务院住房城乡建设主管部门核发注册证书,并核定执业印章编号。对不予批准的,应当说明理由,并告知申请人享有依法申请行政复议或者提起行政诉讼的权利。

注册证书和执业印章是注册监理工程师的执业凭证,由注册监理工程师本人保管、使用。注册证书和执业印章的有效期为 3 年。初始注册者,可自资格证书签发之日起 3 年内提出申请。逾期未申请者,须符合继续教育的要求后方可申请初始注册。

4. 注册监理工程师的执业

(1) 注册监理工程师的执业的范围

从事工程监理执业活动的,应当受聘并注册于一个具有工程监理资质的单位。注册监理工程师可以从事工程监理、工程经济与技术咨询、工程招标与采购咨询、工程项目管理服务以及国务院有关部门规定的其他业务。

(2) 注册监理工程师的权利

《工程监理企业资质管理规定》规定,注册监理工程师享有下列权利:① 使用注册监理工程师称谓;② 在规定范围内从事执业活动;③ 依据本人能力从事相应的执业活动;④ 保管和使用本人的注册证书和执业印章;⑤ 对本人执业活动进行解释和辩护;⑥ 接受继续教育;⑦ 获得相应的劳动报酬;⑧ 对侵犯本人权利的行为进行申诉。

(3) 注册监理工程师的义务

《工程监理企业资质管理规定》规定,注册监理工程师应当履行下列义务:① 遵守法律、法规和有关管理规定;② 履行管理职责,执行技术标准、规范和规程;③ 保证执业活动成果的质量,并承担相应责任;④ 接受继续教育,努力提高执业水准;⑤ 在本人执业活动所形成的工程监理文件上签字、加盖执业印章;⑥ 保守在执业中知悉的国家秘密和他人的商业、技术秘密;⑦ 不得涂改、倒卖、出租、出借或者以其他形式非法转让注册证书或者执业印章;⑧ 不得同时在两个或者两个以上单位受聘或者执业;⑨ 在规定的执业范围和聘用单位业务范围内从事执业活动;⑩ 协助注册管理机构完成相关工作。

5. 继续教育

注册监理工程师在每一注册有效期内应当达到国务院住房城乡建设主管部门规定的继续教育要求。继续教育作为注册监理工程师逾期初始注册、延续注册和重新申请注册的条件之一。继续教育分为必修课和选修课,在每一注册有效期内各为 48 学时。

6. 法律责任

(1) 隐瞒有关情况或者提供虚假材料申请注册的,住房城乡建设主管部门不予受理或者不予注册,并给予警告,1 年之内不得再次申请注册。

(2) 以欺骗、贿赂等不正当手段取得注册证书的,由国务院住房城乡建设主管部门撤销其注册,3 年内不得再次申请注册,并由县级以上地方人民政府住房城乡建设主管部门处以罚款,其中没有违法所得的,处以 1 万元以下罚款,有违法所得的,处以违法所得 3 倍以下且不超过 3 万元的罚款;构成犯罪的,依法追究刑事责任。

(3) 未经注册,擅自以注册监理工程师的名义从事工程监理及相关业务活动的,由县级以上地方人民政府住房城乡建设主管部门给予警告,责令停止违法行为,处以 3 万元以下罚款;造成损失的,依法承担赔偿责任。

(4) 未办理变更注册仍执业的,由县级以上地方人民政府住房城乡建设主管部门给予警告,责令限期改正;逾期不改的,可处以 5 000 元以下的罚款。

(5) 注册监理工程师在执业活动中有下列行为之一的,由县级以上地方人民政府住房城乡建设主管部门给予警告,责令其改正,没有违法所得的,处以 1 万元以下罚款,有违法所得的,处以违法所得 3 倍以下且不超过 3 万元的罚款;造成损失的,依法承担赔偿责任;构成犯罪的,依法追究刑事责任:① 以个人名义承接业务的;② 涂改、倒卖、出租、出借或者以其他形式非法转让注册证书或者执业印章的;③ 泄露执业中应当保守的秘密并造成严重后果的;④ 超出规定执业范围或者聘用单位业务范围从事执业活动的;⑤ 弄虚作假提供执业活动成果的;⑥ 同时受聘于两个或者两个以上的单位,从事执业活动的;⑦ 其它违反法律、法规、规章的行为。

2.2.3　注册造价工程师

1. 注册造价工程师的概念

注册造价工程师是指通过土木建筑工程或者安装工程专业造价工程师职业资格考试取得造价工程师职业资格证书或者通过资格认定、资格互认,并按照《注册造价工程师管理办法》注册后,从事工程造价活动的专业人员。注册造价工程师分为一级注册造价工程师和二级注册造价工程师。

2. 注册造价工程师的考试

(1) 注册造价工程师的考试条件

凡中华人民共和国公民,遵纪守法并具备以下条件之一者,均可参加造价工程师执业资格考试:① 具有工程造价专业大学专科(或高等职业教育)学历,从事工程造价业务工作满 5 年;具有土木建筑、水利、装备制造、交通运输、电子信息、财经商贸大类大学专科(或高等职业教育)学历,从事工程造价业务工作满 6 年。② 具有通过工程教育专业评估(认证)的工程管理、工程造价专业大学本科学历或学位,从事工程造价业务工作满 4 年;具有工学、管理学、经济学门类大学本科学历或学位,从事工程造价业务工作满 5 年。③ 具有工学、管理学、经济学门类硕士学位或者第二学士学位,从事工程造价业务工作满 3 年。④ 具有工学、管理学、经济学门类博士学位,从事工程造价业务工作满 1 年。⑤ 具有其他专业相应学历或者学位的人员,从事工程造价业务工作年限相应增加 1 年。

具有以下条件之一的,参加一级造价工程师考试可免考《建设工程造价管理》和《建设工程计价》2 个科目,只参加《建设工程技术与计量》和《建设工程造价案例分析》2 个科目的考试:① 已取得公路工程造价人员资格证书(甲级);② 已取得水运工程一级造价工程师资格证书;③ 已取得水利工程一级造价工程师资格证书。申请免考部分科目的人员在报名时应提供相应材料。

增项专业免费基础科目条件:已取得造价工程师一种专业职业资格证书的人员,报名参加其他科目考试的,可免考基础科目。考试合格后,核发人力资源社会保障部门统一印制的相应专业考试合格证明。该证明作为注册时增加执业专业类别的依据。

根据《关于同意香港、澳门居民参加内地统一组织的专业技术人员资格考试有关问题的通知》(国人部发〔2005〕9 号),凡符合造价工程师执业资格考试相应规定的香港、澳门居民均可按照文件规定的程序和要求报名参加考试。

(2) 考试合格证书颁发

造价工程师执业资格考试合格者,由各省、自治区、直辖市人事(职改)部门颁发人事部统一印制的、人事部与住房和城乡建设部用印的《造价工程师执业资格证书》。该证书在全国范围内有效。

3. 注册造价工程师的注册

注册造价工程师实行注册执业管理制度。取得职业资格的人员,经过注册方能以注册造价工程师的名义执业。

（1）注册造价工程师的注册条件

① 取得职业资格；② 受聘于一个工程造价咨询企业或者工程建设领域的建设、勘察设计、施工、招标代理、工程监理、工程造价管理等单位；③ 无《注册造价工程师管理办法》第 13 条不予注册的情形。

《注册造价工程师管理办法》第 13 条有下列情形之一的，不予注册：① 不具有完全民事行为能力的；② 申请在两个或者两个以上单位注册的；③ 未达到造价工程师继续教育合格标准的；④ 前一个注册期内工作业绩达不到规定标准或未办理暂停执业手续而脱离工程造价业务岗位的；⑤ 受刑事处罚，刑事处罚尚未执行完毕的；⑥ 因工程造价业务活动受刑事处罚，自刑事处罚执行完毕之日起至申请注册之日止不满 5 年的；⑦ 因前项规定以外原因受刑事处罚，自处罚决定之日起至申请注册之日止不满 3 年的；⑧ 被吊销注册证书，自被处罚决定之日起至申请注册之日止不满 3 年的；⑨ 以欺骗、贿赂等不正当手段获准注册被撤销，自被撤销注册之日起至申请注册之日止不满 3 年的；⑩ 法律、法规规定不予注册的其他情形。

（2）注册造价工程师的注册程序

符合注册条件的人员申请注册的，可以向聘用单位工商注册所在地的省、自治区、直辖市人民政府住房城乡建设主管部门或者国务院有关专业部门提交申请材料。

① 申请一级注册造价工程师初始注册，省、自治区、直辖市人民政府住房城乡建设主管部门或者国务院有关专业部门收到申请材料后，应当在 5 日内将申请材料报国务院住房城乡建设主管部门。国务院住房城乡建设主管部门在收到申请材料后，应当依法做出是否受理的决定，并出具凭证；申请材料不齐全或者不符合法定形式的，应当在 5 日内一次性告知申请人需要补正的全部内容。逾期不告知的，自收到申请材料之日起即为受理。国务院住房城乡建设主管部门应当自受理之日起 20 日内作出决定。

② 申请二级注册造价工程师初始注册，省、自治区、直辖市人民政府住房城乡建设主管部门收到申请材料后，应当依法做出是否受理的决定，并出具凭证；申请材料不齐全或者不符合法定形式的，应当在 5 日内一次性告知申请人需要补正的全部内容。逾期不告知的，自收到申请材料之日起即为受理。省、自治区、直辖市人民政府住房城乡建设主管部门应当自受理之日起 20 日内作出决定。

③ 申请一级注册造价工程师变更注册、延续注册，省、自治区、直辖市人民政府住房城乡建设主管部门或者国务院有关专业部门收到申请材料后，应当在 5 日内将申请材料报国务院住房城乡建设主管部门，国务院住房城乡建设主管部门应当自受理之日起 10 日内作出决定。

④ 申请二级注册造价工程师变更注册、延续注册，省、自治区、直辖市人民政府住房城乡建设主管部门收到申请材料后，应当自受理之日起 10 日内作出决定。

注册造价工程师的初始、变更、延续注册，通过全国统一的注册造价工程师注册信息管理平台实行网上申报、受理和审批。准予注册的，由国务院住房城乡建设主管部门或者省、自治区、直辖市人民政府住房城乡建设主管部门（以下简称注册机关）核发注册造价工程师注册证书，注册造价工程师按照规定自行制作执业印章。注册证书和执业印章是注册造价工程师的执业凭证，由注册造价工程师本人保管、使用。注册证书、执业印章的样式以及编码规则由国务院住房城乡建设主管部门统一制定。一级注册造价工程师注册证书由国务院住房城乡建设主管部门印制；二级注册造价工程师注册证书由省、自治区、直辖市人民政府住房城乡建设主管部门按照规定分别印制。注册造价工程师遗失注册证书，应当按照

《注册造价工程师管理办法》第八条规定的延续注册程序申请补发,并由注册机关在官网发布信息。

4. 注册造价工程师的执业

(1) 一级注册造价工程师执业范围

《注册造价工程师管理办法》第 15 条第一款规定,一级注册造价工程师执业范围包括建设项目全过程的工程造价管理与工程造价咨询等,具体工作内容:① 项目建议书、可行性研究投资估算与审核,项目评价造价分析;② 建设工程设计概算、施工预算编制和审核;③ 建设工程招标投标文件工程量和造价的编制与审核;④ 建设工程合同价款、结算价款、竣工决算价款的编制与管理;⑤ 建设工程审计、仲裁、诉讼、保险中的造价鉴定,工程造价纠纷调解;⑥ 建设工程计价依据、造价指标的编制与管理;⑦ 与工程造价管理有关的其他事项。

(2) 二级注册造价工程师执业范围

《注册造价工程师管理办法》第 15 条第二款规定,二级注册造价工程师协助一级注册造价工程师开展相关工作,并可以独立开展以下工作:① 建设工程工料分析、计划、组织与成本管理,施工图预算、设计概算编制;② 建设工程量清单、最高投标限价、投标报价编制;③ 建设工程合同价款、结算价款和竣工决算价款的编制。

(3) 注册造价工程师的权利

① 使用注册造价工程师名称;② 依法从事工程造价业务;③ 在本人执业活动中形成的工程造价成果文件上签字并加盖执业印章;④ 发起设立工程造价咨询企业;⑤ 保管和使用本人的注册证书和执业印章;⑥ 参加继续教育。

(4) 注册造价工程师的义务

① 遵守法律、法规、有关管理规定,恪守职业道德;② 保证执业活动成果的质量;③ 接受继续教育,提高执业水平;④ 执行工程造价计价标准和计价方法;⑤ 与当事人有利害关系的,应当主动回避;⑥ 保守在执业中知悉的国家秘密和他人的商业、技术秘密。

注册造价工程师应当根据执业范围,在本人形成的工程造价成果文件上签字并加盖执业印章,并承担相应的法律责任。最终出具的工程造价成果文件应当由一级注册造价工程师审核并签字盖章。修改经注册造价工程师签字盖章的工程造价成果文件,应当由签字盖章的注册造价工程师本人进行;注册造价工程师本人因特殊情况不能进行修改的,应当由其他注册造价工程师修改,并签字盖章;修改工程造价成果文件的注册造价工程师对修改部分承担相应的法律责任。

(5) 注册造价工程师的禁止性行为规范

《注册造价工程师管理办法》第 20 条规定,注册造价工程师不得有下列行为:① 不履行注册造价工程师义务;② 在执业过程中,索贿、受贿或者谋取合同约定费用外的其他利益;③ 在执业过程中实施商业贿赂;④ 签署有虚假记载、误导性陈述的工程造价成果文件;⑤ 以个人名义承接工程造价业务;⑥ 允许他人以自己名义从事工程造价业务;⑦ 同时在两个或者两个以上单位执业;⑧ 涂改、倒卖、出租、出借或者以其他形式非法转让注册证书或者执业印章;⑨ 超出执业范围、注册专业范围执业;⑩ 法律、法规、规章禁止的其他行为。

5. 法律责任

(1) 隐瞒有关情况或者提供虚假材料申请造价工程师注册的,不予受理或者不予注册,并给予警告,申请人在 1 年内不得再次申请造价工程师注册。

(2) 聘用单位为申请人提供虚假注册材料的,由县级以上地方人民政府住房城乡建设主管部门或者其他有关部门给予警告,并可处以 1 万元以上 3 万元以下的罚款。

(3) 以欺骗、贿赂等不正当手段取得造价工程师注册的,由注册机关撤销其注册,3 年内不得再次申请注册,并由县级以上地方人民政府住房城乡建设主管部门处以罚款。其中,没有违法所得的,处以 1 万元以下罚款;有违法所得的,处以违法所得 3 倍以下且不超过 3 万元的罚款。

(4) 违反《注册造价工程师管理办法》规定,未经注册而以注册造价工程师的名义从事工程造价活动的,所签署的工程造价成果文件无效,由县级以上地方人民政府住房城乡建设主管部门或者其他有关部门给予警告,责令停止违法活动,并可处以 1 万元以上 3 万元以下的罚款。

(5) 违反《注册造价工程师管理办法》规定,未办理变更注册而继续执业的,由县级以上人民政府住房城乡建设主管部门或者其他有关部门责令限期改正;逾期不改的,可处以 5 000 元以下的罚款。

(6) 注册造价工程师有《注册造价工程师管理办法》第 20 条规定行为之一的,由县级以上地方人民政府住房城乡建设主管部门或者其他有关部门给予警告,责令改正,没有违法所得的,处以 1 万元以下罚款,有违法所得的,处以违法所得 3 倍以下且不超过 3 万元的罚款。

(7) 违反《注册造价工程师管理办法》规定,注册造价工程师或者其聘用单位未按照要求提供造价工程师信用档案信息的,由县级以上地方人民政府住房城乡建设主管部门或者其他有关部门责令限期改正;逾期未改正的,可处以 1 000 元以上 1 万元以下的罚款。

(8) 县级以上人民政府住房城乡建设主管部门和其他有关部门工作人员,在注册造价工程师管理工作中,有下列情形之一的,依法给予处分;构成犯罪的,依法追究刑事责任:① 对不符合注册条件的申请人准予注册许可或者超越法定职权作出注册许可决定的;② 对符合注册条件的申请人不予注册许可或者不在法定期限内作出注册许可决定的;③ 对符合法定条件的申请不予受理的;④ 利用职务之便,收取他人财物或者其他好处的;⑤ 不依法履行监督管理职责,或者发现违法行为不予查处的。

课程思政 2-2

哪些行为会被认定为证书挂靠行为?

专家解读:挂证可以说是建筑行业无法说出的秘密,近年来,为了整顿和规范建筑市场秩序,国家不断加大查处力度,重点查处违法违规企业和个人,在四库一平台的不断完善下,挂证现象将逐步被取消。下列行为可以被认定为证书挂靠:① 人员证书匹配,社保分离;② 人员和社保信息统一,证书分离;③ 一个证书多个社保;④ 在同一地区,证件和社保信息不统一;⑤ 人员有多个证书像水利,交通等,但是分别注册在两个不同的单位,两个单位为其购买社保;⑥ 国家事业单位人员和机关工作人员获得资质证书后,挂靠给企业项目或公司资质的行为等。根据《住房城乡建设部办公厅等关于开展工程建设领域专业技术人员职业资格"挂证"等违法违规行为专项整治的通知》要求,国家相关行政主管部门对工程建设领域勘察设计注册工程师、注册建筑师、建造师、监理工程师、造价工程师等专业技术人员及相关单位、人力资源服务机构进行全面排查,严肃查处持证人注册单位与实际工作单位不符、买卖租借(专业)资格(注册)证书等"挂证"违法违规行为,以及提供虚假就业信息、以职业介绍为名提供"挂证"信息服务等违法违规行为。通过专项整治,推动建立工程建设领域专业技术人员职业资格"挂证"等违法违规行为预防和监管长效机制。

思政要点:培育和践行诚实守信的社会主义核心价值观、培养法治意识、依法执业。

二维码内含精彩案例及解析,快来扫一扫吧!

案例 2－2

2.3 工程建设项目审批制度

工程应用

知识点	项目应用阶段	典型工作事件	主要涉及的岗位	要求
工程建设项目审批流程	项目准备阶段	编制审批流程	建设方项目主管、报审员	说出
工程建设项目审批平台	项目准备阶段	使用审批管理系统	建设方项目主管、报审员	使用
工程建设项目审批体系	项目准备阶段	统筹审批体系	建设方项目主管、报审员	运行

学习内容

2019 年,《国务院办公厅关于全面开展工程建设项目审批制度改革的实施意见》指出,制定全国统一的工程建设项目审批流程图示范文本。地级及以上地方人民政府要根据示范文本,分别制定政府投资、社会投资等不同类型工程的审批流程图;同时可结合实际,根据工程建设项目类型、投资类别、规模大小等,进一步梳理合并审批流程。简化社会投资的中小型工程建设项目审批,对于带方案出让土地的项目,不再对设计方案进行审核,将工程建设许可和施工许可合并为一个阶段。试点地区要进一步加大改革力度,也可以在其他工程建设项目中探索将工程建设许可和施工许可合并为一个阶段。

2.3.1　工程建设项目审批流程

工程建设项目审批流程主要划分为立项用地规划许可、工程建设许可、施工许可、竣工验收四个阶段。其中,立项用地规划许可阶段主要包括项目审批核准、选址意见书核发、用地预审、用地规划许可证核发等。工程建设许可阶段主要包括设计方案审查、建设工程规划许可证核发等。施工许可阶段主要包括设计审核确认、施工许可证核发等。竣工验收阶段主要包括规划、土地、消防、人防、档案等验收及竣工验收备案等。其他行政许可、强制性评估、中介服务、市政公用服务以及备案等事项纳入相关阶段办理或与相关阶段并行推进。每个审批阶段确定一家牵头部门,实行“一家牵头、并联审批、限时办结”,由牵头部门组织协调相关部门严格按照限定时间完成审批。

2.3.2　工程建设项目审批平台

1. 工程建设项目审批管理系统的概念

根据《工程建设项目审批管理系统管理暂行办法》规定,工程建设项目审批管理系统,是指按照国务院工程建设项目审批制度改革部署要求整合建设,覆盖各有关部门和层级,具备“多规合一”业务协同、在线并联审批、统计分析、监督管理等功能,用于工程建设项目全流程审批、服务、管理的信息系统。

2. 工程建设项目审批管理系统的分类

工程审批系统分为国家工程审批系统、省(自治区)工程审批系统、城市工程审批系统。国家工程审批系统对各地工程建设项目全流程审批情况和工程审批系统运行情况进行监督管理和分析评估。省(自治区)工程审批系统对下辖地级及以上城市工程建设项目全流程审批情况和工程审批系统运行情况进行监督管理和分析评估,并将省级工程建设项目审批事项纳入工程审批系统管理。城市工程审批系统是指地级及以上城市工程审批系统,承载本地区工程建设项目全流程申报、受理、审批、服务、管理业务,在“多规合一”的“一张蓝图”基础上开展审批,实现统一受理、并联审批、实时流转、跟踪督办。

3. 工程建设项目审批管理系统覆盖的范围

工程审批系统覆盖从立项到竣工验收和公共设施接入服务全过程所有审批、服务和管理事项,包括行政许可、备案、评估评价、技术审查、日常监管、中介服务、市政公用服务等。除特殊工程和交通、水利、能源等领域的重大工程外,房屋建筑、城市基础设施等工程建设项目均应纳入工程审批系统进行管理。

4. 工程建设项目审批管理系统的功能

《工程建设项目审批管理系统管理暂行办法》第 6 条规定,工程建设项目审批管理系统应当具备以下功能:

(1)“多规合一”业务协同功能,主要包括“多规合一”的“一张蓝图”、项目前期策划生成等内容;

(2)在线并联审批功能,主要包括咨询服务、网上申报受理、进度查询、电子材料分发流转、并联审批、部门征求意见、联合审图、联合测绘、联合验收等内容;

(3)统计分析功能,主要包括多维度查询、统计、分析、评估等内容;

(4)监督管理功能,主要包括审批计时、超期预警、效能督察、信用监管等内容。

5. 工程建设项目审批管理系统的运行管理

各地应当严格按照本地区制定公布的审批流程图、审批事项清单、办事指南、材料清单等规定,通过工程审批系统进行审批管理。

(1)申请人可以通过工程审批系统进行工程建设项目网上申报,并随时查询审批进度。暂时未实现网上申报的事项,由各地工程建设项目审批综合服务窗口通过工程审批系统受理申请人申报。工程审批系统和综合服务窗口应当主动公开办事指南、材料清单、承诺时限等信息,提供咨询、指导、协调等便民服务,推进线上线下深度融合,实现线上线下"一个窗口"提供综合服务。各地应当全面推进工程建设项目审批全流程网上办理,加快实现"无纸化""不见面"审批。

(2)接到申请材料后,由综合服务窗口人员通过工程审批系统出具受理意见。符合受理条件的应当当即受理,并即时推送至相关审批服务单位;不予受理的,应当明确不予受理原因。申请材料存在可以当场更正的错误的,应当允许申请人当场更正;需要补正申请材料的,应当由综合服务窗口一次性告知申请人需要补正的全部内容。

(3)审批服务单位接到工程审批系统推送的申请材料后,根据相关法律法规对申请材料进行实质审查,在规定时限内作出审批决定。并联审批的牵头单位应当协调相关审批服务单位同步开展审查,共享办理情况和审查意见。

(4)审查过程中内部审批办理程序、部门征求意见,以及专家评审、技术审查、委托中介服务、公示、公告、检测等环节起止时间和办理结果等信息,应当纳入工程审批系统。

2.3.3　工程建设项目审批体系

1. "一张蓝图"统筹项目实施

统筹整合各类规划,划定各类控制线,构建"多规合一"的"一张蓝图"。依托工程建设项目审批管理系统,加强"多规合一"业务协同,统筹协调各部门对工程建设项目提出建设条件以及需要开展的评估评价事项等要求,为项目建设单位落实建设条件、相关部门加强监督管理提供依据,加速项目前期策划生成,简化项目审批或核准手续。

2. "一个窗口"提供综合服务

县级及以上城市人民政府要加强政务大厅建设,发挥服务企业群众、监督协调审批的作用。整合各部门和各市政公用单位分散设立的服务窗口,设立工程建设项目审批综合服务窗口。建立完善"前台受理、后台审核"机制,综合服务窗口统一收件、出件,实现"一个窗口"服务和管理。省级人民政府要统一制定本地区"一窗受理"的工作规程。鼓励为申请人提供工程建设项目审批咨询、指导、协调和代办等服务,帮助企业了解审批要求,提供相关工程建设项目的申请材料清单,提高申报通过率。

3. "一张表单"整合申报材料

各审批阶段均实行"一份办事指南,一张申请表单,一套申报材料,完成多项审批"的运作模式,牵头部门制定统一的办事指南和申报表格,每个审批阶段申请人只需提交一套申报材料。建立完善审批清单服务机制,主动为申请人提供项目需要审批的事项清单。不同审批阶段的审批部门应当共享申报材料,不得要求申请人重复提交。

4. "一套机制"规范审批运行

建立健全工程建设项目审批配套制度,明确部门职责,明晰工作规程,规范审批行为,确保审批各阶段、各环节无缝衔接。建立审批协调机制,协调解决部门意见分歧。建立跟踪督办制度,实时跟踪审批办理情况,对全过程实施督办。各级政府部门要主动加强与人大及司法机构的沟通协调配合,加快法律法规、规范性文件和标准规范的立改废释工作,修改或废止与工程建设项目审批制度改革要求不相符的相关制度,建立依法推进改革的长效机制。

2.4　建筑工程施工许可证制度

工程应用

知识点	项目应用阶段	典型工作事件	主要涉及的岗位	要求
建筑工程施工许可证的概念	项目准备阶段	施工许可证的办理	建设方项目主管、报建员	说出
建筑工程施工许可证申领的时间与范围	项目准备阶段		建设方项目主管、报建员	说出
建筑工程施工许可证申领的条件与程序	项目准备阶段		建设方项目主管、报建员	列举
建筑工程施工许可证的效力	项目准备阶段	工程开工、延期	建设方项目主管、报建员	说出
建筑工程施工许可证的监督管理与法律责任	项目准备阶段	施工许可证的监督管理	建设方项目主管、报建员	举例

学习内容

2.4.1　建筑工程施工许可证的概念

建筑工程施工许可证,是建筑工程开工前,建设单位向住房城乡建设主管部门申请的可以施工的证明。建筑工程施工许可证制度是行政许可证制度的一种。行政许可证制度涉及两方面的主体,一方是行政机关,另一方是申请人。就建筑工程许可证制度而言,这两方面主体分别是住房城乡建设主管部门和建设单位。

2.4.2　建筑工程施工许可证申领的时间与范围

1. 施工许可证的申领时间

在中华人民共和国境内从事各类房屋建筑及其附属设施的建造、装修装饰和与其配套的线路、管道、设备的安装,以及城镇市政基础设施工程的施工,建设单位在开工前应当依照规定,向工程所在地的县级以上地方人民政府住房城乡建设主管部门(以下简称发证机关)申请领取施工许可证。

2. 施工许可证的申领范围

工程投资额在 30 万元以下或者建筑面积在 300 平方米以下的建筑工程,可以不申请办理施工许可证。省、自治区、直辖市人民政府住房城乡建设主管部门可以根据当地的实际情况，对限额进行调整，并报国务院住房城乡建设主管部门备案。按照国务院规定的权限和程序批准开工报告的建筑工程，不再领取施工许可证。依法应当申请领取施工许可证的建筑工程未取得施工许可证的，一律不得开工。任何单位和个人不得将应当申请领取施工许可证的工程项目分解为若干限额以下的工程项目，规避申请领取施工许可证。

2.4.3 建筑工程施工许可证申领的条件与程序

1. 施工许可证的申领条件

《建筑法》第 8 条规定，申请领取施工许可证，应当具备下列条件：

（1）已经办理该建筑工程用地批准手续；（2）依法应当办理建设工程规划许可证的，已经取得建设工程规划许可证；（3）需要拆迁的，其拆迁进度符合施工要求；（4）已经确定建筑施工企业；（5）有满足施工需要的资金安排、施工图纸及技术资料；（6）有保证工程质量和安全的具体措施。

建设行政主管部门应当自收到申请之日起 7 日内，对符合条件的申请颁发施工许可证。

2. 施工许可证的申领程序

（1）建设单位向发证机关领取《建筑工程施工许可证申请表》。

（2）建设单位持加盖单位及法定代表人印鉴的《建筑工程施工许可证申请表》，并附《建筑工程施工许可管理办法》第 4 条规定的证明文件，向发证机关提出申请。

（3）发证机关在收到建设单位报送的《建筑工程施工许可证申请表》和所附证明文件后，对于符合条件的，应当自收到申请之日起 7 日内颁发施工许可证；对于证明文件不齐全或者失效的，应当当场或者 5 日内一次告知建设单位需要补正的全部内容，审批时间可以自证明文件补正齐全后作相应顺延；对于不符合条件的，应当自收到申请之日起 7 日内书面通知建设单位，并说明理由。

建筑工程在施工过程中，建设单位或者施工单位发生变更的，应当重新申请领取施工许可证。施工许可证应当放置在施工现场备查，并按规定在施工现场公开。

2.4.4 建筑工程施工许可证的效力

1. 建筑工程施工许可证的时间效力

建设单位应当自领取施工许可证之日起三个月内开工。因故不能按期开工的，应当在期满前向发证机关申请延期，并说明理由；延期以两次为限，每次不超过三个月。既不开工又不申请延期或者超过延期次数、时限的，施工许可证自行废止。

2. 中止施工和恢复施工后施工许可证的时间效力

（1）在建的建筑工程因故中止施工的，建设单位应当自中止施工之日起一个月内向发证机关报告，报告内容包括中止施工的时间、原因、在施部位、维修管理措施等，并按照规定做好建筑工程的维护管理工作。

（2）建筑工程恢复施工时，应当向发证机关报告；中止施工满一年的工程恢复施工前，建设单位应当报发证机关核验施工许可证。

2.4.5　建筑工程施工许可证的监督管理与法律责任

1. 监督管理

发证机关应当建立颁发施工许可证后的监督检查制度,对取得施工许可证后条件发生变化、延期开工、中止施工等行为进行监督检查,发现违法违规行为及时处理。

2. 法律责任

(1) 对于未取得施工许可证或者为规避办理施工许可证将工程项目分解后擅自施工的,由有管辖权的发证机关责令停止施工,限期改正,对建设单位处工程合同价款 1% 以上 2% 以下罚款;对施工单位处 3 万元以下罚款。

(2) 建设单位采用欺骗、贿赂等不正当手段取得施工许可证的,由原发证机关撤销施工许可证,责令停止施工,并处 1 万元以上 3 万元以下罚款;构成犯罪的,依法追究刑事责任。

(3) 建设单位隐瞒有关情况或者提供虚假材料申请施工许可证的,发证机关不予受理或者不予许可,并处 1 万元以上 3 万元以下罚款;构成犯罪的,依法追究刑事责任。

(4) 建设单位伪造或者涂改施工许可证的,由发证机关责令停止施工,并处 1 万元以上 3 万元以下罚款;构成犯罪的,依法追究刑事责任。

(5) 依照《建筑工程施工许可管理办法》规定,给予单位罚款处罚的,对单位直接负责的主管人员和其他直接责任人员处单位罚款数额 5% 以上 10% 以下罚款。单位及相关责任人受到处罚的,作为不良行为记录予以通报。

(6) 发证机关及其工作人员,违反《建筑工程施工许可管理办法》,有下列情形之一的,由其上级行政机关或者监察机关责令改正;情节严重的,对直接负责的主管人员和其他直接责任人员,依法给予行政处分:① 对不符合条件的申请人准予施工许可的;② 对符合条件的申请人不予施工许可或者未在法定期限内作出准予许可决定的;③ 对符合条件的申请不予受理的;④ 利用职务上的便利,收受他人财物或者谋取其他利益的;⑤ 不依法履行监督职责或者监督不力,造成严重后果的。

二维码内含精彩案例及解析,
快来扫一扫吧!

案例 2 - 3

二维码内含本模块"1＋X"证书习题及答案,
快来扫一扫吧!

本模块"1＋X"证书习题 2

模块 3　建设工程招标投标法律制度

学习目标

　　知识目标：说出建设工程发包与承包的一般规定，解释清楚建设工程发包承包的相关规则；列举建设工程招标、投标程序；解释清楚建设工程开标、评标、中标的流程；熟知建设工程招标投标中的法律责任。

　　能力目标：能编制简单的招标投标文件，能组织简单的建设工程招标投标活动，能解决招标投标过程中的法律问题。

　　思政目标：培育和践行社会主义核心价值观，树立诚信、公平、公正、责任和法治意识。

3.1　建设工程承发包制度

工程应用

知识点	项目应用阶段	典型工作事件	主要涉及的岗位	要求
建设工程承发包概述	工程招投标阶段	勘察、设计、施工、监理承发包	招标师、承包方投标负责人	说出
建设工程承包发包的相关规则	工程招投标阶段	勘察、设计、施工、监理发包	招标师	解释

学习内容

3.1.1　建设工程承发包概述

1. 建设工程承发包的概念

　　建设工程承发包是发包方与承包方之间进行的交易活动。建设工程发包是指建设工程的建设单位（或总承包单位）将建设工程任务（包括勘察、设计、施工等）的全部或部分通过招标或其他方式，交付给具有从事相应建设活动的法定从业资格的单位完成，并按合同约定支付报酬的行为。建设工程承包是指具有从事建设活动的法定从业资格的单位，通过投标或其他方式承揽建设工程任务，并签订合同，确定双方的权利与义务，按约定取得报酬的行为。

2. 建设工程承发包的方式

　　（1）按获取任务的途径，分为直接发包与招标发包。建设工程依法实行招标发包，对不适于招标发包的可以直接发包。根据《招标投标法》《招标投标法实施条例》的相关规定,可以不实行招标发包,采用直接发包方式的工程项目有:① 涉及国家安全、国家秘密、抢险救灾或者属于利用扶贫资金实行以工代赈、需要使用农民工等特殊情况,不适宜进行招标的项目,按照国家有关规定可以不进行招标;② 需要采用不可替代的专利或者专有技术;③ 采购人依法能够自行建设、生产或者提供;④ 已通过招标方式选定的特许经营项目投资人依法能够自行建设、生产或者提供;⑤ 需要向原中标人采购工程、货物或者服务,否则将影响施工或者功能配套要求;⑥ 国家规定的其他特殊情形。

(2) 按承发包的范围和内容可以分为全过程承包、阶段承包和专项承包。① 全过程承包,又称"统包""一揽子承包"或"交钥匙",指承包单位按照发包单位提出的使用要求和竣工期限,对建筑工程全过程实行总承包,直到建筑工程达到交付使用要求;② 阶段承包,指承包单位承包建设过程中某一阶段或某些阶段工程的承包形式,如勘察设计阶段、施工阶段等;③ 专项承包,又称专业承包,指承包单位对建设阶段中某一专业工程进行的承包,如勘察设计阶段的工程地质勘察、施工阶段的分部分项工程施工等。

(3) 按承发包中相互结合的关系,可分为总承包、分承包、独家承包、联合承包等。① 总承包,也称"急包",指由一个施工单位全部、全过程承包一个建筑工程的承包方式;② 分包,也称"二包",指总包单位将总包工程中若干专业性工程项目分包给专业施工企业施工的方式;③ 独家承包,指承包单位必须依靠自身力量完成施工任务,而不实行分包的承包方式;④ 联合承包,指由两个以上承包单位联合向发包单位承包一项建设工程,由参加联合的各单位统一与发包单位签订承包合同,共同对发包单位负责的承包方式。

(4) 按承发包合同类型和计价方法,可分为施工图预算包干、平方米造价包干、成本加酬金包干、中标价包干等。① 施工图预算包干,指以建设单位提供的施工图纸和工程说明书为依据编制的预算,一次包死的承包方式。这种方式通常适用于规模较小,技术不太复杂的工程。② 平方米造价包干,也称"单价包干",指按每平方米最终建筑产品的单价承包的承包方式。③ 成本加酬金包干,指按工程实际发生的成本,加上商定的管理费和利润来确定包干价格的承包方式。④ 中标价包干,指投标人按中标的价格和内容进行承包的承发包方式。不同的承发包方式有不同的特点,不论采取哪一种方式,均应遵循公开、公正、平等竞争的原则,协商一致,互惠互利。

3. 建设工程发包与承包的一般规定

(1) 建设工程的发包单位与承包单位应当依法订立书面合同,明确双方的权利和义务。发包单位和承包单位应当全面履行合同约定的义务。不按照合同约定履行义务的,依法承担违约责任。

(2) 建设工程发包与承包的招标投标活动,应当遵循公开、公正、平等竞争的原则,择优选择承包单位。

(3) 发包单位及其工作人员在建设工程发包中不得收受贿赂、回扣或者索取其他好处。承包单位及其工作人员不得利用向发包单位及其工作人员行贿、提供回扣或者给予其他好处等不正当手段承揽工程。

(4) 建设工程造价应当按照国家有关规定,由发包单位与承包单位在合同中约定。公开招标发包的,其造价的约定,须遵守招标投标法律的规定。发包单位应当按照合同的约定,及时拨付工程款项。

3.1.2 建设工程承包发包的相关规则

1. 建设工程发包的相关规则

（1）发包方式必须合法。建设工程发包方式可采用招标发包和直接发包的方式进行。而招标发包又分为公开招标和邀请招标。凡政府和公有制企业、事业单位投资的新建、改建、扩建和技术改造工程项目的施工，除某些不适宜招标的特殊工程外，均应实行招标投标。

（2）对发包行为的规定。发包单位和工作人员在建设工程发包中不得收受贿赂、回扣或者收取其他好处。建设工程实行招标发包的，发包单位应当将建设工程发包给依法中标的承包单位。建设工程实行直接发包的，发包单位应当将建设工程发包给具有相应资质条件的承包单位。

（3）禁止肢解发包。提倡对建设工程实行总承包、禁止将建设工程肢解发包。建设工程的发包单位可以将建设工程的勘察、设计、施工、设备采购一并发包给一个工程总承包单位，也可以将建设工程勘察、设计、施工、设备采购中的一项或多项发包给一个工程总承包单位，但是不得将应当由一个承包单位完成的建设工程肢解成若干部分发包给几个承包单位。

2. 建设工程承包的相关规则

（1）承包单位承包工程应当依法取得资质，并在其资质等级许可范围内从业。建设行政主管部门对建筑企业实行资质管理，在建筑企业依法取得法人地位，取得营业执照之后，按照企业的建设业绩、人员素质、管理水平、资金装备等对建筑企业给予不同的等级评定。

（2）不得超过本企业资质等级许可的业务范围承揽工程。

（3）不得以其他企业名义承揽工程，也不得允许其他单位或个人以本企业名义承揽工程。

（4）关于分包的规定。① 总承包单位只能将部分工程分包给具有相应资质条件的单位；对于分包单位同样要符合资质条件要求。② 分包必须取得建设单位同意，以下情形可视为取得建设单位同意：已经在总承包合同中约定许可总承包单位分包的；在履行承包合同中，建设单位认可总承包单位分包的；总承包单位在投标文件中已声明中标后准备分包的项目，且该声明未被拒绝而经合法程序中标的；③ 分包的范围必须合法，实行施工总承包的，建设工程的主体结构必须由总承包单位自行完成，不得分包；④ 禁止分包单位再行分包。

（5）关于转包规定。① 禁止工程项目转包，转包的行为，损害发包人的合法权益；② 承包单位转包有两种基本的表现形式，一是将全部工程转包；二是将全部工程肢解后以分包名义进行转包。

课程思政 3-1

违法发包该如何界定？

专家解读：根据住房和城乡建设部发布的《建筑工程施工发包与承包违法行为认定查处管理办法》第六条之规定，存在下列情形之一的，属于违法发包：① 建设单位将工程发包给个人的；② 建设单位将工程发包给不具有相应资质的单位的；③ 依法应当招标未招标或未按照法定招标程序发包的；④ 建设单位设置不合理的招标投标条件，限制、排斥潜在投标人或者投标人的；⑤ 建设单位将一个单位工程的施工分解成若干部分发包给不同的施工总承包或专业承包单位的。对于违法发包,其法律后果又是什么? 首先从民事责任角度来看,违法发包导致工程质量不合格而造成损失的,承包单位与分包单位应承担连带赔偿责任;其中赔偿损失的范围应当包括返工费用、拆除重建费用、工期延误损失等。其次从刑事责任角度来看,违法分包本就存在极大的质量安全隐患,若因此发生重大责任事故,相关主体将依法承担刑事责任。

思政要点:培育和践行社会主义核心价值观,培养诚信、责任和法治意识。

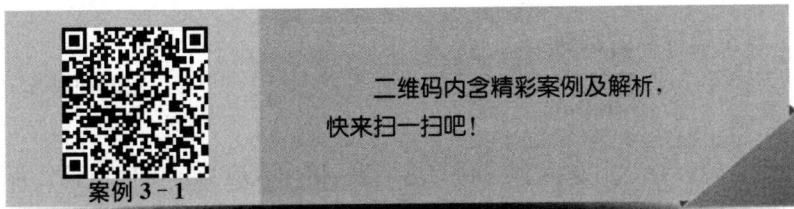

二维码内含精彩案例及解析,
快来扫一扫吧!

案例 3-1

3.2　建设工程招标与投标

工程应用

知识点	项目应用阶段	典型工作事件	主要涉及的岗位	要求
建设工程招标投标的目的、特点及应遵循的原则	工程招投标阶段	勘察、设计、施工、监理承发包	招标师、承包方投标负责人	说出
建设工程招标投标的监督管理	工程招投标阶段	招标备案、对招标投标过程中的违法行为进行查处	招标师	解释
建设工程招标	工程招投标阶段	设计、施工、监理招标	招标师	举例
建设工程投标	工程招投标阶段	设计、施工、监理业务承接	承包方投标负责人	举例

学习内容

3.2.1　建设工程招标投标的目的、特点及应遵循的原则

1. 建设工程招标投标的目的和特点

建设工程招标投标是在市场经济条件下进行建设工程、货物买卖、财产租售和中介服务等经济活动的一种竞争和交易形式,其特征是引入竞争机制以求达成交易协议和订立合同。它兼有经济活动和民事法律行为的两种性质。

（1）建设工程招标投标的目的

将工程项目建设任务委托纳入市场管理，通过竞争择优选定项目的勘察、设计、设备安装、施工、装饰装修、材料设备供应、监理和工程总承包等单位，达到保证工程质量、缩短建设周期、控制工程造价、提高投资效益的目的。

（2）建设工程招标投标的特点

① 通过竞争机制，实行交易公开；② 鼓励竞争、防止垄断、优胜劣汰，可较好地实现投资效益；③ 通过科学合理和规范化的监管制度与运作程序，可有效地杜绝不正之风，保证交易的公正和公平。

2. 建设工程招标投标的原则

《招标投标法》第5条规定："招标投标活动应当遵循公开、公平、公正和诚实信用的原则。"

（1）公开原则

公开原则是指招标投标活动应有较高的透明度，招标人应当将招标信息公布于众，以招引投标人做出积极反应。在招标采购制度中，公开原则要贯穿于整个招标投标程序中，具体表现在建设工程招标投标的信息公开、条件公开、程序公开和结果公开，避免"暗箱操作"。

（2）公平原则

招标投标属于民事法律行为，公平是指民事主体的平等。因此应当杜绝一方把自己的意志强加于对方，招标压价或订合同前无理压价以及投标人恶意串通、提高标价损害对方利益等违反平等原则的行为。

（3）公正原则

公正是指按招标文件中规定的统一标准，实事求是地进行评标和决标，不偏袒任一方。

（4）诚实信用原则

诚实是指真实和合法，不可用歪曲或隐瞒真实情况去欺骗对方。违反诚实原则的行为是无效的，且应对由此造成的损失和损害承担责任。信用是指遵守承诺，履行合约，不见利忘义，弄虚作假，甚至损害他人、国家和集体的利益。诚实信用原则是市场经济的基本前提。在社会主义条件下，一切民事权利的行使和民事义务的履行，均应遵循这一原则。

3.2.2 建设工程招标投标的监督管理

1. 招标备案

《招标投标法》第12条规定：依法必须进行招标的项目，招标人自行办理招标事宜的，应当向有关行政监督机关备案。

依法必须招标的建设工程项目，无论是招标人招标还是委托代理招标，均应当按照法规，在发布招标公告或者发出招标邀请书前，持有关资料到县级以上人民政府建设行政主管部门备案。招标人自行办理招标的，招标人在发布招标公告或投标邀请书5日前，应向建设行政主管部门办理招标备案，建设行政主管部门自收到备案资料之日起5个工作日内没有异议的，招标人可以发布招标公告或投标邀请书；不具备条件的，责令其停止办理招标事宜。

2. 对招标投标过程中的违法行为进行查处

《招标投标法》第7条规定：招标投标活动及其当事人应当接受依法实施的监督。有关行政监督部门依法对招标投标活动实施监督，依法查处招标投标活动中的违法行为。

3.　中标后向有关行政监督部门提交书面报告

《招标投标法》第四十七条规定：依法必须进行招标的项目，招标人应当在确定中标人之日起 15 日内，向有关行政监督部门提交招标投标情况的书面报告。书面报告至少应包括下列内容：(1) 招标范围；(2) 招标方式和发布招标公告的媒介；(3) 招标文件中投标人须知、技术条款、评标标准和方法、合同主要条款等内容；(4) 评标委员会的组成和评标报告；(5) 中标结果。

3.2.3　建设工程招标

1.　建设工程必须进行招标项目的具体范围和规模标准

(1) 必须进行招标的工程建设项目

《招标投标法》第 3 条规定，在中华人民共和国境内进行下列工程建设项目包括项目的勘察、设计、施工、监理以及与工程建设有关的重要设备、材料等的采购，必须进行招标：① 大型基础设施、公用事业等关系社会公共利益、公众安全的项目；② 全部或者部分使用国有资金投资或者国家融资的项目；③ 使用国际组织或者外国政府贷款、援助资金的项目。前款所列项目的具体范围和规模标准，由国务院发展计划部门会同国务院有关部门制订，报国务院批准。

(2) 必须进行招标的工程建设项目的具体范围和规模标准

为了确定必须进行招标的工程建设项目的具体范围和规模标准，规范招标投标活动，根据《中华人民共和国招标投标法》第 3 条的规定，国家发展计划委员会制定了《工程建设项目招标范围和规模标准规定》。

① 关系社会公共利益、公众安全的基础设施项目的范围包括：煤炭、石油、天然气、电力、新能源等能源项目；铁路、公路、管道、水运、航空以及其他交通运输业等交通运输项目；邮政、电信枢纽、通信、信息网络等邮电通讯项目；防洪、灌溉、排涝、引(供)水、滩涂治理、水土保持、水利枢纽等水利项目；道路、桥梁、地铁和轻轨交通、污水排放及处理、垃圾处理、地下管道、公共停车场等城市设施项目；生态环境保护项目；其他基础设施项目。

② 关系社会公共利益、公众安全的公用事业项目的范围包括：供水、供电、供气、供热等市政工程项目；科技、教育、文化等项目；体育、旅游等项目；卫生、社会福利等项目；商品住宅，包括经济适用住房；其他公用事业项目。

③ 使用国有资金投资项目的范围包括：使用各级财政预算资金的项目；使用纳入财政管理的各种政府性专项建设基金的项目；使用国有企业事业单位自有资金，并且国有资产投资者实际拥有控制权的项目。

④ 国家融资项目的范围包括：使用国家发行债券所筹资金的项目；使用国家对外借款或者担保所筹资金的项目；使用国家政策性贷款的项目；国家授权投资主体融资的项目；国家特许的融资项目。

⑤ 使用国际组织或者外国政府资金的项目的范围包括：使用世界银行、亚洲开发银行等国际组织贷款资金的项目；使用外国政府及其机构贷款资金的项目；使用国际组织或者外国政府援助资金的项目。

⑥《工程建设项目招标范围和规模标准规定》第 2 条至第 6 条规定范围内的各类工程建设项目，包括项目的勘察、设计、施工、监理以及与工程建设有关的重要设备、材料等的采购，达到下列标准之一的，必须进行招标：施工单项合同估算价在 200 万元人民币以上的；重要设备、材料等货物的采购，单项合同估算价在 100 万元人民币以上的；勘察、设计、监理等服务的采

购,单项合同估算价在 50 万元人民币以上的;单项合同估算价低于前述三项规定的标准,但项目总投资额在 3 000 万元人民币以上的。

2. 建设工程招标的条件

建设工程招标必须具备一定的条件。招标项目按照国家有关规定需要履行项目审批手续的,应当先履行审批手续,取得批准。招标人应当有进行招标项目的相应资金或者资金来源已经落实,并应当在招标文件中如实载明。根据《工程建设项目施工招标投标办法》,依法必须招标的工程建设项目,应当具备下列条件才能进行施工招标:

(1) 招标人已经依法成立;

(2) 初步设计及概算应当履行审批手续的,已经批准;

(3) 招标范围、招标方式和招标组织形式等应当履行核准手续的,已经核准;

(4) 有相应资金或资金来源已经落实;

(5) 有招标所需的设计图纸及技术资料。

按照国家有关规定需要履行项目审批、核准手续的依法必须进行施工招标的工程建设项目,其招标范围、招标方式、招标组织形式应当报项目审批部门审批、核准。项目审批、核准部门应当及时将审批、核准确定的招标内容通报有关行政监督部门。

3. 建设工程招标的方式

《招标投标法》第 10 条规定,招标分为公开招标和邀请招标。

(1) 公开招标

公开招标,是指招标人以招标公告的方式邀请不特定的法人或者其他组织投标。招标人是依法提出招标项目、进行招标的法人或者其他组织。依法必须进行招标的项目的招标公告,应当通过国家指定的报刊、信息网络或者其他媒介发布。

(2) 邀请招标

邀请招标,是指招标人以投标邀请书的方式邀请特定的法人或者其他组织投标。为了保证邀请招标的竞争性,《招标投标法》规定,招标人采用邀请招标方式的,应当向三个以上具备承担招标项目的能力,资信良好的特定的法人或者其他组织发出投标邀请书。

4. 建设工程招标的程序

(1) 成立招标组织,由招标人自行招标或招标人委托招标

① 招标人自行招标。招标人是依照法律规定,提出招标项目、进行招标的法人或者其他组织。招标人具有编制招标文件和组织评标能力的,可以自行办理招标事宜。招标人具有编制招标文件和组织评标能力,具体包括:具有法人资格;具有与招标项目规模和复杂程度相适应的工程技术、概预算、财务和工程管理等方面专业技术力量;有从事同类工程建设招标的经验;设有专门的招标机构或者有三名以上专职招标业务人员;熟悉和掌握招标投标法及有关法规、规章。

② 招标人委托招标。招标人不具备自行招标能力的,必须委托具备相应资质的招标代理机构代为办理招标事宜。招标人有权自行选择招标代理机构,委托其办理招标事宜。任何单位和个人不得强制其委托招标代理机构办理招标事宜。

招标代理机构是依法设立、从事招标代理业务并提供相关服务的社会中介组织。招标代理机构应当具备下列条件:有从事招标代理业务的营业场所和相应资金;有能够编制招标文件和组织评标的相应专业力量。从事工程建设项目招标代理业务的招标代理机构,其资格由国务院或者省、自治区、直辖市人民政府的建设行政主管部门认定。具体办法由国务院建设行政主管部门

会同国务院有关部门制定。从事其他招标代理业务的招标代理机构,其资格认定的主管部门由国务院规定。招标代理机构与行政机关和其他国家机关不得存在隶属关系或者其他利益关系。

招标代理机构应当在招标人委托的范围内承担招标事宜。招标代理机构可以在其资格等级范围内承担下列招标事宜:拟订招标方案,编制和出售招标文件、资格预审文件;审查投标人资格;编制标底;组织投标人踏勘现场;组织开标、评标,协助招标人定标;草拟合同;招标人委托的其他事项。

招标代理机构不得无权代理、越权代理,不得明知委托事项违法而进行代理。招标代理机构不得接受同一招标项目的投标代理和投标咨询业务;未经招标人同意,不得转让招标代理业务。工程招标代理机构与招标人应当签订书面委托合同,并按双方约定的标准收取代理费;国家对收费标准有规定的,依照其规定。

(2) 招标公告的发布或投标邀请书的发出

① 招标公告的发布。招标人采用开招标方式的,应当发布招标公告。依法必须进行招标的项目的招标公告,应当通过国家指定的报刊、信息网络或者其他媒介发布。招标公告应当载明招标人的名称和地址、招标项目的性质、数量、实施地点和时间以及获取招标文件的办法等事项。

② 投标邀请书的发出。招标人采用邀请招标方式的,应当向三个以上具备承担招标项目的能力、资信良好的特定的法人或者其他组织发出投标邀请书。投标邀请书应当载明招标人的名称和地址、招标项目的性质、数量、实施地点和时间以及获取招标文件的办法等事项。

(3) 资格审查

资格审查分为:资格预审和资格后审。资格预审,是指在投标前对潜在投标人进行的资格审查。资格后审,是指在开标后对投标人进行的资格审查。进行资格预审的,一般不再进行资格后审,但招标文件另有规定的除外。资格审查应主要审查潜在投标人或者投标人是否符合下列条件:① 具有独立订立合同的权利;② 具有履行合同的能力,包括专业、技术资格和能力,资金、设备和其他物质设施状况,管理能力,经验、信誉和相应的从业人员;③ 没有处于被责令停业,投标资格被取消,财产被接管、冻结,破产状态;④ 在最近三年内没有骗取中标和严重违约及重大工程质量问题;⑤ 法律、行政法规规定的其他资格条件。

资格审查时,招标人不得以不合理的条件限制、排斥潜在投标人或者投标人,不得对潜在投标人或者投标人实行歧视待遇。任何单位和个人不得以行政手段或者其他不合理方式限制投标人的数量。经资格预审后,招标人应当向资格预审合格的潜在投标人发出资格预审合格通知书,告知获取招标文件的时间、地点和方法,并同时向资格预审不合格的潜在投标人告知资格预审结果。资格预审不合格的潜在投标人不得参加投标。经资格后审不合格的投标人的投标应作废标处理。

(4) 招标文件和标底(如果设有)的编制

① 招标文件的编制。招标人应当根据招标项目的特点和需要编制招标文件。招标文件应当包括招标项目的技术要求、对投标人资格审查的标准、投标报价要求和评标标准等所有实质性要求和条件以及拟签订合同的主要条款。国家对招标项目的技术、标准有规定的,招标人应当按照其规定在招标文件中提出相应要求。招标项目需要划分标段、确定工期的,招标人应当合理划分标段、确定工期,并在招标文件中载明。招标文件不得要求或者标明特定的生产供应者以及含有倾向或者排斥潜在投标人的其他内容。

② 标底的编制。招标人可以自行决定是否编制标底。一个招标项目只能有一个标底。

标底必须保密。接受委托编制标底的中介机构不得参加受托编制标底项目的投标,也不得为该项目的投标人编制投标文件或者提供咨询。

此外,招标人设有最高投标限价的,应当在招标文件中明确最高投标限价或者最高投标限价的计算方法。招标人不得规定最低投标限价。

(5) 招标文件的发售

招标人应当按照资格预审公告、招标公告或者投标邀请书规定的时间、地点发售资格预审文件或者招标文件。资格预审文件或者招标文件的发售期不得少于 5 日。招标人发售资格预审文件、招标文件收取的费用应当限于补偿印刷、邮寄的成本支出,不得以营利为目的。

(6) 招标文件的答疑

招标人对已发出的招标文件进行必要的澄清或者修改的,应当在招标文件要求提交投标文件截止时间至少十五日前,以书面形式通知所有招标文件收受人。该澄清或者修改的内容为招标文件的组成部分。

对于潜在投标人在阅读招标文件和现场踏勘中提出的疑问,招标人可以书面形式或召开投标预备会的方式解答,但需同时将解答以书面方式通知所有购买招标文件的潜在投标人。该解答的内容为招标文件的组成部分。

(7) 投标文件的签收

招标人收到投标文件后,应当向投标人出具标明签收人和签收时间的凭证,在开标前任何单位和个人不得开启投标文件。在招标文件要求提交投标文件的截止时间后送达的投标文件,为无效的投标文件,招标人应当拒收。招标人应当如实记载投标文件的送达时间和密封情况,并存档备查。

3.2.4　建设工程投标

1. 投标人

投标人是响应招标、参加投标竞争的法人或者其他组织。招标人的任何不具独立法人资格的附属机构(单位),或者为招标项目的前期准备或者监理工作提供设计、咨询服务的任何法人及其任何附属机构(单位),都无资格参加该招标项目的投标。

投标人应当具备承担招标项目的能力;国家有关规定对投标人资格条件或者招标文件对投标人资格条件有规定的,投标人应当具备规定的资格条件。

2. 联合体投标

联合体投标是两个以上法人或者其他组织可以组成一个联合体,以一个投标人的身份共同投标。联合体各方均应当具备承担招标项目的相应能力;国家有关规定或者招标文件对投标人资格条件有规定的,联合体各方均应当具备规定的相应资格条件。由同一专业的单位组成的联合体,按照资质等级较低的单位确定资质等级。

联合体各方应当签订共同投标协议,明确约定各方拟承担的工作和责任,并将共同投标协议连同投标文件一并提交招标人。联合体中标的,联合体各方应当共同与招标人签订合同,就中标项目向招标人承担连带责任。招标人不得强制投标人组成联合体共同投标,不得限制投标人之间的竞争。

3. 投标文件

(1) 投标文件的编制。投标人应当按照招标文件的要求编制投标文件。投标文件应当对招标文件提出的实质性要求和条件作出响应。招标项目属于建设施工的,投标文件的内容应当包括拟派出的项目负责人与主要技术人员的简历、业绩和拟用于完成招标项目的机械设备等。施工投标文件一般包括下列内容:① 投标函;② 投标报价;③ 施工组织设计;④ 商务和技术偏差表。投标人根据招标文件载明的项目实际情况,拟在中标后将中标项目的部分非主体、非关键性工作进行分包的,应当在投标文件中载明。

(2) 投标文件的提交。投标人应当在招标文件要求提交投标文件的截止时间前,将投标文件送达投标地点。招标人收到投标文件后,应当签收保存,不得开启。投标人少于三个的,招标人应当依照本法重新招标。在招标文件要求提交投标文件的截止时间后送达的投标文件,招标人应当拒收。

(3) 投标文件补充、修改和撤回。投标人在招标文件要求提交投标文件的截止时间前,可以补充、修改或者撤回已提交的投标文件,并书面通知招标人。补充、修改的内容为投标文件的组成部分。投标截止后投标人撤销投标文件的,招标人可以不退还投标保证金。

(4) 招标人不予受理的投标文件。未通过资格预审的申请人提交的投标文件,以及逾期送达或者不按照招标文件要求密封的投标文件,招标人应当拒收。

4. 投标保证金

投标保证金,是投标人保证其在投标有效期内不随意撤回投标文件或中标后提交履约保证和签署合同而提交的担保金。招标人在招标文件中要求投标人提交投标保证金的,投标保证金不得超过招标项目估算价的 2%。投标保证金有效期应当与投标有效期一致。

依法必须进行招标的项目的境内投标单位,以现金或者支票形式提交的投标保证金应当从其基本账户转出。招标人不得挪用投标保证金。

招标人要求投标人提交投标保证金的,应当在第二阶段提出。投标人撤回已提交的投标文件,应当在投标截止时间前书面通知招标人。招标人已收取投标保证金的,应当自收到投标人书面撤回通知之日起 5 日内退还。招标人最迟应当在书面合同签订后 5 日内向中标人和未中标的投标人退还投标保证金及银行同期存款利息。

5. 投标人的禁止行为

(1) 属于投标人相互串通投标的情形:① 投标人之间协商投标报价等投标文件的实质性内容;② 投标人之间约定中标人;③ 投标人之间约定部分投标人放弃投标或者中标;④ 属于同一集团、协会、商会等组织成员的投标人按照该组织要求协同投标;⑤ 投标人之间为谋取中标或者排斥特定投标人而采取的其他联合行动。

(2) 视为投标人相互串通投标的情形:① 不同投标人的投标文件由同一单位或者个人编制;② 不同投标人委托同一单位或者个人办理投标事宜;③ 不同投标人的投标文件载明的项目管理成员为同一人;④ 不同投标人的投标文件异常一致或者投标报价呈规律性差异;⑤ 不同投标人的投标文件相互混装;⑥ 不同投标人的投标保证金从同一单位或者个人的账户转出。

(3) 招标人与投标人串通投标的情形:① 招标人在开标前开启投标文件并将有关信息泄露给其他投标人;② 招标人直接或者间接向投标人泄露标底、评标委员会成员等信息;③ 招标人明示或者暗示投标人压低或者抬高投标报价;④ 招标人授意投标人撤换、修改投标文件;⑤ 招标人明示或者暗示投标人为特定投标人中标提供方便;⑥ 招标人与投标人为谋求特定投标人中标而采取的其他串通行为。

(4) 以他人名义投标的情形:投标人不得以低于成本的报价竞标,也不得以他人名义投标或者以其他方式弄虚作假,骗取中标;使用通过受让或者租借等方式获取的资格、资质证书投标的,属于以其他方式弄虚作假的行为。

课程思政 3-2

"串标围标"如何认定?

专家解读:广东省《电子投标文件认定处理的指导意见》规定,出现下列情形,将否定投标:① 不同投标人的投标文件由同一电子设备编制、打印加密或者上传;② 不同投标人的投标文件由同一投标人的电子设备打印、复印;③ 不同投标人的投标文件由同一投标人送达或者分发;④ 不同投标人的投标文件的实质性内容存在两处以上细节错误一致;⑤ 投标人递交的已标价工程量清单 XML 电子文档未按规定记录软硬件信息;⑥ 记录的软硬件信息,经电子招标投标交易平台验证认定为被篡改。串标围标认定的法律依据为《中华人民共和国招标投标法实施条例》第 40 条的规定,究其原因是巨额利益的诱惑、法律意识淡薄、招投标行为缺乏有效监管等。《招标投标法》《政府采购法》中给予串通投标的投标人、招投标代理机构企业及主管、直接负责人被罚款,没收违法所得,情节严重的取消其一年至二年内参与招标的资格。串标严重的将面临刑罚,《刑法》对"串通投标罪"中规定:投标人相互串通投标报价,损害招标人或者其他投标人利益,情节严重的,处三年以下有期徒刑或者拘役,并处或者单处罚金。

思政要点:培育和践行社会主义核心价值观,培养诚信、法治和责任意识。

二维码内含精彩案例及解析,
快来扫一扫吧!

案例 3-2

3.3 建设工程开标、评标、中标

工程应用

知识点	项目应用阶段	典型工作事件	主要涉及的岗位	要求
建设工程开标	工程招投标阶段	开标会及相关事宜	招标师、承包方投标负责人	解释
建设工程评标	工程招投标阶段	评标委员会及工作程序	招标师、承包方投标负责人	解释
建设工程中标	工程招投标阶段	中标人的确定	招标师、承包方投标负责人	解释

学习内容

3.3.1　建设工程开标

开标是由投标截止之后,招标人按招标文件所规定的时间和地点,开启投标人提交的投标文件,公开宣布投标人的名称投标价格及投标文件中的其他主要内容的活动。开标应当在招标文件确定的提交投标文件截止时间的同一时间公开进行;开标地点应当为招标文件中预先确定的地点。开标由招标人主持,邀请所有投标人参加。

开标时,由投标人或者其推选的代表检查投标文件的密封情况,也可以由招标人委托的公证机构检查并公证;经确认无误后,由工作人员当众拆封,宣读投标人名称、投标价格和投标文件的其他主要内容。

招标人在招标文件要求提交投标文件的截止时间前收到的所有投标文件,开标时都应当当众拆封、宣读。开标过程应当记录,并存档备查。

3.3.2　建设工程评标

评标就是由评标委员会依据招标文件的要求和规定,对投标文件进行审查、评审和比较。评标由招标人依法组建的评标委员会负责。

1. 评标委员会

(1) 评标委员会的组成

评标委员会依法组建,负责评标活动,向招标人推荐中标候选人或者根据招标人的授权直接确定中标人。评标委员会由招标人负责组建。依法必须进行招标的项目,其评标委员会由招标人的代表和有关技术、经济等方面的专家组成,成员人数为 5 人以上单数,其中技术、经济等方面的专家不得少于成员总数的 2/3。评标委员会设负责人的,评标委员会负责人由评标委员会成员推举产生或者由招标人确定。评标委员会负责人与评标委员会的其他成员有同等的表决权。

(2) 评标委员会专家的选取

评标委员会的专家成员应当从依法组建的专家库内的相关专家名单中确定。评标专家,可以采取随机抽取或者直接确定的方式。一般项目,可以采取随机抽取的方式;技术复杂、专业性强或者国家有特殊要求的招标项目,采取随机抽取方式确定的专家难以保证胜任的,可以由招标人直接确定。

评标专家应符合下列条件:① 从事相关专业领域工作满八年并具有高级职称或者同等专业水平;② 熟悉有关招标投标的法律法规,并具有与招标项目相关的实践经验;③ 能够认真、公正、诚实、廉洁地履行职责。有下列情形之一的,不得担任评标委员会成员:① 投标人或者投标人主要负责人的近亲属;②项目主管部门或者行政监督部门的人员;③ 与投标人有经济利益关系,可能影响对投标公正评审的;④ 曾因在招标、评标以及其他与招标投标有关活动中从事违法行为而受过行政处罚或刑事处罚的。评标委员会成员有不得担任评标委员会成员情形之一的,应当主动提出回避。与投标人有利害关系的人不得进入相关项目的评标委员会;已经进入的应当更换。评标委员会成员的名单在中标结果确定前应当保密。

评标委员会成员应当客观、公正地履行职责,遵守职业道德,对所提出的评审意见承担个人责任。评标委员会成员不得与任何投标人或者与招标结果有利害关系的人进行私下接触,不得收受投标人、中介人、其他利害关系人的财物或者其他好处,不得向招标人征询其确定中标人的意向,不得接受任何单位或者个人明示或者暗示提出的倾向或者排斥特定投标人的要求,不得有其他不客观、不公正履行职务的行为。评标委员会成员和与评标活动有关的工作人员不得透露对投标文件的评审和比较、中标候选人的推荐情况以及与评标有关的其他情况。

2. 评标的准备与初步评审

(1) 评标的准备

① 评标委员会成员应当编制供评标使用的相应表格,认真研究招标文件,至少应了解和熟悉以下内容:招标的目标;招标项目的范围和性质;招标文件中规定的主要技术要求、标准和商务条款;招标文件规定的评标标准、评标方法和在评标过程中考虑的相关因素。

② 招标人或者其委托的招标代理机构应当向评标委员会提供评标所需的重要信息和数据,但不得带有明示或者暗示倾向或者排斥特定投标人的信息。招标人设有标底的,标底在开标前应当保密,并在评标时作为参考。

(2) 初步评审

① 评标委员会应当根据招标文件规定的评标标准和方法,对投标文件进行系统地评审和比较。招标文件中没有规定的标准和方法不得作为评标的依据。招标文件中规定的评标标准和评标方法应当合理,不得含有倾向或者排斥潜在投标人的内容,不得妨碍或者限制投标人之间的竞争。

② 评标委员会应当按照投标报价的高低或者招标文件规定的其他方法对投标文件排序。以多种货币报价的,应当按照中国银行在开标日公布的汇率中间价换算成人民币。招标文件应当对汇率标准和汇率风险作出规定。未作规定的,汇率风险由投标人承担。评标委员会可以书面方式要求投标人对投标文件中含义不明确、对同类问题表述不一致或者有明显文字和计算错误的内容作必要的澄清、说明或者补正。澄清、说明或者补正应以书面方式进行并不得超出投标文件的范围或者改变投标文件的实质性内容。投标文件中的大写金额和小写金额不一致的,以大写金额为准;总价金额与单价金额不一致的,以单价金额为准,但单价金额小数点有明显错误的除外;对不同文字文本投标文件的解释发生异议的,以中文文本为准。

3. 详细评审

(1) 经初步评审合格的投标文件,评标委员会应当根据招标文件确定的评标标准和方法,对其技术部分和商务部分作进一步评审、比较。

(2) 评标方法包括经评审的最低投标价法、综合评估法或者法律、行政法规允许的其他评标方法。

① 经评审的最低投标价法一般适用于具有通用技术、性能标准或者招标人对其技术、性能没有特殊要求的招标项目。根据经评审的最低投标价法,能够满足招标文件的实质性要求,并且经评审的最低投标价的投标,应当推荐为中标候选人。根据经评审的最低投标价法,能够满足招标文件的实质性要求,并且经评审的最低投标价的投标,应当推荐为中标候选人。采用经评审的最低投标价法的,评标委员会应当根据招标文件中规定的评标价格调整方法,对所有

投标人的投标报价以及投标文件的商务部分作必要的价格调整。采用经评审的最低投标价法的,中标人的投标应当符合招标文件规定的技术要求和标准,但评标委员会无需对投标文件的技术部分进行价格折算。根据经评审的最低投标价法完成详细评审后,评标委员会应当拟定一份"标价比较表",连同书面评标报告提交招标人。"标价比较表"应当载明投标人的投标报价、对商务偏差的价格调整和说明以及经评审的最终投标价。

　　② 不宜采用经评审的最低投标价法的招标项目,一般应当采取综合评估法进行评审。根据综合评估法,最大限度地满足招标文件中规定的各项综合评价标准的投标,应当推荐为中标候选人。衡量投标文件是否最大限度地满足招标文件中规定的各项评价标准,可以采取折算为货币的方法、打分的方法或者其他方法。需量化的因素及其权重应当在招标文件中明确规定。评标委员会对各个评审因素进行量化时,应当将量化指标建立在同一基础或者同一标准上,使各投标文件具有可比性。对技术部分和商务部分进行量化后,评标委员会应当对这两部分的量化结果进行加权,计算出每一投标的综合评估价或者综合评估分。根据综合评估法完成评标后,评标委员会应当拟定一份"综合评估比较表",连同书面评标报告提交招标人。"综合评估比较表"应当载明投标人的投标报价、所作的任何修正、对商务偏差的调整、对技术偏差的调整、对各评审因素的评估以及对每一投标的最终评审结果。

　　(3) 评标委员会对各个评审因素进行量化时,应当将量化指标建立在同一基础或者同一标准上,使各投标文件具有可比性。对技术部分和商务部分进行量化后,评标委员会应当对这两部分的量化结果进行加权,计算出每一投标的综合评估价或者综合评估分。

　　(4) 根据招标文件的规定,允许投标人投备选标的,评标委员会可以对中标人所投的备选标进行评审,以决定是否采纳备选标。不符合中标条件的投标人的备选标不予考虑。

　　(5) 对于划分有多个单项合同的招标项目,招标文件允许投标人为获得整个项目合同而提出优惠的,评标委员会可以对投标人提出的优惠进行审查,以决定是否将招标项目作为一个整体合同授予中标人。将招标项目作为一个整体合同授予的,整体合同中标人的投标应当最有利于招标人。

4. 评标委员会应当否决其投标的情形

　　(1) 投标文件未经投标单位盖章和单位负责人签字;

　　(2) 投标联合体没有提交共同投标协议;

　　(3) 投标人不符合国家或者招标文件规定的资格条件;

　　(4) 同一投标人提交两个以上不同的投标文件或者投标报价,但招标文件要求提交备选投标的除外;

　　(5) 投标报价低于成本或者高于招标文件设定的最高投标限价;

　　(6) 投标文件没有对招标文件的实质性要求和条件作出响应;

　　(7) 投标人有串通投标、弄虚作假、行贿等违法行为。

5. 评标报告

　　评标委员会完成评标后,应当向招标人提出书面评标报告,并抄送有关行政监督部门。评标报告应当如实记载以下内容:

　　(1) 基本情况和数据表;

　　(2) 评标委员会成员名单;

　　(3) 开标记录;

（4）符合要求的投标一览表；

（5）否决投标情况说明；

（6）评标标准、评标方法或者评标因素一览表；

（7）经评审的价格或者评分比较一览表；

（8）经评审的投标人排序；

（9）推荐的中标候选人名单与签订合同前要处理的事宜；

（10）澄清、说明、补正事项纪要。

评标报告由评标委员会全体成员签字。对评标结论持有异议的评标委员会成员可以书面方式阐述其不同意见和理由。评标委员会成员拒绝在评标报告上签字且不陈述其不同意见和理由的，视为同意评标结论。评标委员会应当对此作出书面说明并记录在案。向招标人提交书面评标报告后，评标委员会应将评标过程中使用的文件、表格以及其他资料即时归还招标人。

3.3.3 建设工程中标

1. 中标的条件

《招标投标法》第41条规定，中标人的投标应当符合下列条件之一：

（1）能够最大限度地满足招标文件中规定的各项综合评价标准；

（2）能够满足招标文件的实质性要求，并且经评审的投标价格最低；但是投标价格低于成本的除外。

2. 中标通知书的发出

中标人确定后，招标人应当向中标人发出中标通知书，并同时将中标结果通知所有未中标的投标人。中标通知书对招标人和中标人具有法律效力。中标通知书发出后，招标人改变中标结果的，或者中标人放弃中标项目的，应当依法承担法律责任。

招标人和中标人应当自中标通知书发出之日起三十日内，按照招标文件和中标人的投标文件订立书面合同，合同的标的、价款、质量、履行期限等主要条款应当与招标文件和中标人的投标文件的内容一致。招标人和中标人不得再行订立背离合同实质性内容的其他协议。招标人最迟应当在书面合同签订后5日内向中标人和未中标的投标人退还投标保证金及银行同期存款利息。

3. 履约保证金

招标文件要求中标人提交履约保证金的，中标人应当按照招标文件的要求提交。履约保证金不得超过中标合同金额的10%。

二维码内含精彩案例及解析，快来扫一扫吧！

案例 3-3

3.4　建设工程招标投标中的法律责任

工程应用

知识点	项目应用阶段	典型工作事件	主要涉及的岗位	要求
必须进行招标而未招标的法律责任	工程招投标阶段	对必须招标而未招标项目的处罚	招标师、承包方投标负责人	熟知
招标代理机构的法律责任	工程招投标阶段	与投标方串标的法律责任	招标师	熟知
招标人的法律责任	工程招投标阶段	暗箱指定投标人的法律责任	招标师	熟知
投标人的法律责任	工程招投标阶段	投标人按规定编制投标书	承包方投标负责人	熟知
评标委员会成员的法律责任	工程投标阶段	如何确定中标候选人	评标专家	熟知
中标人的法律责任	工程招投标阶段	合同签署的时间要求	承包方投标负责人	熟知
有关行政监督部门的法律责任	工程招投标阶段	不得违反干预招投标事宜	政监督部门的工作人员	熟知
国家工作人员的法律责任	工程招投标阶段		国家工作人员	熟知

学习内容

在建设工程招投标过程中,招标人、投标人及相关参与人违反了法定义务,应承担相应的法律责任。《中华人民共和国招投标法》《中华人民共和国招投标法实施细则》中有关于法律责任的具体规定。

3.4.1　必须进行招标而未招标的法律责任

必须进行招标的项目而不招标的,将必须进行招标的项目化整为零或者以其他任何方式规避招标的,责令限期改正,可以处项目合同金 5‰以上 10‰以下的罚款;对全部或者部分使用国有资金的项目,可以暂停项目执行或者暂停资金拨付;对单位直接负责的主管人员和其他直接责任人员依法予处分。

3.4.2　招标代理机构的法律责任

招标代理机构泄露应当保密的与招标投标活动有关的情况和资料的,或者与招标人、投标人串通损害国家利益、社会公共利益或者他人合法权益的,处 5 万元以上 25 万元以下的罚款,对单位直接负责的主管人员和其他直接责任人员处单位罚款数额 5%以上 10%以下的罚款;有违法所得的,并处没收违法所得;情节严重的,暂停直至取消招标代理资格;构成犯罪的,依法追究刑事责任。给他人造成损失的,依法承担赔偿责任。前款所列行为影响中标结果的,中标无效。

招标代理机构在所代理的招标项目中投标、代理投标或者向该项目投标人提供咨询的,接受委托编制标底的中介机构参加受托编制标底项目的投标或者为该项目的投标人编制投标文件、提供咨询的,依照招标投标法第 50 条的规定追究法律责任。

3.4.3　招标人的法律责任

招标人以不合理的条件限制或者排斥潜在投标人的,对潜在投标人实行歧视待遇的,强制要求投标人组成联合体共同投标的,或者限制投标人之间竞争的,责令改正,可以处 1 万元以上 5 万元以下的罚款。招标人有下列行为之一的,属于以不合理条件限制、排斥潜在投标人或者投标人:

(1) 就同一招标项目向潜在投标人或者投标人提供有差别的项目信息;

(2) 设定的资格、技术、商务条件与招标项目的具体特点和实际需要不相适应或者与合同履行无关;

(3) 依法必须进行招标的项目以特定行政区域或者特定行业的业绩、奖项作为加分条件或者中标条件;

(4) 对潜在投标人或者投标人采取不同的资格审查或者评标标准;

(5) 限定或者指定特定的专利、商标、品牌、原产地或者供应商;

(6) 依法必须进行招标的项目非法限定潜在投标人或者投标人的所有制形式或者组织形式;

(7) 以其他不合理条件限制、排斥潜在投标人或者投标人。

依法必须进行招标的项目的招标人向他人透露已获取招标文件的潜在投标人的名称、数量或者可能影响公平竞争的有关招标投标的其他情况的,或者泄露标底的,给予警告,可以并处 1 万元以上 10 万元以下的罚款;对单位直接负责的主管人员和其他直接责任人员依法给予处分;构成犯罪的,依法追究刑事责任。前款所列行为影响中标结果的,中标无效。

招标人有下列情形之一的,由有关行政监督部门责令改正,可以处 10 万元以下的罚款:

(1) 依法应当公开招标而采用邀请招标;

(2) 招标文件、资格预审文件的发售、澄清、修改的时限,或者确定的提交资格预审申请文件、投标文件的时限不符合招标投标法和本条例规定;

(3) 接受未通过资格预审的单位或者个人参加投标;

(4) 接受应当拒收的投标文件。

招标人有前款第(1)、(3)、(4)项所列行为之一的,对单位直接负责的主管人员和其他直接责任人员依法给予处分。

依法必须进行招标的项目的招标人不按照规定组建评标委员会,或者确定、更换评标委员会成员违反招标投标法和相关条例规定的,由有关行政监督部门责令改正,可以处 10 万元以下的罚款,对单位直接负责的主管人员和其他直接责任人员依法给予处分;违法确定或者更换的评标委员会成员做出的评审结论无效,依法重新进行评审。

依法必须进行招标的项目的招标人与投标人就投标价格、投标方案等实质性内容进行谈判的,给予警告,对单位直接负责的主管人员和其他直接责任人员依法给予处分。前款所列行为影响中标结果的,中标无效。

招标人在评标委员会依法推荐的中标候选人以外确定中标人的,依法必须进行招标的项目在所有投标被评标委员会否决后自行确定中标人的,中标无效。责令改正,可以处中标项目金额5‰以上10‰以下的罚款;对单位直接负责的主管人员和其他直接责任人员依法给予处分。

招标人与中标人不按照招标文件和中标人的投标文件订立合同的,或者招标人、中标人订立背离合同实质性内容的协议的,责令改正;可以处中标项目金额5‰以上10‰以下的罚款。

3.4.4　投标人的法律责任

投标人相互串通投标或者与招标人串通投标的,投标人以向招标人或者评标委员会成员行贿的手段谋取中标的,中标无效,处中标项目金额5‰以上10‰以下的罚款,对单位直接负责的主管人员和其他直接责任人员处单位罚款数额5%以上10%以下的罚款;有违法所得的,并处没收违法所得;情节严重的,取消其1年至2年内参加依法必须进行招标的项目的投标资格并予以公告,直至由工商行政管理机关吊销营业执照;构成犯罪的,依法追究刑事责任。给他人造成损失的,依法承担赔偿责任。

投标人有下列行为之一的,属于上述规定的情节严重行为,由有关行政监督部门取消其1年至2年内参加依法必须进行招标的项目的投标资格:

(1) 以行贿谋取中标;

(2) 3年内2次以上串通投标;

(3) 串通投标行为损害招标人、其他投标人或者国家、集体、公民的合法利益,造成直接经济损失30万元以上;

(4) 其他串通投标情节严重的行为。

投标人自本条第(2)款规定的处罚执行期限届满之日起3年内又有该款所列违法行为之一的,或者串通投标、以行贿谋取中标情节特别严重的,由工商行政管理机关吊销营业执照。

投标人以他人名义投标或者以其他方式弄虚作假,骗取中标的,中标无效,给招标人造成损失的,依法承担赔偿责任;构成犯罪的,依法追究刑事责任。

依法必须进行招标的项目的投标人有前款所列行为尚未构成犯罪的,处中标项目金额5‰以上10‰以下的罚款,对单位直接负责的主管人员和其他直接责任人员处单位罚款数额5%以上10%以下的罚款;有违法所得的,并处没收违法所得;情节严重的,取消其1年至3年内参加依法必须进行招标的项目的投标资格并予以公告,直至由工商行政管理机关吊销营业执照。

投标人有下列行为之一的,属于上述规定的情节严重行为,由有关行政监督部门取消其1年至3年内参加依法必须进行招标的项目的投标资格:

(1) 伪造、变造资格、资质证书或者其他许可证件骗取中标;

(2) 3年内2次以上使用他人名义投标;

(3) 弄虚作假骗取中标给招标人造成直接经济损失30万元以上;

(4) 其他弄虚作假骗取中标情节严重的行为。

投标人自本条第(2)款规定的处罚执行期限届满之日起3年内又有该款所列违法行为之一的,或者弄虚作假骗取中标情节特别严重的,由工商行政管理机关吊销营业执照。

出让或者出租资格、资质证书供他人投标的,依照法律、行政法规的规定给予行政处罚;构成犯罪的,依法追究刑事责任。

3.4.5 评标委员会成员的法律责任

评标委员会成员有下列行为之一的,由有关行政监督部门责令改正;情节严重的,禁止其在一定期限内参加依法必须进行招标的项目的评标;情节特别严重的,取消其担任评标委员会成员的资格:

(1)应当回避而不回避;

(2)擅离职守;

(3)不按照招标文件规定的评标标准和方法评标;

(4)私下接触投标人;

(5)向招标人征询确定中标人的意向或者接受任何单位或者个人明示或者暗示提出的倾向或者排斥特定投标人的要求;

(6)对依法应当否决的投标不提出否决意见;

(7)暗示或者诱导投标人做出澄清、说明或者接受投标人主动提出的澄清、说明;

(8)其他不客观、不公正履行职务的行为。

评标委员会成员收受投标人的财物或者其他好处的,评标委员会成员或者参加评标的有关工作人员向他人透露对投标文件的评审和比较、中标候选人的推荐以及与评标有关的其他情况的,给予警告,没收收受的财物,可以并处3 000元以上5万元以下的罚款,对有所列违法行为的评标委员会成员取消担任评标委员会成员的资格,不得再参加任何依法必须进行招标的项目的评标;构成犯罪的,依法追究刑事责任。

3.4.6 中标人的法律责任

中标人将中标项目转让给他人的,将中标项目肢解后分别转让给他人的,违反本法规定将中标项目的部分主体、关键性工作分包给他人的,或者分包人再次分包的,转让、分包无效,处转让、分包项目金额5‰以上10‰以下的罚款;有违法所得的,并处没收违法所得;可以责令停业整顿;情节严重的,由工商行政管理机关吊销营业执照。

中标人不履行与招标人订立的合同的,履约保证金不予退还,给招标人造成的损失超过履约保证金数额的,还应当对超过部分予以赔偿;没有提交履约保证金的,应当对招标人的损失承担赔偿责任。

中标人不按照与招标人订立的合同履行义务,情节严重的,取消其2至5年内参加依法必须进行招标的项目的投标资格并予以公告,直至由工商行政管理机关吊销营业执照。

因不可抗力不能履行合同的,不适用前两款规定。

3.4.7 有关行政监督部门的法律责任

有关行政监督部门不依法履行职责,对违反招标投标法和本条例规定的行为不依法查处,或者不按照规定处理投诉、不依法公告对招标投标当事人违法行为的行政处理决定的,对直接负责的主管人员和其他直接责任人员依法给予处分。

项目审批、核准部门和有关行政监督部门的工作人员徇私舞弊、滥用职权、玩忽职守,构成犯罪的,依法追究刑事责任。

3.4.8　国家工作人员的法律责任

国家工作人员利用职务便利,以直接或者间接、明示或者暗示等任何方式非法干涉招标投标活动,有下列情形之一的,依法给予记过或者记大过处分(情节严重的,依法给予降级或者撤职处分;情节特别严重的,依法给予开除处分;构成犯罪的,依法追究刑事责任):

(1) 要求对依法必须进行招标的项目不招标,或者要求对依法应当公开招标的项目不公开招标;

(2) 要求评标委员会成员或者招标人以其指定的投标人作为中标候选人或者中标人,或者以其他方式非法干涉评标活动,影响中标结果;

(3) 以其他方式非法干涉招标投标活动。

二维码内含精彩案例及解析,快来扫一扫吧!

案例 3-4

二维码内含本模块"1+X"证书习题及答案,快来扫一扫吧!

"1+X"证书习题 3

模块 4　建设工程合同法律制度

学习目标

知识目标：说出合同的概念、合同的种类；举例说明合同的订立、效力、履行、变更、转让、终止及违约责任；解释清楚建设工程合同的概念、订立、具体形态、履行、变更、转让、索赔及争议解决。

能力目标：能拟定合同并进行合同管理；能解决生活中遇到的合同纠纷方面的法律问题；能处理建设工程合同管理中遇到的常见法律纠纷问题。

思政目标：树立契约意识，坚守契约精神，发扬"自由、平等、诚信、友善"的社会主义核心价值观。

4.1　合同概述

工程应用

知识点	工程应用阶段	典型工作事件	主要涉及的施工岗位	要求
合同的概念	工程前期阶段	合同的编制，合同的签订等	企业合同部门工作人员，工程各参建方招（投）标部门相关人员	说出
合同的种类				

学习内容

建设工程合同是《民法典》第三编合同第二分编典型合同中 19 大类合同中的一种，因此，《民法典》第三编合同第一分编通则中的规定适用于建设工程合同。

4.1.1　合同的概念

1. 合同的定义

《民法典》第 464 条规定，合同是民事主体之间设立、变更、终止民事法律关系的协议。婚姻、收养、监护等有关身份关系的协议，适用有关该身份关系的法律规定；没有规定的，可以根据其性质参照适用第三编合同规定。

从合同的定义可以看出合同必定是平等主体之间设立一种法律关系。自然人与自然人之间、自然人与法人之间、法人与法人之间是平等主体。自然人与自然人、自然人与法人、法人与法人之间设立的这种权利义务关系，主要与财产有关。

2. 合同的法律特征

从合同的定义可以看出合同具有如下特征:合同是一种法律行为;合同的当事人法律地位一律平等,双方自愿协商,任何一方不得将自己的观点、主张强加给另一方;合同的目的在于设立、变更、终止民事权利义务关系;合同的成立必须有 2 个以上当事人,2 个以上当事人不仅作出意思表示,而且意思表示是一致的。

4.1.2　合同的种类

《民法典》第三编合同,由第一分编通则、第二分编典型合同、第三分编准合同三个部分构成。合同作为法律形式的存在,其类型由于合同内容的多样化和复杂化而各不相同。这里简单介绍几种合同的分类。

1. 双务合同和单务合同

根据当事人双方权利义务的分担方式,可把合同分为双务合同与单务合同。双务合同,是指当事人双方相互享有权利、承担义务的合同。如买卖、互易、承揽、运送、保险等合同等为双务合同。又如租赁合同,出租人负有将租赁物交付承租人的义务,享有收取租金的权利,承租人享有使用租赁物的权利,负有支付租金的义务。单务合同,是指当事人一方只享有权利,另一方只承担义务的合同。如赠与合同就是单务合同。在赠与合同中赠与人承担交付赠与物的义务,受赠人享有受领赠与物的权利,受赠人与赠与人没有债务关系。

2. 有偿合同与无偿合同

根据当事人取得权利是否以偿付为代价,可以将合同分为有偿合同与无偿合同。有偿合同,是指当事人一方享有合同规定的权益,必向对方偿付相应代价的合同。无偿合同,是指当事人一方只享有合同规定的权益,不必向对方偿付任何代价的合同。有些合同只能是有偿的,如买卖、互易、租赁等合同;有些合同只能是无偿的,如赠与等合同;有些合同既可以是有偿的也可以是无偿的,由当事人协商确定,如委托、保管等合同。双务合同都是有偿合同,单务合同原则上为无偿合同,但有的单务合同也可为有偿合同,如有息贷款合同。

3. 有名合同与无名合同

根据法律是否设有规范并赋予一个特定名称为标准,合同可分为有名合同与无名合同。有名合同,又称典型合同,是指法律设有规范,并赋予一定的名称的合同。如我国《民法典》第三编合同第二分编典型合同规定的买卖、借款、租赁、建设工程合同等 19 大类合同均为有名合同。无名合同,又称非典型合同,是指法律尚未特别规定,未赋予一定名称的合同。民法典规信奉合同自由原则,在不违反社会公德和社会公共利益以及强制规范的前提下,允许当事人订立任何内容的合同。

4. 诺成合同与实践合同

根据合同的成立是否以交付标的物为要件,可将合同分为诺成合同与实践合同。诺成合同,又称不要物合同,是指当事人意思表示一致即可成立的合同。这种合同双方意思表示达成合意,合同即告成立,不需要其他形式和手续,也不需要以物的交付为成立条件。如雇用合同。实践合同,又称要物合同,是指除当事人意思表示一致外,还须交付标的物方能成立的合同。换句话说,这种合同是在当事人达成合意之后,还必须由当事人交付标的物和完成其他给付以后才能成立。如寄存合同,寄存人将寄存物交付保管人后,寄存合同方为成立。自然人之间的借贷为实践性合同。

5. 要式合同与不要式合同

根据合同的成立是否需要特定的形式,可将合同分为要式合同与不要式合同。要式合同,是指法律要求必须具备一定的形式和手续的合同。如,书面合同属于要式合同。而书面合同又分为一般书面合同和特殊书面合同,一般书面合同指当事人之间自行订立即发生法律效力的书面合同,特殊书面合同指当事人订立的合同经批准、登记等程序方发生法律效力的书面合同。建设工程合同应当采用书面形式,属于要式合同。不要式合同,是指法律不要求必须具备一定形式和手续的合同。如口头合同。但也必须说明,不要式合同并非排斥合同采取书面、公证等形式,只不过法律不强求特定的形式,允许当事人自由选择合同形式,当事人完全可以约定合同采取书面、公证等形式。如简单商品买卖。

6. 主合同与从合同

根据合同间是否有主从关系,可将合同分为主合同与从合同。主合同,是指不依赖其他合同的存在即可独立存在的合同。从合同,是指须以其它合同的存在为前提而存在的合同。从合同的主要特点在于其附属性,它必须以主合同的存在并生效为前提。主合同不能成立,从合同就不能有效成立;主合同转让,从合同也不能单独存在;主合同被宣告无效或被撤销,从合同也将失去效力;主合同终止,从合同亦随之终止。例如保证合同与设立主债务的合同之间的关系,主债务合同是主合同,保证合同即为从合同。例如甲建设单位与乙施工单位签订工程建设施工承包合同,乙为保证在工程建设完成后,甲能及时付款,要求甲提供担保,那么甲、乙之间所签订的工程施工承包合同即为主合同,甲、乙之间所签订的担保合同即为从合同。

7. 为订约当事人利益的合同与为第三人利益的合同

根据订立的合同是为谁的利益,可将合同分为为订约当事人利益的合同与为第三人利益的合同。为订约当事人利益的合同,是指仅为了订约当事人自己享有合同权利和直接取得利益的合同。这种合同,第三人与合同当事人相互之间不得主张合同权利和追究合同责任。为第三人利益的合同,是指订约的一方当事人不是为了自己,而是为第三人设定权利,使其获得利益的合同。在这种合同中,第三人既不是缔约人,也不通过代理人参加订立合同,但可以直接享有合同的某些权利,可直接基于合同取得利益,合同不得为第三人设定任何义务。合同生效后,第三人可以接受该合同权利,也可以拒绝接受该项合同权利。如为第三人利益订立的保险合同。

8. 格式合同与非格式合同

格式合同,又称定型化合同、标准合同、定式合同,是指当事人一方为了重复使用而预先拟定,并在订立合同时未与对方协商的条款。采用格式条款订立的合同就是格式合同,也如保险合同,商品房买卖合同、银行借贷。非格式合同,是指合同条款全部由双方当事人在订立合同时协商确定的合同。对于格式合同,对方当事人只能对格式条款表示愿意或不愿意接受,一般不能对其进行修改。因此,对方当事人在签订此类合同时往往处于不利地位。签订格式合同,双方当事人对于合同内容有不同理解的,应当作出不利于格式条款提供人的解释。

二维码内含精彩案例及解析,快来扫一扫吧!

案例 4-1

4.2　合同的订立

工程应用

知识点	工程应用阶段	典型工作事件	主要涉及的施工岗位	要求
合同订立的方式	工程前期阶段	合同的谈判与签订	企业合同部门工作人员,工程各参建方招(投)标部门相关人员	举例
合同的成立	工程前期阶段			
合同的形式	工程前期阶段			
合同的内容	工程前期阶段			
合同订立的例外情况	工程前期阶段	合同缔约过失责任的处理		
合同缔约过失责任	工程全过程			

学习内容

4.2.1　合同订立的方式

合同的订立又称缔约,是当事人为设立、变更、终止财产权利义务关系而进行协商、达成协议的过程。《民法典》第 471 条规定,当事人订立合同,可以采取要约、承诺方式或者其他方式。

1. 要约

(1)要约的定义及构成要件

要约是希望与他人订立合同的意思表示,该意思表示应当符合下列条件:① 内容具体确定;② 表明经受要约人承诺,要约人即受该意思表示约束。

(2)要约邀请

要约邀请是希望他人向自己发出要约的表示。拍卖公告、招标公告、招股说明书、债券募集办法、基金招募说明书、商业广告和宣传、寄送的价目表等为要约邀请。商业广告和宣传的内容符合要约条件的,构成要约。

(3)要约生效时间

要约生效的时间适用《民法典》第 137 条的规定。① 以对话方式作出的意思表示,相对人知道其内容时生效;② 以非对话方式作出的意思表示,到达相对人时生效;③ 以非对话方式作出的采用数据电文形式的意思表示,相对人指定特定系统接收数据电文的,该数据电文进入该特定系统时生效,未指定特定系统的,相对人知道或者应当知道该数据电文进入其系统时生效;④ 当事人对采用数据电文形式的意思表示的生效时间另有约定的,按照其约定。

(4)要约撤回

要约可以撤回。要约的撤回适用《民法典》第 141 条的规定。即行为人可以撤回意思表示。撤回意思表示的通知应当在意思表示到达相对人前或者与意思表示同时到达相对人。

（5）要约撤销

要约可以撤销，撤销要约的意思表示以对话方式作出的，该意思表示的内容应当在受要约人作出承诺之前为受要约人所知道；撤销要约的意思表示以非对话方式作出的，应当在受要约人作出承诺之前到达受要约人。但是有下列情形之一的除外：① 要约人以确定承诺期限或者其他形式明示要约不可撤销；② 受要约人有理由认为要约是不可撤销的，并已经为履行合同做了合理准备工作。

（6）要约失效

有下列情形之一的，要约失效：① 要约被拒绝；② 要约被依法撤销；③ 承诺期限届满，受要约人未作出承诺；④ 受要约人对要约的内容作出实质性变更。

2. 承诺

（1）承诺的定义及方式

承诺是受要约人同意要约的意思表示。承诺应当以通知的方式作出；但是，根据交易习惯或者要约表明可以通过行为作出承诺的除外。

（2）承诺的期限及计算方法

承诺应当在要约确定的期限内到达要约人。要约没有确定承诺期限的，承诺应当依照下列规定到达：① 要约以对话方式作出的，应当即时作出承诺；② 要约以非对话方式作出的，承诺应当在合理期限内到达。要约以信件或者电报作出的，承诺期限自信件载明的日期或者电报交发之日开始计算。信件未载明日期的，自投寄该信件的邮戳日期开始计算。要约以电话、传真、电子邮件等快速通讯方式作出的，承诺期限自要约到达受要约人时开始计算。

（3）承诺生效时间及撤回

以通知方式作出的承诺，生效的时间适用《民法典》第137条的规定。承诺不需要通知的，根据交易习惯或者要约的要求作出承诺的行为时生效。承诺可以撤回。承诺的撤回适用《民法典》第141条的规定。

（4）迟延承诺

受要约人超过承诺期限发出承诺，或者在承诺期限内发出承诺，按照通常情形不能及时到达要约人的，为新要约；但是，要约人及时通知受要约人该承诺有效的除外。

（5）未迟发而迟到的承诺

受要约人在承诺期限内发出承诺，按照通常情形能够及时到达要约人，但是因其他原因致使承诺到达要约人时超过承诺期限的，除要约人及时通知受要约人因承诺超过期限不接受该承诺外，该承诺有效。

（6）承诺对要约内容的变更

① 承诺对要约内容的实质性变更。承诺的内容应当与要约的内容一致。受要约人对要约的内容作出实质性变更的，为新要约。有关合同标的、数量、质量、价款或者报酬、履行期限、履行地点和方式、违约责任和解决争议方法等的变更，是对要约内容的实质性变更。② 承诺对要约内容的非实质性变更。承诺对要约的内容作出非实质性变更的，除要约人及时表示反对或者要约表明承诺不得对要约的内容作出任何变更外，该承诺有效，合同的内容以承诺的内容为准。

4.2.2　合同的成立

1. 合同成立时间

承诺生效时合同成立,但是法律另有规定或者当事人另有约定的除外。当事人采用合同书形式订立合同的,自当事人均签名、盖章或者按指印时合同成立。在签名、盖章或者按指印之前,当事人一方已经履行主要义务,对方接受时,该合同成立。法律、行政法规规定或者当事人约定合同应当采用书面形式订立,当事人未采用书面形式但是一方已经履行主要义务,对方接受时,该合同成立。

当事人采用信件、数据电文等形式订立合同要求签订确认书的,签订确认书时合同成立。当事人一方通过互联网等信息网络发布的商品或者服务信息符合要约条件的,对方选择该商品或者服务并提交订单成功时合同成立,但是当事人另有约定的除外。

2. 合同成立地点

承诺生效的地点为合同成立的地点。采用数据电文形式订立合同的,收件人的主营业地为合同成立的地点;没有主营业地的,其住所地为合同成立的地点。当事人另有约定的,按照其约定。当事人采用合同书形式订立合同的,最后签名、盖章或者按指印的地点为合同成立的地点,但是当事人另有约定的除外。

4.2.3　合同的形式

当事人订立合同,可以采用书面形式、口头形式或者其他形式。书面形式是合同书、信件、电报、电传、传真等可以有形地表现所载内容的形式。以电子数据交换、电子邮件等方式能够有形地表现所载内容,并可以随时调取查用的数据电文,视为书面形式。

以口头形式订立合同具有简便、迅速、易行的特点,是实际生活中大量存在的合同形式。如消费者在市场购物时与商店营业员之间产生的货物买卖合同关系,就是典型的口头合同。但是口头合同由于没有必要的凭证,一旦发生合同纠纷,往往举证困难,容易产生推卸责任,相互扯皮的现象,不易分清责任。

而书面形式的合同由于对当事人之间约定的权利义务都有明确的文字记载,能够提示当事人适时地正确履行合同义务,当发生合同纠纷时,也便于分清责任,正确、及时地解决纠纷。建设工程合同一般具有合同标的额大,合同内容复杂、履行期较长等特点,为慎重起见,更应当采用书面形式。在实践中,较大工程建设一般采用的是合同书的形式订立合同。通过合同书,当事人写明各自的名称、地址,工程的名称和工程范围,明确规定履行内容、方式、期限,违约责任以及解决争议的方法等。工程承包合同,还应当明确承包的内容以及承包方式。勘察、设计合同,还应当明确提交勘察或者设计基础资料、设计文件(包括概预算)的期限,设计的质量要求、勘察或者设计费用以及其他协作条件等内容。施工合同,还应当明确工程范围、建设工期、中间交工工程的开工和竣工时间、工程质量、工程造价、技术资料交付时间、材料和设备供应责任、拨款和结算、交工验收、质量保证期、双方互相协作等内容。当事人也可以选择有关的合同示范文本作为参照订立建设工程合同。

4.2.4　合同的内容

合同的内容由当事人约定,一般包括下列条款:

1. 当事人的姓名或者名称和住所

当事人是合同权利和合同义务的承受者,没有当事人,合同权利义务就失去存在的意义,给付和受领给付也无从谈起,因此,订立合同必须有当事人这一条款。当事人由其名称或姓名和住所加以特定化、固定化,所以,具体合同条款的拟定必须写清当事人的姓名或名称和住所。

2. 标的

标的是合同权利义务指向的对象。合同不规定标的,就会失去目的,失去意义。可见,标的是一切合同的主要条款。目前,多数学说认为合同关系的标的为给付行为,而《民法典》第12条所规定的标的,时常不是学说所指的标的,而是标的物,于是才有所谓标的的质量、标的的数量等用语。所以,对于《民法典》及有关司法解释所说的标的,时常需要按标的物理解。

3. 质量和数量

标的(物)的质量和数量是确定合同标的(物)的具体条件,是这一标的(物)区别于同类另一标的(物)的具体特征。标的(物)的质量需规定得详细具体,如标的(物)的技术指标、质量要求、规格、型号等都要明确。标的(物)的数量要确切。首先应选择双方共同接受的计量单位,其次要确定双方认可的计量方法,最后应允许规定合理的磅差或尾差。标的(物)的质量和数量若能通过有关规则及方式推定出来,则合同欠缺这样的条款也不影响成立。

4. 价款或酬金

价款是取得标的物所应支付的代价,酬金是获得服务所应支付的代价。价款,通常指标的物本身的价款,但因商业上的大宗买卖一般是异地交货,便产生了运费、保险费、装卸费、保管费、报关费等一系列额外费用。它们由哪一方支付,需在价款条款中写明。

5. 履行的期限

履行期限直接关系到合同义务完成的时间,涉及当事人的期限利益,关系到履行期尚未届至的抗辩权和履行期尚未届满的抗辩权,也是确定违约与否的因素之一,十分重要。履行期限可以规定为即时履行,也可以规定为定时履行,还可以规定为在一定期限内履行。如果是分期履行,应写明每期的准确时间。履行期限若能通过有关规则及方式推定出来,则合同欠缺它也不影响成立。

6. 履行地点和方式

履行地点是确定验收地点的依据,是确定运输费用由谁负担、风险由谁承受的依据,有时是确定标的物所有权是否转移、何时转移的依据,还是确定诉讼管辖的依据之一,对于涉外合同纠纷,它是确定法律适用的一项依据,十分重要。

履行方式,是一次交付还是分期分批交付,是交付实物还是交付标的物的所有权凭证,是铁路运输还是空运、水运等,同样事关当事人的物质利益,合同应写明,但对于大多数合同来说,它不是主要条款。履行的地点、方式若能通过有关方式推定,则合同即使欠缺它们也不影响成立。

7. 违约责任

违约责任是促使当事人履行债务,使守约方免受或少受损失的法律措施,对当事人的利益关系重大,合同对此应予明确。例如,明确规定违约致损的计算方法、赔偿范围等,对于将来及时地解决违约问题,很有意义。当然,违约责任是法律责任,即使合同中没有违约责任条款,只要未依法免除违约责任,违约方仍应负责。

8. 解决争议的方法

解决争议的方法,含有解决争议运用什么程序、适用何种法律、选择哪家检验或鉴定的机构等内容。当事人双方在合同中约定的仲裁条款、选择诉讼法院的条款、选择检验或鉴定机构的条款、涉外合同中的法律适用条款、协商解决争议的条款等,均属解决争议的方法的条款。

4.2.5　合同订立的例外情况

1. 依国家订货任务、指令性任务订立合同及强制要约、强制承诺

国家根据抢险救灾、疫情防控或者其他需要下达国家订货任务、指令性任务的,有关民事主体之间应当依照有关法律、行政法规规定的权利和义务订立合同。依照法律、行政法规的规定负有发出要约义务的当事人,应当及时发出合理的要约。依照法律、行政法规的规定负有作出承诺义务的当事人,不得拒绝对方合理的订立合同要求。

2. 预约合同

当事人约定在将来一定期限内订立合同的认购书、订购书、预订书等,构成预约合同。当事人一方不履行预约合同约定的订立合同义务的,对方可以请求其承担预约合同的违约责任。

3. 格式条款

(1) 格式条款的定义

格式条款是当事人为了重复使用而预先拟定,并在订立合同时未与对方协商的条款。采用格式条款订立合同的,提供格式条款的一方应当遵循公平原则确定当事人之间的权利和义务,并采取合理的方式提示对方注意免除或者减轻其责任等与对方有重大利害关系的条款,按照对方的要求,对该条款予以说明。提供格式条款的一方未履行提示或者说明义务,致使对方没有注意或者理解与其有重大利害关系的条款的,对方可以主张该条款不成为合同的内容。

(2) 格式条款无效的情形

① 具有《民法典》第一编第六章第三节和《民法典》第 506 条规定的无效情形;② 提供格式条款一方不合理地免除或者减轻其责任、加重对方责任、限制对方主要权利;③ 提供格式条款一方排除对方主要权利。

(3) 格式条款的解释

对格式条款的理解发生争议的,应当按照通常理解予以解释。对格式条款有两种以上解释的,应当作出不利于提供格式条款一方的解释。格式条款和非格式条款不一致的,应当采用非格式条款。

4.2.6　缔约过失责任

1. 缔约过失责任的概念

缔约过失责任,是指在合同缔结过程中,当事人一方或双方因自己的过失而导致合同不成立、无效或被撤销,应对信赖其合同为有效成立的相对人赔偿基于此项信赖而发生的损害。订立合同的当事人之间,在合同成立之前,原本无权利、义务关系,但自双方相互接触商定合同起,就会产生相互协助、相互保护、相互通知等义务,双方都应遵循诚实信用原则,尽量达成协议,促使合同成立。违反上述义务的当事人,必须对对方的损失承担赔偿责任,这即是缔约过失责任。

2. 缔约过失责任的构成

缔约过失责任是针对合同尚未成立应当承担的责任,其成立必须具备一定的要件,否则将极大地损害当事人协商订立合同的积极性。

(1) 缔约一方受有损失;

（2）缔约当事人过错；

（3）合同尚未成立；

（4）缔约当事人的过错行为与该损失之间有因果关系。

3.《民法典》规定的订立合同过程中，应当承担的损害赔偿责任

《民法典》第 500 条规定，当事人在订立合同过程中有下列情形之一，给对方造成损失的，应当承担损害赔偿责任：

（1）假借订立合同，恶意进行磋商；

（2）故意隐瞒与订立合同有关的重要事实或者提供虚假情况；

（3）有其他违背诚实信用原则的行为。

此外，《民法典》第 501 条规定当事人保密义务。当事人在订立合同过程中知悉的商业秘密或者其他应当保密的信息，无论合同是否成立，不得泄露或者不正当地使用；泄露、不正当地使用该商业秘密或者信息，造成对方损失的，应当承担赔偿责任。

课程思政 4-1

如果出现"阴阳合同"，应当按照哪一份合同结算？

专家解读：建筑市场大量存在的发包人和承包人就同一建设工程签订两份或两份以上实质性内容不一致的"阴阳合同"或者多份"阴合同"的情形，目的在于规避招投标程序。《建设工程施工合同解释》第二十一条规定回答了在承、发包双方当事人签订价款、工期、质量标准、违约责任等涉及施工合同实质性内容不同的多份"阴阳合同"的情形下，应以哪份合同作为结算依据的问题。"备案的中标合同"（阳合同）是指在履行招投标程序后，承发包双方按《中标通知书》记载的实质性内容，在法定签约期限内签订并备案的施工合同。此份合同为法定结算依据，旨在保障公平竞争，维护建筑市场秩序。为什么不能以"阴合同"作为结算依据呢？这是因为法律、行政法规规定中标合同的变更必须经过法定程序，"阴合同"虽然可能是当事人真实意思表示，但由于合同形式不合法，不产生变更为"阳合同"的法律效力。当事人签订中标合同后，如果出现了变更合同的法定事由，双方协商一致后可以变更合同；但是合同变更的内容，应当及时到有关部门备案，如果未到有关部门备案，就不能成为结算的依据。这样，就能从根本上制止不法行为的发生，有利于维护建筑市场公平竞争秩序，也有利于招标投标法的贯彻实施。

思政要点：树立契约意识，坚守契约精神，发扬"诚信、法治"的社会主义核心价值观。

二维码内含精彩案例及解析，快来扫一扫吧！

案例 4-2

4.3　合同的效力

工程应用

知识点	工程应用阶段	典型工作事件	主要涉及的施工岗位	要求
合同的有效要件	工程前期、实施阶段	合同效力的认定与处置	企业合同部门工作人员，工程各参建方招（投）标部门相关人员	举例
无效合同	工程前期、实施阶段			
可撤销合同	工程前期、实施阶段			
效力待定合同	工程前期、实施阶段			
附条件与附期限合同	工程实施阶段			

学习内容

4.3.1　合同的有效要件

合同有效是指已经成立的合同在当事人之间产生了一定的法律约束力，也就是通常所说的法律效力。我国《民法典》第 119 条规定："依法成立的合同，对当事人具有法律约束力。""依法成立的合同，受法律保护。"已经成立的合同，必须具备一定的法律要件，才能产生法律约束力，合同有效要件是判断合同是否具有法律效力的标准。根据《民法典》的有关规定，合同有效的要件有：

1. 行为人具有相应的民事行为能力

自然人签订合同，原则上须有完全行为能力，限制行为能力人和无行为能力人不得亲自缔约，由其法定代理人代为签订。但有如下例外：（1）可独立签订接受奖励、赠予、报酬等纯获利益或被免除义务的合同；（2）限制行为能力人可以签订与其年龄、智力和精神健康状况相适应的合同；（3）可独立签订日常生活中的格式合同或事实合同，如利用自动售货机、乘坐交通工具、进入游园场所；（4）签订处分自由财产的合同，如学费、旅费等由法定代理人预定使用目的的财产和处分；（5）其他征得法定代理人同意的合同。

法人签订合同严格地受其宗旨、目的、章程及经营范围的制约，超过经营范围的合同无效。这种做法受到了学说的批评，而且有相当数量的判决甚至司法解释也已转变立场，认定在合同内容不违反强行性规范时合同有效。

2. 意思表示真实

意思表示真实是合同有效的重要构成要件。因为合同在本质上是当事人之间的一种合意，此种合意符合法律规定，依法律可以产生法律约束力；而当事人的意思表示能否产生此种约束力，则取决于此种意思表示是否同行为人的真实意思相符，也就是说意思表示是否真实。

3. 不违反法律、行政法规的强制性规定，不违背公序良俗

这里的"法律"是狭义的法律，即全国人民代表大会及其常务委员会依法通过的规范性文件。这里的"行政法规"是国务院依法制定的规范性文件。公序良俗是一个抽象的概念，内涵丰富、范围宽泛，包含了政治基础、社会秩序、社会公共道德要求，可以弥补法律、行政法规明文规定的不足。

4.3.2 无效合同

无效合同是指由于存在无效事由，虽已成立但自始不具有法律约束力的合同，即当事人不受合同条款的约束，也不能请求法院保护合同的履行，同时，不管合同有没有实际履行，也不管当事人是否知道无效，合同自成立时就没有法律效力。

1. 导致合同无效的法定情形

（1）无民事行为能力人订立的合同为无效；（2）行为人与相对人以虚假的意思表示订立的合同为无效；（3）违反法律、行政法规的强制性规定的订立的合同为无效，但是，该强制性规定不导致该合同无效的除外；（4）违背公序良俗订立的合同无效。

2. 合同中无效的免责条款

免责条款，是指当事人在合同中约定免除或者限制其未来责任的合同条款；免责条款无效，是指没有法律约束力的免责条款。《民法典》规定，合同中的下列免责条款无效：（1）造成对方人身伤害的；（2）因故意或者重大过失造成对方财产损失的。生命健康权是不可转让、不可放弃的权利，因此不允许当事人以免责条款的方式先约定免除这种责任。财产权是一种重要的民事权利，不允许当事人预先约定免除一方故意或重大过失而给对方造成的损失，否则会给一方当事人提供滥用权力的机会。

4.3.3 可撤销合同

1. 导致合同可撤销的法定情形

（1）基于重大误解订立的合同，行为人有权请求人民法院或者仲裁机构予以撤销；（2）一方以欺诈手段，使对方在违背真实意思的情况下订立的合同，受欺诈方有权请求人民法院或者仲裁机构予以撤销；（3）第三人实施欺诈行为，使一方在违背真实意思的情况下订立的合同，对方知道或者应当知道该欺诈行为的，受欺诈方有权请求人民法院或者仲裁机构予以撤销；（4）一方或者第三人以胁迫手段，使对方在违背真实意思的情况下订立的合同，受胁迫方有权请求人民法院或者仲裁机构予以撤销；（5）一方利用对方处于危困状态、缺乏判断能力等情形，致使民事法律行为成立时显失公平的，受损害方有权请求人民法院或者仲裁机构予以撤销。

2. 撤销权及其行使

撤销权是指撤销权人以其单方的意思表示使合同等法律行为溯及既往地消灭的权利。它在性质上属于形成权。有下列情形之一的，撤销权消灭：（1）当事人自知道或者应当知道撤销事由之日起一年内、重大误解的当事人自知道或者应当知道撤销事由之日起九十日内没有行使撤销权；（2）当事人受胁迫，自胁迫行为终止之日起一年内没有行使撤销权；（3）当事人知道撤销事由后明确表示或者以自己的行为表明放弃撤销权。当事人自民事法律行为发生之日起五年内没有行使撤销权的，撤销权消灭。

3. 合同被确认无效或被撤销的法律后果

《民法典》第155条规定："无效的或者被撤销的民事法律行为自始没有法律约束力。"因此合同被确认无效或被撤销后,自合同成立之日起就是没有效力的。合同无效、被撤销或者确定不发生效力后,行为人因该行为取得的财产,应当予以返还;不能返还或者没有必要返还的,应当折价补偿。有过错的一方应当赔偿对方由此所受到的损失;各方都有过错的,应当各自承担相应的责任。法律另有规定的,依照其规定。

二维码内含精彩案例及解析,
快来扫一扫吧!

案例 4-3

4.3.4　效力待定合同

效力待定合同是指合同成立之后,是否具有效力还未确定,有待于其他行为或者事实使之确定的合同。

1. 限制行为能力人订立的合同

限制民事行为能力人实施的纯获利益的民事法律行为或者与其年龄、智力、精神健康状况相适应的民事法律行为有效;实施的其他民事法律行为经法定代理人同意或者追认后有效。相对人可以催告法定代理人自收到通知之日起 30 日内予以追认。法定代理人未作表示的,视为拒绝追认。民事法律行为被追认前,善意相对人有撤销的权利。撤销应当以通知的方式作出。

2. 无权代理人以被代理人名义订立的合同

行为人没有代理权、代理权终止以后以被代理人名义订立的合同,未经被代理人追认,对被代理人不发生法律效力,由行为人承担责任。无权代理人以被代理人的名义订立合同,被代理人已经开始履行合同义务或者接受相对人履行的,视为对合同的追认。

3. 无处分权人擅自处分他人财产的合同

法人的法定代表人或者非法人组织的负责人超越权限订立的合同,除相对人知道或者应当知道其超越权限外,该代表行为有效,订立的合同对法人或者非法人组织发生效力。此外,当事人超越经营范围订立的合同的效力,应当依照《民法典》第一编第六章第三节和本编的有关规定确定,不得仅以超越经营范围确认合同无效。

4.3.5　附条件与附期限合同

1. 附条件的合同

合同可以附条件,但是根据其性质不得附条件的除外。附生效条件的合同,自条件成就时生效。附解除条件的合同,自条件成就时失效。附条件的合同,当事人为自己的利益不正当地阻止条件成就的,视为条件已经成就;不正当地促成条件成就的,视为条件不成就。

2. 附期限的合同

合同可以附期限,但是根据其性质不得附期限的除外。附生效期限的合同,自期限届至时生效。附终止期限的合同,自期限届满时失效。

课程思政 4-2

最高法首案:限购政策下"借名买房"合同因违背"公序良俗"而无效,为什么?

专家解读:为应对我国房地产市场多年来持续升温,国家及多地政府颁布了房屋限购政策以调控房价。受可观的投资回报驱动,有些人利用各种方式规避限购政策,"借名买房"就属常见的情形之一。然而,随着国家政策持续收紧,这些规避方法的风险也不断增加。不久前,最高人民法院公开了一份案例【参见:(2020)最高法民再 328 号裁判文书】,首次认定借名人与出名人为规避国家限购政策签订的《房产代持协议》因违背公序良俗而无效,引发热议。最高法认为,借名人与出名人为规避国家限购政策签订的《房产代持协议》因违背公序良俗而无效。其原因在于,如果司法不对规避限购政策的行为加以限制,则无异于纵容不合理的购房需求,将会导致投机性购房快速增长。放任不诚信的当事人通过规避国家政策红线来获取不当利益,不但与司法机关维护社会诚信和公平正义的职责不符,而且势必影响国家房地产宏观调控政策,进而阻碍国家宏观经济政策有效落实,影响经济社会协调发展,损害社会秩序和公共利益。

思政要点:树立诚信、公平、法治意识,自觉遵守公序良俗,维护社会秩序和公共利益。

二维码内含精彩案例及解析,快来扫一扫吧!

案例 4-4

4.4 合同的履行

工程应用

知识点	工程应用阶段	典型工作事件	主要涉及的施工岗位	要求
合同履行的原则	工程实施阶段			
合同履行的具体规则	工程实施阶段		企业合同部门工作人员,工程各参建方相关工作人员	举例说明
合同履行中的抗辩权	工程实施阶段	合同的履行		
合同履行中的代位权和撤销权	工程实施阶段			
合同履行的担保	工程前期、实施阶段	合同担保		

![学习内容]

《民法典》规定,当事人应当按照约定全面履行自己的义务。当事人应当遵循诚信原则,根据合同的性质、目的和交易习惯履行通知、协助、保密等义务。当事人在履行合同过程中,应当避免浪费资源、污染环境和破坏生态。

4.4.1　合同履行的原则

1. 适当履行原则

适当履行原则,又称正确履行原则或全面履行原则,是指当事人按照合同规定的标的及其质量、数量,由适当的主体在适当的履行期限、履行地点、履行方式,全面完成合同义务的履行原则。

适当履行与实际履行既有区别又有联系。实际履行强调债务人按照合同约定交付标的物或者提供服务,至于交付的标的物或提供的服务是否适当,则无力顾及。适当履行既要求债务人实际履行,交付标的物或提供服务,也要求这些交付标的物、提供服务符合法律和合同的约定。可见,适当履行必然是实际履行,而实际履行未必是适当履行。适当履行场合不会存在违约责任,实际履行不适当则产生违约责任。

2. 协作履行原则

协作履行原则,是指当事人不仅适当履行自己的合同债务,而且应基于诚实信用原则要求对方当事人协助其履行债务的履行原则。其内容是:

(1) 债务人履行合同债务,债权人应适当受领给付;

(2) 债务人履行债务,债权人应当为债务人创造必要的条件,提供方便;

(3) 债务人因故不能履行或不能完全履行,债权人应积极采取措施,避免或减少损失;

(4) 债务人应根据合同性质、目的和交易习惯,履行通知、协助、保密等附随义务。

3. 情势变更原则

"情势变更"原则是一项重要的民法典原则,是对于"合同必须信守"原则的例外。在当今世界经济的动荡时期,情势变更原则的适用有着重要的价值。将此原则正式录入我国法律体系具有着重要的时代价值。所谓情势变更,是指合同成立以后客观情况发生了当事人在订立合同时无法预见的、非不可抗力造成的不属于商业风险的重大变化,继续履行合同对于一方当事人明显不公平或者不能实现合同目的,受不利影响的一方当事人有权请求法院或仲裁机构变更或解除合同的法律制度。

合同成立后,合同的基础条件发生了当事人在订立合同时无法预见的、不属于商业风险的重大变化,继续履行合同对于当事人一方明显不公平的,受不利影响的当事人可以与对方重新协商;在合理期限内协商不成的,当事人可以请求人民法院或者仲裁机构变更或者解除合同。人民法院或者仲裁机构应当结合案件的实际情况,根据公平原则变更或者解除合同。

4.4.2　合同履行的具体规则

1. 合同履行的具体要求

(1) 履行合同的主体资格

履行合同的主体是指履行合同义务和接受合同权利的当事人。在一般情况下,订立合同的主体就是履行合同的主体。在特殊情况下,合同的权利人可以要求合同义务人向其指定的第三人履行义务,由该第三人代为接受合同权利,而无需征得合同义务人同意,但不得使合同义务因此而遭受损失或增加履行费用。委托第三人代为履行合同义务的,应当征得权利人的同意或者具有法律依据。建设工程承包合同的承包人,应当亲自组织实施施工作业,不得将工程转包、非法分包。

（2）履行合同的标的合格

合同标的是指合同义务人履行合同义务而向合同权利人交付的,可以是价款、实物或者劳务。建设工程承包合同的发包方应当按合同的规定支付价款,承包方应当交付质量符合合同规定的设计成果或建筑产品。

（3）在合同规定的期限内完成义务

履行期限是指义务人履行合同义务的时间界线,是衡量义务是否适当履行的依据。在一般情况下,提前履行合同义务是允许的,但必须征得对方同意;而迟延履行,除非具有法律规定或合同约定的事由可以免除责任的以外,行为人应当承担因此而产生的违约责任。

严格遵守履行合同的时间要求,对于建设工程承包合同的履行十分重要。因为履行此类合同环节较多,当事人双方的履行互为条件,一方没有在合同约定的时间内履行合同义务,会影响另一方的正确履行。

（4）履行方式

履行方式是指义务人履行合同义务所采取的方法。合同内容和性质不同,履行合同的方式要求有所差异。对于建设工程承包合同的承包方而言,应当以施工组织设计（或施工方案）为纲,按图施工。合同或施工规范对施工工艺或施工流程有特殊要求的,应当执行该要求。

（5）履行地点

履行地点,是指债务人应为履行行为的地点。在履行地点为履行,只要适当,即发生合同消灭的效力。当事人在合同中明确约定履行地点时,依其约定。该约定既可以在合同订立当时为之,也可在合同成立后履行债务前进行。建设工程承包合同的承包方履行合同义务的地点毫无疑问应为建设工程项目所在地。发包方应当将其自行采购的建筑材料、设备运送到工地或合同特别约定的地点或场所。

2. 合同没有约定或者约定不明的补救措施

合同生效后,当事人就质量、价款或者报酬、履行地点等内容没有约定或者约定不明确的,可以协议补充;不能达成补充协议的,按照合同相关条款或者交易习惯确定。

3. 合同条款不明确时的履行方法

《民法典》第511条规定:当事人就有关合同内容约定不明确,依据"合同没有约定或者约定不明的补救措施"仍不能确定的,适用下列规定:

（1）质量要求不明确的,按照强制性国家标准履行;没有强制性国家标准的,按照推荐性国家标准履行;没有推荐性国家标准的,按照行业标准履行;没有国家标准、行业标准的,按照通常标准或者符合合同目的的特定标准履行。

（2）价款或者报酬不明确的,按照订立合同时履行地的市场价格履行;依法应当执行政府定价或者政府指导价的,依照规定履行。

（3）履行地点不明确,给付货币的,在接受货币一方所在地履行;交付不动产的,在不动产所在地履行;其他标的,在履行义务一方所在地履行。

(4) 履行期限不明确的,债务人可以随时履行,债权人也可以随时请求履行,但是应当给对方必要的准备时间。

(5) 履行方式不明确的,按照有利于实现合同目的的方式履行。

(6) 履行费用的负担不明确的,由履行义务一方负担;因债权人原因增加的履行费用,由债权人负担。

4. 向第三人履行的合同

当事人约定由债务人向第三人履行债务,债务人未向第三人履行债务或者履行债务不符合约定的,应当向债权人承担违约责任。法律规定或者当事人约定第三人可以直接请求债务人向其履行债务,第三人未在合理期限内明确拒绝,债务人未向第三人履行债务或者履行债务不符合约定的,第三人可以请求债务人承担违约责任;债务人对债权人的抗辩,可以向第三人主张。

5. 由第三人履行的合同

当事人约定由第三人向债权人履行债务,第三人不履行债务或者履行债务不符合约定的,债务人应当向债权人承担违约责任。

4.4.3　合同履行中的抗辩权

抗辩权是与请求权相对应的权利,以对抗权利人行使请求权并否认其权利为目的,具有防御的性质。抗辩权可分为永久抗辩权和一时抗辩权(延期抗辩权),前者的作用在于使请求权因抗辩权的行使而消灭、例如,债务人超过诉讼时效期间才主张权利,则债务人可以以其主张已超过诉讼时效期间为抗辩理由,拒绝履行债务,此时债权人的请求权则归于消灭;而后者的作用则不能消灭请求权,仅能使权利人暂时未能行使请求,例如,甲、乙双方订立钢材买卖合同,但未约定谁先履行债务,则甲可以以乙未付款为由拒绝交货。

1. 同时履行抗辩权

同时履行抗辩权,也称不履行抗辩权,是指当事人互负债务,没有先后履行顺序的,应当同时履行。一方在对方履行之前有权拒绝其履行请求。一方在对方履行债务不符合约定时,有权拒绝其相应的履行请求。行使同时履行抗辩权属于合法行为。同时履行抗辩权的法律基础为诚实信用的原则,其意义在于公平维护当事人的权益,维护正常的交易秩序。

行使同时履行抗辩权必须符合下列条件:

(1) 当事人互负义务。同时履行抗辩权存在的基础在于双务合同,当事人在义务上的关联性,如果当事人并非互负义务,则不能行使同时履行抗辩权。建设工程合同总的来说属于双务合同,但基于合同的约定,在特定情况下有些是单务合同,如施工单位无偿赠建,则该合同就属于单务合同,施工单位只有负有义务而无权利,受赠单位则正好相反。

(2) 当事人所负义务的履行期均已届满。同时履行抗辩权适用的目的在于使双方所负的义务均得履行,双方同时实现债权。如果有先后履行顺序的,双方履行债务的期限并非均已届满,不产生同时履行抗辩的问题。如在建设工程合同中,施工方如未先行施工至一定的进度,是不能请求发包方支付该部分的工程进度款的。当事人互负债务,有先后履行顺序,先履行一方未履行的,后履行一方有权拒绝其履行要求。

(3) 对方未履行到期债务。同时履行抗辩权的行使必须以对方未履行到期债务为前提,如果对方已经履行债务,不能行使该抗辩权。另外,同时履行抗辩权的行使应以对方未履行的债务具有履行的现实条件为前提,如果一方已经开始履行而另一方因某种原因不能履行,则不存在行使同时履行抗辩权的问题,因为该抗辩权行使的目的在于促使对方也履行自身义务,显然,在对方之履行不具有可能性的情况下,行使该抗辩权已失去基础,已经履行的一方可视对方不能履行的原因采取适当的法律救济挽回或减少自身的损失。

2. 先履行抗辩权

先履行的抗辩权是指当事人互负债务,有先后履行顺序,应当先履行债务一方未履行的,后履行一方有权拒绝其履行请求。先履行一方履行债务不符合约定的,后履行一方有权拒绝其相应的履行请求。先履行抗辩权的发生,需具备以下条件:

(1)需基于同一双务合同。双方当事人因同一合同互负债务,在履行上存在关联性,形成对价关系。单务合同无对价关系,不发生后履行抗辩权。如果当事人互负的债务不是基于同一双务合同,亦不发生后履行抗辩权。

(2)该合同需由一方当事人先为履行。在双务合同中,双方当事人的履行,多是有先后的。这种履行顺序的确立,或依法律规定,或按当事人约定,或按交易习惯。很多法律对双务合同的履行顺序都有规定。当事人在双务合同中也可以约定履行顺序,谁先履行,谁后履行。在法律未有规定、合同未有约定的情况下,双务合同的履行顺序可依交易习惯确立。例如,在饭馆用餐,先吃饭后交钱。旅店住宿,先住宿后结账。乘飞机、火车,先购票,后乘坐。

(3)应当先履行的当事人不履行合同或者不适当履行合同。

3. 不安抗辩权

不安抗辩权是指先履行合同的当事人一方因后履行合同一方当事人欠缺履行债务能力或信用,而拒绝履行合同的权利。不安抗辩权的成立要件:

(1)双方当事人基于同一双务合同而互负债务。不安抗辩权存在于双务合同,而非单务合同。不安抗辩权的双方债务应基于同一合同。

(2)债务履行有先后顺序,且由履行顺序在先的当事人行使。如果债务履行没有先后顺序,则只能适用同时履行抗辩权。在履行债务有先后顺序的情况下,先履行一方可能行使不安抗辩权,后履行一方只可能行使先履行抗辩权。

(3)履行顺序在后的一方履行能力明细下降,有丧失或者可能丧失履行债务能力的情形。《民法典》第527条规定,应当先履行债务的当事人,有确切证据证明对方有下列情形之一的,可以中止履行:① 经营状况严重恶化;② 转移财产、抽逃资金,以逃避债务;③ 丧失商业信誉;④ 有丧失或者可能丧失履行债务能力的其他情形。当事人没有确切证据中止履行的,应当承担违约责任。

(4)履行顺序在后的当事人未提供适当担保。履行顺序在后的当事人履行能力明显下降,可能严重危及履行顺序在先当事人的债权。但是,如果后履行方提供适当担保,则先履行方的债权不会受到损害,所以就不得行使不安抗辩权。

当事人依据规定(不安抗辩权的规定)中止履行的,应当及时通知对方。对方提供适当担保的,应当恢复履行。中止履行后,对方在合理期限内未恢复履行能力且未提供适当担保的,视为以自己的行为表明不履行主要债务,中止履行的一方可以解除合同并可以请求对方承担违约责任。

4.4.4　合同履行中的代位权和撤销权

1. 代位权

（1）代位权的定义。因债务人怠于行使其债权或者与该债权有关的从权利，影响债权人的到期债权实现的，债权人可以向人民法院请求以自己的名义代位行使债务人对相对人的权利，但是该权利专属于债务人自身的除外。代位权的行使范围以债权人的到期债权为限。债权人行使代位权的必要费用，由债务人负担。相对人对债务人的抗辩，可以向债权人主张。

（2）债权人代位权的提前行使。债权人的债权到期前，债务人的债权或者与该债权有关的从权利存在诉讼时效期间即将届满或者未及时申报破产债权等情形，影响债权人的债权实现的，债权人可以代位向债务人的相对人请求其向债务人履行、向破产管理人申报或者作出其他必要的行为。

（3）债权人代位权行使效果。人民法院认定代位权成立的，由债务人的相对人向债权人履行义务，债权人接受履行后，债权人与债务人、债务人与相对人之间相应的权利义务终止。债务人对相对人的债权或者与该债权有关的从权利被采取保全、执行措施，或者债务人破产的，依照相关法律的规定处理。

2. 撤销权

（1）无偿处分时的债权人撤销权行使。债务人以放弃其债权、放弃债权担保、无偿转让财产等方式无偿处分财产权益，或者恶意延长其到期债权的履行期限，影响债权人的债权实现的，债权人可以请求人民法院撤销债务人的行为。

（2）不合理价格交易时的债权人撤销权行使。债务人以明显不合理的低价转让财产、以明显不合理的高价受让他人财产或者为他人的债务提供担保，影响债权人的债权实现，债务人的相对人知道或者应当知道该情形的，债权人可以请求人民法院撤销债务人的行为。

（3）债权人撤销权行使范围以及必要费用承担。撤销权的行使范围以债权人的债权为限。债权人行使撤销权的必要费用，由债务人负担。

（4）债权人撤销权除斥期间。撤销权自债权人知道或者应当知道撤销事由之日起 1 年内行使。自债务人的行为发生之日起 5 年内没有行使撤销权的，该撤销权消灭。

（5）债权人撤销权行使效果。债务人影响债权人的债权实现的行为被撤销的，自始没有法律约束力。

二维码内含精彩案例及解析，快来扫一扫吧！

案例 4-5

4.4.5　合同履行的担保

合同履行的担保，是保证合同履行的一项法律制度，是合同当事人为全面履行合同及避免因对方违约遭受损失而设定的保障措施。合同履行的担保是通过签订担保合同或是在合同中设立担保条款来实现。担保合同是从合同,被担保合同是主合同。担保合同将随着被担保合同的履行而消失。而当被担保人不履行其义务且不承担相应责任时,担保人则应承担其担保责任。本模块主要介绍保证、抵押、质押、留置和定金五种担保形式。

1. 保证

(1) 保证合同

① 保证合同定义。保证合同是为保障债权的实现,保证人和债权人约定,当债务人不履行到期债务或者发生当事人约定的情形时,保证人履行债务或者承担责任的合同。

② 保证合同的从属性及保证合同无效的法律后果。保证合同是主债权债务合同的从合同。主债权债务合同无效的,保证合同无效,但是法律另有规定的除外。保证合同被确认无效后,债务人、保证人、债权人有过错的,应当根据其过错各自承担相应的民事责任。

③ 不得担任保证人的主体范围。机关法人不得为保证人,但是经国务院批准为使用外国政府或者国际经济组织贷款进行转贷的除外。以公益为目的的非营利法人、非法人组织不得为保证人。

④ 保证合同内容。保证合同的内容一般包括被保证的主债权的种类、数额,债务人履行债务的期限,保证的方式、范围和期间等条款。

⑤ 保证合同形式。保证合同可以是单独订立的书面合同,也可以是主债权债务合同中的保证条款。第三人单方以书面形式向债权人作出保证,债权人接收且未提出异议的,保证合同成立。

⑥ 保证方式。保证的方式包括一般保证和连带责任保证。当事人在保证合同中对保证方式没有约定或者约定不明确的,按照一般保证承担保证责任。

⑦ 一般保证人先诉抗辩权。当事人在保证合同中约定,债务人不能履行债务时,由保证人承担保证责任的,为一般保证。一般保证的保证人在主合同纠纷未经审判或者仲裁,并就债务人财产依法强制执行仍不能履行债务前,有权拒绝向债权人承担保证责任,但是有下列情形之一的除外:债务人下落不明,且无财产可供执行;人民法院已经受理债务人破产案件;债权人有证据证明债务人的财产不足以履行全部债务或者丧失履行债务能力;保证人书面表示放弃本款规定的权利。

⑧ 连带责任保证。当事人在保证合同中约定保证人和债务人对债务承担连带责任的,为连带责任保证。连带责任保证的债务人不履行到期债务或者发生当事人约定的情形时,债权人可以请求债务人履行债务,也可以请求保证人在其保证范围内承担保证责任。

⑨ 反担保。保证人可以要求债务人提供反担保。

⑩ 最高额保证合同。保证人与债权人可以协商订立最高额保证的合同,约定在最高债权额限度内就一定期间连续发生的债权提供保证。

(2) 保证责任

① 保证范围。保证的范围包括主债权及其利息、违约金、损害赔偿金和实现债权的费用。当事人另有约定的,按照其约定。

② 保证期间。保证期间是确定保证人承担保证责任的期间,不发生中止、中断和延长。债权人与保证人可以约定保证期间,但是约定的保证期间早于主债务履行期限或者与主债务履行期限同时届满的,视为没有约定;没有约定或者约定不明确的,保证期间为主债务履行期限届满之日起六个月。债权人与债务人对主债务履行期限没有约定或者约定不明确的,保证期间自债权人请求债务人履行债务的宽限期届满之日起计算。

③ 保证责任免除。一般保证的债权人未在保证期间对债务人提起诉讼或者申请仲裁的，保证人不再承担保证责任。连带责任保证的债权人未在保证期间请求保证人承担保证责任的，保证人不再承担保证责任。

④ 保证债务诉讼时效。一般保证的债权人在保证期间届满前对债务人提起诉讼或者申请仲裁的，从保证人拒绝承担保证责任的权利消灭之日起，开始计算保证债务的诉讼时效。连带责任保证的债权人在保证期间届满前请求保证人承担保证责任的，从债权人请求保证人承担保证责任之日起，开始计算保证债务的诉讼时效。

⑤ 主合同变更对保证责任影响。债权人和债务人未经保证人书面同意，协商变更主债权债务合同内容，减轻债务的，保证人仍对变更后的债务承担保证责任；加重债务的，保证人对加重的部分不承担保证责任。债权人和债务人变更主债权债务合同的履行期限，未经保证人书面同意的，保证期间不受影响。

⑥ 债权转让对保证责任影响。债权人转让全部或者部分债权，未通知保证人的，该转让对保证人不发生效力。保证人与债权人约定禁止债权转让，债权人未经保证人书面同意转让债权的，保证人对受让人不再承担保证责任。

⑦ 债务承担对保证责任影响。债权人未经保证人书面同意，允许债务人转移全部或者部分债务，保证人对未经其同意转移的债务不再承担保证责任，但是债权人和保证人另有约定的除外。第三人加入债务的，保证人的保证责任不受影响。

⑧ 一般保证人保证责任免除。一般保证的保证人在主债务履行期限届满后，向债权人提供债务人可供执行财产的真实情况，债权人放弃或者怠于行使权利致使该财产不能被执行的，保证人在其提供可供执行财产的价值范围内不再承担保证责任。

⑨ 共同保证。同一债务有两个以上保证人的，保证人应当按照保证合同约定的保证份额，承担保证责任；没有约定保证份额的，债权人可以请求任何一个保证人在其保证范围内承担保证责任。

⑩ 保证人的权利。保证人承担保证责任后，除当事人另有约定外，有权在其承担保证责任的范围内向债务人追偿，享有债权人对债务人的权利，但是不得损害债权人的利益。保证人可以主张债务人对债权人的抗辩；债务人放弃抗辩的，保证人仍有权向债权人主张抗辩。债务人对债权人享有抵销权或者撤销权的，保证人可以在相应范围内拒绝承担保证责任。

二维码内含精彩案例及解析，快来扫一扫吧！

案例 4-6

2. 抵押

（1）抵押权的定义

为担保债务的履行，债务人或者第三人不转移财产的占有，将该财产抵押给债权人的，债务人不履行到期债务或者发生当事人约定的实现抵押权的情形，债权人有权就该财产优先受偿。债务人或者第三人为抵押人，债权人为抵押权人，提供担保的财产为抵押财产。

（2）抵押财产的范围

债务人或者第三人有权处分的下列财产可以抵押：① 建筑物和其他土地附着物；② 建设用地使用权；③ 海域使用权；④ 生产设备、原材料、半成品、产品；⑤ 正在建造的建筑物、船舶、航空器；⑥ 交通运输工具；⑦ 法律、行政法规未禁止抵押的其他财产。抵押人可以将上述所列财产一并抵押。

以建筑物抵押的，该建筑物占用范围内的建设用地使用权一并抵押。以建设用地使用权抵押的，该土地上的建筑物一并抵押。抵押人未依据上述规定一并抵押的，未抵押的财产视为一并抵押。乡镇、村企业的建设用地使用权抵押限制；乡镇、村企业的建设用地使用权不得单独抵押；以乡镇、村企业的厂房等建筑物抵押的，其占用范围内的建设用地使用权一并抵押。

（3）禁止抵押的财产范围

下列财产不得抵押：① 土地所有权；② 宅基地、自留地、自留山等集体所有土地的使用权，但是法律规定可以抵押的除外；③ 学校、幼儿园、医疗机构等为公益目的成立的非营利法人的教育设施、医疗卫生设施和其他公益设施；④ 所有权、使用权不明或者有争议的财产；⑤ 依法被查封、扣押、监管的财产；⑥ 法律、行政法规规定不得抵押的其他财产。

（4）抵押合同

设立抵押权，当事人应当采用书面形式订立抵押合同。抵押合同一般包括下列条款：① 被担保债权的种类和数额；② 债务人履行债务的期限；③ 抵押财产的名称、数量等情况；④ 担保的范围。

（5）浮动抵押

企业、个体工商户、农业生产经营者可以将现有的以及将有的生产设备、原材料、半成品、产品抵押，债务人不履行到期债务或者发生当事人约定的实现抵押权的情形，债权人有权就抵押财产确定时的动产优先受偿。依据上述规定设定抵押的，抵押财产自下列情形之一发生时确定：① 债务履行期限届满，债权未实现；② 抵押人被宣告破产或者解散；③ 当事人约定的实现抵押权的情形；④ 严重影响债权实现的其他情形。

（6）抵押的效力

① 以建筑物和其他土地附着物、建设用地使用权、海域使用权、正在建造的建筑物抵押的，应当办理抵押登记。抵押权自登记时设立。

② 以动产抵押的，抵押权自抵押合同生效时设立；未经登记，不得对抗善意第三人。

③ 抵押权设立前，抵押财产已经出租并转移占有的，原租赁关系不受该抵押权的影响。

④ 抵押期间，抵押人可以转让抵押财产。当事人另有约定的，按照其约定。抵押财产转让的，抵押权不受影响。抵押人转让抵押财产的，应当及时通知抵押权人。抵押权人能够证明抵押财产转让可能损害抵押权的，可以请求抵押人将转让所得的价款向抵押权人提前清偿债务或者提存。转让的价款超过债权数额的部分归抵押人所有，不足部分由债务人清偿。抵押权不得与债权分离而单独转让或者作为其他债权的担保。债权转让的，担保该债权的抵押权一并转让，但是法律另有规定或者当事人另有约定的除外。

（7）抵押权的实现

债务人不履行到期债务或者发生当事人约定的实现抵押权的情形，抵押权人可以与抵押人协议以抵押财产折价或者以拍卖、变卖该抵押财产所得的价款优先受偿。协议损害其他债权人利益的，其他债权人可以请求人民法院撤销该协议。抵押权人与抵押人未就抵押权实现方式达成协议的,抵押权人可以请求人民法院拍卖、变卖抵押财产。抵押财产折价或者变卖的,应当参照市场价格。以集体所有土地的使用权依法抵押的,实现抵押权后,未经法定程序,不得改变土地所有权的性质和土地用途。

同一财产向两个以上债权人抵押的,拍卖、变卖抵押财产所得的价款依照下列规定清偿:① 抵押权已经登记的,按照登记的时间先后确定清偿顺序;② 抵押权已经登记的先于未登记的受偿;③ 抵押权未登记的,按照债权比例清偿。其他可以登记的担保物权,清偿顺序参照适用上述规定。同一财产既设立抵押权又设立质权的,拍卖、变卖该财产所得的价款按照登记、交付的时间先后确定清偿顺序。

3. 质权

质权分为动产质权和权利质权。

(1) 动产质权

为担保债务的履行,债务人或者第三人将其动产出质给债权人占有的,债务人不履行到期债务或者发生当事人约定的实现质权的情形,债权人有权就该动产优先受偿。上述规定的债务人或者第三人为出质人,债权人为质权人,交付的动产为质押财产。

设立质权,当事人应当采用书面形式订立质押合同。质押合同一般包括下列条款:① 被担保债权的种类和数额;② 债务人履行债务的期限;③ 质押财产的名称、数量等情况;④ 担保的范围;⑤ 质押财产交付的时间、方式。

质权自出质人交付质押财产时设立。债务人履行债务或者出质人提前清偿所担保的债权的,质权人应当返还质押财产。债务人不履行到期债务或者发生当事人约定的实现质权的情形,质权人可以与出质人协议以质押财产折价,也可以就拍卖、变卖质押财产所得的价款优先受偿。质押财产折价或者变卖的,应当参照市场价格。

(2) 权利质权

债务人或者第三人有权处分的下列权利可以出质:① 汇票、本票、支票;② 债券、存款单;③ 仓单、提单;④ 可以转让的基金份额、股权;⑤ 可以转让的注册商标专用权、专利权、著作权等知识产权中的财产权;⑥ 现有的以及将有的应收账款;⑦ 法律、行政法规规定可以出质的其他财产权利。

以汇票、本票、支票、债券、存款单、仓单、提单出质的,质权自权利凭证交付质权人时设立;没有权利凭证的,质权自办理出质登记时设立。法律另有规定的,依照其规定。以基金份额、股权出质的,质权自办理出质登记时设立。以注册商标专用权、专利权、著作权等知识产权中的财产权出质的,质权自办理出质登记时设立。以应收账款出质的,质权自办理出质登记时设立。

4. 留置权

(1) 留置权的定义

债务人不履行到期债务,债权人可以留置已经合法占有的债务人的动产,并有权就该动产优先受偿。上述规定的债权人为留置权人,占有的动产为留置财产。债权人留置的动产,应当与债权属于同一法律关系,但是企业之间留置的除外。法律规定或者当事人约定不得留置的动产,不得留置。留置财产为可分物的,留置财产的价值应当相当于债务的金额。

(2) 留置权的行使

① 留置权人负有妥善保管留置财产的义务;因保管不善致使留置财产毁损、灭失的,应当

承担赔偿责任。② 留置权人有权收取留置财产的孳息。上述规定的孳息应当先充抵收取孳息的费用。③ 留置权人与债务人应当约定留置财产后的债务履行期限；没有约定或者约定不明确的，留置权人应当给债务人六十日以上履行债务的期限，但是鲜活易腐等不易保管的动产除外。债务人逾期未履行的，留置权人可以与债务人协议以留置财产折价，也可以就拍卖、变卖留置财产所得的价款优先受偿。留置财产折价或者变卖的，应当参照市场价格。④ 债务人可以请求留置权人在债务履行期限届满后行使留置权；留置权人不行使的，债务人可以请求人民法院拍卖、变卖留置财产。

（3）留置权的实现

① 留置财产折价或者拍卖、变卖后，其价款超过债权数额的部分归债务人所有，不足部分由债务人清偿。② 同一动产上已经设立抵押权或者质权，该动产又被留置的，留置权人优先受偿。③ 留置权人对留置财产丧失占有或者留置权人接受债务人另行提供担保的，留置权消灭。

5. 定金

（1）定金的定义

定金指合同当事人为保证合同履行，由一方当事人预先向对方交纳一定数额的钱款。当事人可以约定一方向对方给付定金作为债权的担保。定金合同自实际交付定金时成立。定金的数额由当事人约定；但是，不得超过主合同标的额的 20%，超过部分不产生定金的效力。实际交付的定金数额多于或者少于约定数额的，视为变更约定的定金数额。

（2）定金罚则

债务人履行债务的，定金应当抵作价款或者收回。给付定金的一方不履行债务或者履行债务不符合约定，致使不能实现合同目的的，无权请求返还定金；收受定金的一方不履行债务或者履行债务不符合约定，致使不能实现合同目的的，应当双倍返还定金。

（3）违约金与定金竞合时的责任

当事人既约定违约金，又约定定金的，一方违约时，对方可以选择适用违约金或者定金条款。定金不足以弥补一方违约造成的损失的，对方可以请求赔偿超过定金数额的损失。

课程思政 4-3

新冠肺炎疫情之下"情势变更"在建设工程合同履行中的如何运用？

专家解读：情势变更原则是我国民法体系中重要的原则之一。我国《民法典》533 条规定，合同成立后，合同的基础条件发生了当事人在订立合同时无法预见的、不属于商业风险的重大变化，继续履行合同对于当事人一方明显不公平的，受不利影响的当事人可以与对方重新协商；在合理期限内协商不成的，当事人可以请求人民法院或者仲裁机构变更或者解除合同。人民法院或者仲裁机构应当结合案件的实际情况，根据公平原则变更或者解除合同。情势变更适用条件主要是建设工程施工合同在疫情来临之前（也就是 2019 年 12 月底左右）成立的，而当时签订时的人工、物料、运输、仓储、政府、其他因素与疫情爆发后的客观情况发生了明显的变化。如继续履行，则会造成合同显失公平，因此可认定为情势变更。在此情况下，继续履行合同对于一方当事人明显不公平或者不能实现合同目的的。

因此,新冠肺炎疫情也是属于法定意义上的"情势变更"。采取情势变更原则的法律后果主要表现为变更合同和解除合同两方面。新冠疫情爆发以来,企业尤其是建设施工企业都面临巨大的生存和发展压力。在这种情况下,如何理性适用"情势变更"显得尤为重要。结合具体个案实际,新冠肺炎疫情本身可认定为不可抗力,并且在后续合同履行的经济环境或合同签订时的基础发生异常变动的情况下,还可以认定为情势变更,合同当事人可根据合同履行的具体受影响的程度来主张构成不可抗力或情势变更。

思政要点:树立公平意识,发扬"公正"的社会主义核心价值观。

二维码内含精彩案例及解析,
快来扫一扫吧!

案例 4-7

4.5 合同的变更、转让与终止

工程应用

知识点	工程应用阶段	典型工作事件	主要涉及的施工岗位	要求
合同的变更	工程实施阶段	工程合同的变更	企业合同部门工作人员,工程各参建方相关工作人员	举例说明
合同的转让	工程实施阶段	工程合同的转让		
合同权利义务的终止	工程实施阶段	工程合同的终止		

学习内容

4.5.1 合同的变更

《民法典》第 543 条规定,当事人协商一致,可以变更合同。法律、行政法规规定变更合同应当办理批准,登记等手续的,依照其规定。当事人对合同变更的内容约定不明确的,推定为未变更。

1. 合同的变更须经当事人双方协商一致

如果双方当事人就变更事项达成一致意见,则变更后的内容取代原合同的内容,当事人应当按照变更后的内容履行合同,如果一方当事人未经对方同意就改变合同的内容,不仅变更的内容对另一方没有约束力,其做法还是一种违约行为,应当承担违约责任。

2. 合同变更须遵循法定的程序

法律、行政法规规定变更合同事项应当办理批准、登记手续的,应当依法办理相应手续。如果没有履行法定程序,即使当事人已协议变更了合同,其变更内容也不发生法律效力。

3. 对合同变更内容约定不明确的推定

合同变更的内容必须明确约定。如果当事人对于合同变更的内容约定不明确,则将被推定为未变更。任何一方不得要求对方履行约定不明确的变更内容。

4.5.2 合同的转让

合同的转让,准确地说是合同权利、义务的转让,是指在不改变合同关系内容的前提下,合同关系的一方当事人依法将其合同的权利、义务全部或部分地转让给第三人的现象。

1. 债权转让

债权人可以将债权的全部或者部分转让给第三人,但是有下列情形之一的除外:① 根据债权性质不得转让;② 按照当事人约定不得转让;③ 依照法律规定不得转让。当事人约定非金钱债权不得转让的,不得对抗善意第三人。当事人约定金钱债权不得转让的,不得对抗第三人。

(1)债权转让通知。债权人转让债权,未通知债务人的,该转让对债务人不发生效力。债权转让的通知不得撤销,但是经受让人同意的除外。

(2)债权转让时从权利一并变动。债权人转让债权的,受让人取得与债权有关的从权利,但是该从权利专属于债权人自身的除外。受让人取得从权利不应该从权利未办理转移登记手续或者未转移占有而受到影响。

(3)债权转让时债务人抗辩权。债务人接到债权转让通知后,债务人对让与人的抗辩,可以向受让人主张。

(4)债权转让时债务人抵销权。有下列情形之一的,债务人可以向受让人主张抵销:① 债务人接到债权转让通知时,债务人对让与人享有债权,且债务人的债权先于转让的债权到期或者同时到期;② 债务人的债权与转让的债权是基于同一合同产生。

(5)债权转让增加的履行费用的负担。因债权转让增加的履行费用,由让与人负担。

2. 债务转移

债务人将债务的全部或者部分转移给第三人的,应当经债权人同意。债务人或者第三人可以催告债权人在合理期限内予以同意,债权人未作表示的,视为不同意。

(1)并存的债务承担。第三人与债务人约定加入债务并通知债权人,或者第三人向债权人表示愿意加入债务,债权人未在合理期限内明确拒绝的,债权人可以请求第三人在其愿意承担的债务范围内和债务人承担连带债务。

(2)债务转移时新债务人抗辩权。债务人转移债务的,新债务人可以主张原债务人对债权人的抗辩;原债务人对债权人享有债权的,新债务人不得向债权人主张抵销。

(3)债务转移时从债务一并转移。债务人转移债务的,新债务人应当承担与主债务有关的从债务,但是该从债务专属于原债务人自身的除外。

3. 合同权利义务一并转让

当事人一方经对方同意,可以将自己在合同中的权利和义务一并转让给第三人。合同的权利和义务一并转让的,适用债权转让、债务转移的有关规定。

4.5.3　合同的权利义务终止

1. 合同的权利义务终止的概念

合同的权利义务的终止,是指合同关系因法定事由或约定事由的出现而消灭,即合同中的民事权利义务停止的情形。

合同的权利义务终止与合同效力的停止也不同。合同效力的停止,是指债务人基于抗辩权的行使,拒绝债权人的履行请求,以停止债权的行使。抗辩权的作用之一在于阻止债权人请求权的行使,因而它以请求权的存在为前提。也就是说,此时的合同关系并未消灭,只不过效力暂时停止而已。

2. 债权债务终止情形

有下列情形之一的,债权债务终止:债务已经履行;债务相互抵销;债务人依法将标的物提存;债权人免除债务;债权债务同归于一人;法律规定或者当事人约定终止的其他情形。合同解除的,该合同的权利义务关系终止。

(1) 债务已经履行

债务已经履行,是指合同义务已按照合同约定履行,合同关系因而终止的情形。合同当事人利益的实现为合同的本来目的。债务已经履行,债权即因其达到目的而消灭。在双务合同场合,只有债务已经履行时,合同的权利义务才会终止。

(2) 债务相互抵销

① 债务法定抵销。当事人互负债务,该债务的标的物种类、品质相同的,任何一方可以将自己的债务与对方的到期债务抵销;但是,根据债务性质、按照当事人约定或者依照法律规定不得抵销的除外。当事人主张抵销的,应当通知对方。通知自到达对方时生效。抵销不得附条件或者附期限。

② 债务约定抵销。当事人互负债务,标的物种类、品质不相同的,经协商一致,也可以抵销。

(3) 债务人依法将标的物提存

① 标的物提存的条件。有下列情形之一,难以履行债务的,债务人可以将标的物提存:债权人无正当理由拒绝受领;债权人下落不明;债权人死亡未确定继承人、遗产管理人,或者丧失民事行为能力未确定监护人;法律规定的其他情形。标的物不适于提存或者提存费用过高的,债务人依法可以拍卖或者变卖标的物,提存所得的价款。

② 提存成立及提存对债务人效力。债务人将标的物或者将标的物依法拍卖、变卖所得价款交付提存部门时,提存成立。提存成立的,视为债务人在其提存范围内已经交付标的物。

③ 提存通知。标的物提存后,债务人应当及时通知债权人或者债权人的继承人、遗产管理人、监护人、财产代管人。

④ 提存对债权人效力。标的物提存后,毁损、灭失的风险由债权人承担。提存期间,标的物的孳息归债权人所有。提存费用由债权人负担。

⑤ 提存物的受领及受领权消灭。债权人可以随时领取提存物。但是,债权人对债务人负有到期债务的,在债权人未履行债务或者提供担保之前,提存部门根据债务人的要求应当拒绝其领取提存物。

债权人领取提存物的权利,自提存之日起5年内不行使而消灭,提存物扣除提存费用后归国家所有。但是,债权人未履行对债务人的到期债务,或者债权人向提存部门书面表示放弃领取提存物权利的,债务人负担提存费用后有权取回提存物。

（4）债权人免除债务

债权人免除债务人部分或者全部债务的,债权债务部分或者全部终止,但是债务人在合理期限内拒绝的除外。

（5）债权债务同归于一人

债权和债务同归于一人的,债权债务终止,但是损害第三人利益的除外。

（6）合同解除

① 合同解除的种类。合同的解除有约定解除和法定解除。当事人协商一致,可以解除合同。当事人可以约定一方解除合同的事由。解除合同的事由发生时,解除权人可以解除合同。《民法典》第563条规定,有下列情形之一的,当事人可以解除合同:因不可抗力致使不能实现合同目的;在履行期限届满前,当事人一方明确表示或者以自己的行为表明不履行主要债务;当事人一方迟延履行主要债务,经催告后在合理期限内仍未履行;当事人一方迟延履行债务或者有其他违约行为致使不能实现合同目的;法律规定的其他情形。以持续履行的债务为内容的不定期合同,当事人可以随时解除合同,但是应当在合理期限之前通知对方。

② 解除权行使期限。法律规定或者当事人约定解除权行使期限,期限届满当事人不行使的,该权利消灭。法律没有规定或者当事人没有约定解除权行使期限,自解除权人知道或者应当知道解除事由之日起一年内不行使,或者经对方催告后在合理期限内不行使的,该权利消灭。

③ 合同解除程序。当事人一方依法主张解除合同的,应当通知对方。合同自通知到达对方时解除;通知载明债务人在一定期限内不履行债务则合同自动解除,债务人在该期限内未履行债务的,合同自通知载明的期限届满时解除。对方对解除合同有异议的,任何一方当事人均可以请求人民法院或者仲裁机构确认解除行为的效力。当事人一方未通知对方,直接以提起诉讼或者申请仲裁的方式依法主张解除合同,人民法院或者仲裁机构确认该主张的,合同自起诉状副本或者仲裁申请书副本送达对方时解除。

④ 合同解除的效力。合同解除后,尚未履行的,终止履行;已经履行的,根据履行情况和合同性质,当事人可以请求恢复原状或者采取其他补救措施,并有权请求赔偿损失。合同因违约解除的,解除权人可以请求违约方承担违约责任,但是当事人另有约定的除外。主合同解除后,担保人对债务人应当承担的民事责任仍应当承担担保责任,但是担保合同另有约定的除外。

3. 债权债务终止后的相关规定

（1）债权债务终止后的义务。债权债务终止后,当事人应当遵循诚信等原则,根据交易习惯履行通知、协助、保密、旧物回收等义务。

（2）债权的从权利消灭。债权债务终止时,债权的从权利同时消灭,但是法律另有规定或者当事人另有约定的除外。

（3）债的清偿抵充顺序。债务人对同一债权人负担的数项债务种类相同,债务人的给付不足以清偿全部债务的,除当事人另有约定外,由债务人在清偿时指定其履行的债务。债务人未作指定的,应当优先履行已经到期的债务;数项债务均到期的,优先履行对债权人缺乏担保或者担保最少的债务;均无担保或者担保相等的,优先履行债务人负担较重的债务;负担相同的,按照债务到期的先后顺序履行;到期时间相同的,按照债务比例履行。

（4）费用、利息和主债务的抵充顺序。债务人在履行主债务外还应当支付利息和实现债权的有关费用,其给付不足以清偿全部债务的,除当事人另有约定外,应当按照下列顺序履行:

① 实现债权的有关费用;② 利息;③ 主债务。

(5) 合同终止后有关结算和清理条款效力。合同的权利义务关系终止,不影响合同中结算和清理条款的效力。

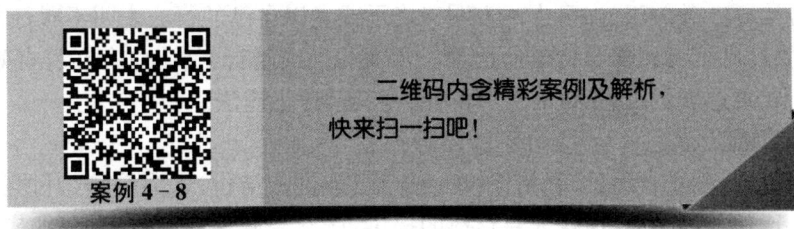

二维码内含精彩案例及解析,快来扫一扫吧!

案例 4-8

4.6　合同的违约责任

工程应用

知识点	工程应用阶段	典型工作事件	主要涉及的施工岗位	要求
合同的违约行为	工程实施阶段	工程合同的违约	企业合同部门工作人员,工程各参建方相关工作人员	举例说明
合同的违约责任	工程实施阶段	工程合同的违约处罚		

学习内容

4.6.1　合同的违约行为

违约行为是指违反合同债务的行为,即称合同债务不履行。这里的合同债务,既包括当事人在合同中约定的义务,又包括法律直接规定的义务,还包括根据法律原则和精神的要求,当事人所必须遵守的义务。违约行为一般包括以下几种:

1. 不能履行

不能履行,又叫给付不能,是指债务人在客观上没有履行能力,或者法律禁止债务履行。在以提供劳务为标的的合同中.债务人丧失工作能力,为不能履行。在以特定物为标的的合同中,该特定物毁损灭失,为不能履行。在以种类物为标的的合同中,种类物全部毁损灭失,构成不能履行。

2. 迟延履行

迟延履行,又称债务人迟延,逾期履行,它是指债务人能够履行,但在履行期限届满时确未履行债务的现象。构成迟延履行,一是存在有效的债务,二是能够履行,三是债务履行期期限已过而债务人未履行,四是债务人未履行不具有正当事由。

3. 不完全履行

不完全履行,又称不完全给付或不适当履行,是指债务人虽然履行了债务,但其履行不符合债务的本旨。

4. 拒绝履行

拒绝履行,是债务人对债权人表示不履行合同。这种表示一般为明示的,也可以是默示的。《民法典》第 578 条关于"当事人一方明确表示或者以自己的行为表明不履行合同义务的"规定,即指此类违约行为。作为构成违约责任要件的拒绝履行,其一应存在着有效的债务,其二应有不履行的意思表示,其三应有履行的能力,其四应为违法。

5. 债权人迟延

债权人迟延,或称受领迟延,是指债权人对于已提供的给付,未为受领给付完成所必要的协助的事实。比如,承揽场合债权人对材料的提供,居室装潢作业期间,债权人应容许债务人进入其居室;诊疗场合患者应配合医生的医疗检查并按医生的指示行为;依买卖或承揽合同,债务人交付标的物或者完成作业时,买受人或定作人的受领,等等。如果债权人不予协助或者配合,债务人将无法完成履行。

6. 预期违约

预期违约,又称先期违约,是指合同履行期到来之前,一方当事人向另一方明确和坚定地表示将不履行合同,或者以自己的行为或客观事实表明将不履行合同的情况。

4.6.2 合同的违约责任

1. 违约责任的概念

违约责任,是合同当事人不履行合同义务或者履行合同义务不符合约定时,依法产生的法律责任。当事人一方不履行合同义务或者履行合同义务不符合约定的,应当承担继续履行、采取补救措施或者赔偿损失等违约责任。

2. 违约责任的性质

违约责任作为民事责任的一种,具有民事责任的一般属性,包括财产性、补偿性等。

(1)违约责任基本上是一种财产责任。在当事人不履行合同义务时,应当向另一方给付一定金钱或财物。

(2)违约责任的补偿性。承担违约责任的主要目的在于填补合同当事人因违约行为所遭受的损失。

(3)违约责任的相对性。违约责任只能是合同一方当事人向另一方合同当事人承担的民事责任,非合同当事人间一般不发生违约责任的请求与承担问题。

(4)违约责任的可约定性。这是合同自由原则的必然要求。

3. 违约责任形式及承担

(1)预期违约责任。当事人一方明确表示或者以自己的行为表明不履行合同义务的,对方可以在履行期限届满前请求其承担违约责任。

(2)金钱债务实际履行责任。当事人一方未支付价款、报酬、租金、利息,或者不履行其他金钱债务的,对方可以请求其支付。

(3)非金钱债务实际履行责任及违约责任。当事人一方不履行非金钱债务或者履行非金钱债务不符合约定的,对方可以请求履行,但是有下列情形之一的除外:法律上或者事实上不能履行;债务的标的不适于强制履行或者履行费用过高;债权人在合理期限内未请求履行。

有上述规定的除外情形之一,致使不能实现合同目的的,人民法院或者仲裁机构可以根据当事人的请求终止合同权利义务关系,但是不影响违约责任的承担。

(4)替代履行。当事人一方不履行债务或者履行债务不符合约定,根据债务的性质不得强制履行的,对方可以请求其负担由第三人替代履行的费用。

(5)瑕疵履行违约责任。履行不符合约定的,应当按照当事人的约定承担违约责任。对违约责任没有约定或者约定不明确,依据本法第五百一十条的规定仍不能确定的,受损害方根据标的的性质以及损失的大小,可以合理选择请求对方承担修理、重作、更换、退货、减少价款或者报酬等违约责任。

(6)违约损害赔偿责任。当事人一方不履行合同义务或者履行合同义务不符合约定的,在履行义务或者采取补救措施后,对方还有其他损失的,应当赔偿损失。当事人一方不履行合同义务或者履行合同义务不符合约定,造成对方损失的,损失赔偿额应当相当于因违约所造成的损失,包括合同履行后可以获得的利益;但是,不得超过违约一方订立合同时预见到或者应当预见到的因违约可能造成的损失。

(7)违约金。当事人可以约定一方违约时应当根据违约情况向对方支付一定数额的违约金,也可以约定因违约产生的损失赔偿额的计算方法。约定的违约金低于造成的损失的,人民法院或者仲裁机构可以根据当事人的请求予以增加;约定的违约金过分高于造成的损失的,人民法院或者仲裁机构可以根据当事人的请求予以适当减少。当事人就迟延履行约定违约金的,违约方支付违约金后,还应当履行债务。

(8)拒绝受领和受领迟。债务人按照约定履行债务,债权人无正当理由拒绝受领的,债务人可以请求债权人赔偿增加的费用。在债权人受领迟延期间,债务人无须支付利息。

(9)不可抗力。当事人一方因不可抗力不能履行合同的,根据不可抗力的影响,部分或者全部免除责任,但是法律另有规定的除外。因不可抗力不能履行合同的,应当及时通知对方,以减轻可能给对方造成的损失,并应当在合理期限内提供证明。当事人迟延履行后发生不可抗力的,不免除其违约责任。

(10)减损规则。当事人一方违约后,对方应当采取适当措施防止损失的扩大;没有采取适当措施致使损失扩大的,不得就扩大的损失请求赔偿。当事人因防止损失扩大而支出的合理费用,由违约方负担。

(11)双方违约和与有过失。当事人都违反合同的,应当各自承担相应的责任。当事人一方违约造成对方损失,对方对损失的发生有过错的,可以减少相应的损失赔偿额。

(12)第三人原因造成违约时违约责任承担。当事人一方因第三人的原因造成违约的,应当依法向对方承担违约责任。当事人一方和第三人之间的纠纷,依照法律规定或者按照约定处理。

二维码内含精彩案例及解析,
快来扫一扫吧!

案例 4 - 9

4.7 建设工程合同

工程应用

知识点	工程应用阶段	典型工作事件	主要涉及的施工岗位	要求
建设工程合同的概念	工程准备阶段	工程建设合同的谈判与订立	企业合同部门工作人员，工程各参建方相关工作人员	解释
建设工程合同的订立	工程准备阶段			
建设工程合同的种类	工程准备阶段			
建设工程合同的履行	工程实施阶段	工程建设合同的履行		
建设工程合同的解除	工程实施阶段	工程建设合同的解除		
建设工程合同的索赔	工程实施阶段	工期索赔、费用索赔		

学习内容

4.7.1 建设工程合同的概念

1. 建设工程合同的概念

根据《民法典》规定，建设工程合同是承包人进行工程建设，发包人支付价款的合同。建设工程合同包括工程勘察、设计、施工合同。

2. 建设工程合同的特点

(1) 合同标的的特殊性

建设工程合同的标的涉及建设工程的服务，而建设工程又具有产品固定，不能流动；产品多样，需单个完成；产品所用材料多，所需资金大；产品使用时间长，对社会影响极大的特点。

(2) 合同主体的特殊性

建筑法对建设单位、勘察、设计单位、施工单位、监理单位的资质有严格的要求，只有经过建设行政主管部门审查，具有相应资质等级，并经工商行政管理部门登记注册，领取法人营业执照的单位，才具有签订承包合同的民事权利能力和民事行为能力。

(3) 合同形式的要式性

由于工程建设周期长、设计因素多、专业技术性强，当事人之间的权利、义务关系十分复杂，建设工程合同必须采用书面形式。

(4) 建设工程合同具有较强的国家管理性

由于建设工程对国家和社会生活方方面面影响较大，在建设合同的订立和履行上，就具有较强的国家干预色彩。

3. 建设工程合同的分类

（1）按照承包方式不同，可以进行如下分类：

① 勘察、设计合同和施工总承包合同。勘察、设计、施工总承包合同，是指建设单位将全部勘察、设计和施工的任务分别发包给一个勘察、设计单位或一个施工单位作为总承包单位，经发包人同意，工程承包单位可以将勘察、设计或施工任务的一部分再分包给其他单位。

② 单位工程施工承包合同。是指在一些大型、复杂的建设工程中，发包人可以将专业性很强的单位工程发包给不同的承包商，与承包商分别签订土木工程施工合同、电气机械工程承包合同。

③ 工程项目总承包合同。是指建设单位将工程包括设计、施工、材料和设备采购等一系列工作全部发包给一家承包单位，由其进行实质性的设计、施工和采购工作，最后向建设单位交付具有使用功能的工程项目。这种一般适用于简单、明确的常规型工程。

④ 工程项目总承包管理合同。即 CM 承包方式，是指建设单位将项目设计和施工的主要部分发包给专门从事设计和施工组织管理工作单位，再由后者将其分包给若干家设计、施工单位，并对它们进行项目管理。

⑤ BOT 承包合同。是指由政府或政府授权的机构授予承包商在一定的期限内，以自筹资金建设项目并自费经营和维护，向东道国出售项目产品或服务，收取价款或酬金，期满后将项目全部无偿移交东道国政府的工程承包模式。

（2）按照工程计价方式不同，可以进行如下分类：

① 固定价格合同

这种合同的工程价格在实施期间不因价格变化而调整。在工程价格中应考虑价格风险因素并在合同中明确固定价格包括的范围。当合同双方在约定价格固定的基础上的，同时约定在图纸不变的情况下，工程量不作调整，则该合同就成了固定总价合同。

② 可调价格合同

这种合同的工程价格在实施期间可随市场材料价格等因素变化而调整，调整的范围、方法、幅度在合同中明确约定。

③ 工程成本加酬金合同

这种合同的工程成本按现行计价依据以合同约定的办法计算，酬金按工程成本乘以通过竞争确定的费率计算，从而确定工程竣工结算价。

（3）与建设工程有关的其他合同

如工程监理委托合同、物资采购合同、货物运输合同、机械设备租赁合同、保险合同等等。严格来讲这些并不是建设工程合同，但是这些合同所规定的权利和义务等内容，与建设工程活动密切相关。

4.7.2   建设工程合同的订立

1. 建设工程合同订立的形式

对于建设工程合同的订立，当事人可以采取协议的形式，但由于当事人之间的权利、义务关系复杂，建设质量、建设周期、工程价款等可变因素较多，为减少和防止国有资产的流失，法律提倡该类合同的签订采用招标、投标形式进行。

一般合同的订立需要经过要约与承诺这两个基本程序，建设工程合同的订立也要经过这两个程序。但是，依法必须招标的工程必须通过招标与投标活动来完成要约邀请、要约与承诺这三个程序。

（1）招标公告（或投标邀请书）是要约邀请

招标人通过发布招标公告或者发出投标邀请书向不特定人发出希望他人向自己发出要约的意思表示，即希望潜在投标人向招标人发出"内容明确的订立合同的意思表示"，所以，招标公告（或投标邀请书）是要约邀请。

（2）投标文件是要约

投标文件中含有投标人期望订立的建设工程合同的具体内容，表达了投标人期望订立合同的意思，因此，投标文件是要约。

（3）中标通知书是承诺

中标通知书是招标人对投标文件（即要约）的肯定答复，因而是承诺。

2. 建设工程合同的形式

《民法典》第789条明确规定，建设工程合同应当采用书面形式。这里的书面形式，是指以文字表现当事人所订合同的形式。合同书、信件以及数据电文（包括电报、电传、传真、电子数据交换和电子邮件）等可以有形地表现所载内容的形式，都是合同书面形式的具体表现，建设工程合同以上述任何形式订立，都应认定为符合法律的规定。对于没有采取书面形式订立的建筑工程合同的效力，应根据《民法典》的规定予以确定，即当事人未采用书面形式但已经履行主要义务，对方接受的，该合同成立。否则，合同不成立。此外，国家重大建设工程合同，应当按照国家规定的程序和国家批准的投资计划、可行性研究报告等文件订立。

4.7.3　建设工程合同的种类

1. 建设勘察、设计合同

（1）勘察、设计合同的概念

勘察、设计合同是勘察合同和设计合同的统称，系指工程的发包人或承包人与勘察人、设计人之间订立的，由勘察人、设计人完成一定的勘察设计工作，发包人或承包人支付相应价款的合同。

（2）勘察、设计合同的内容

依据《民法典》第794条的规定，勘察、设计合同的内容一般包括提交有关基础资料和概预算等文件的期限、质量要求、费用以及其他协作条件等条款。

（3）勘察人、设计人对勘察、设计的责任

勘察、设计的质量不符合要求或者未按照期限提交勘察、设计文件拖延工期，造成发包人损失的，勘察人、设计人应当继续完善勘察、设计，减收或者免收勘察、设计费并赔偿损失。

2. 建设工程施工合同

（1）建设工程施工合同的概念

建设工程施工合同是建设工程合同中的重要部分，是指施工人（承包人）根据发包人的委托，完成建设工程项目的施工工作，发包人接受工作成果并支付报酬的合同。施工合同的内容包括工程范围、建设工期、中间交工工程的开工和竣工时间、工程质量、工程造价、技术资料交付时间、材料和设备供应责任、拨款和结算、竣工验收、质量保修范围和质量保证期、双方相互协作等条款。

（2）建设工程施工合同的内容

依据《民法典》第 795 条规定，施工合同的内容一般包括工程范围、建设工期、中间交工工程的开工和竣工时间、工程质量、工程造价、技术资料交付时间、材料和设备供应责任、拨款和结算、竣工验收、质量保修范围和质量保证期、相互协作等条款。

（3）施工人对建设工程质量承担的民事责任

因施工人的原因致使建设工程质量不符合约定的，发包人有权请求施工人在合理期限内无偿修理或者返工、改建。经过修理或者返工、改建后，造成逾期交付的，施工人应当承担违约责任。

4.7.4　建设工程合同的履行

建设工程合同的履行是指工程建设项目的发包方和承包方根据合同规定的时间、地点、方式、内容及标准等要求，各自完成合同义务的行为。

发包方履行建设工程合同最主要的义务是按约定支付合同价款，承包方履行合同最主要的义务则是按约定交付工作成果，但双方的义务都不是单一的最后的交付行为，而是一系列行为及其后果的总和。例如，发包方不仅要按时支付工程材料款、工程进度款，还要按约定提供由其自行采购的建材、设备，及时参加隐蔽工程的验收等；而承包方义务的多样性则表现为工程质量必须符合合同约定的等级、工期不能超过合同约定等。

1. 发包人的权利义务

（1）不得违法发包

发包人可以与总承包人订立建设工程合同，也可以分别与勘察人、设计人、施工人订立勘察、设计、施工承包合同。发包人不得将应当由一个承包人完成的建设工程肢解成若干部分发包给数个承包人。总承包人或者勘察、设计、施工承包人经发包人同意，可以将自己承包的部分工作交由第三人完成。

（2）提供必要施工条件

发包人未按照约定的时间和要求提供原材料、设备、场地、资金、技术资料的，承包人可以顺延工程日期，并有权请求赔偿停工、窝工等损失。

（3）及时检查隐蔽工程

隐蔽工程在隐蔽以前，承包人应当通知发包人检查。发包人没有及时检查的，承包人可以顺延工程日期，并有权请求赔偿停工、窝工等损失。

（4）及时验收工程

建设工程竣工后，发包人应当根据施工图纸及说明书、国家颁发的施工验收规范和质量检验标准及时进行验收。验收合格的，发包人应当按照约定支付价款，并接收该建设工程。建设工程竣工经验收合格后，方可交付使用；未经验收或者验收不合格的，不得交付使用。

（5）支付工程价款

发包人应当按照合同约定的时间、地点和方式等，向承包人支付工程价款。发包人未按照约定支付价款的，承包人可以催告发包人在合理期限内支付价款。发包人逾期不支付的，除根据建设工程的性质不宜折价、拍卖外，承包人可以与发包人协议将该工程折价，也可以请求人民法院将该工程依法拍卖。建设工程的价款就该工程折价或者拍卖的价款优先受偿。

（6）发包人的其他责任

① 因发包人原因造成工程停建、缓建所应承担责任。因发包人的原因致使工程中途停建、缓建的，发包人应当采取措施弥补或者减少损失，赔偿承包人因此造成的停工、窝工、倒运、机械设备调迁、材料和构件积压等损失和实际费用。② 因发包人原因造成勘察、设计的返工、停工或者修改设计所应承担责任。因发包人变更计划，提供的资料不准确，或者未按照期限提供必需的勘察、设计工作条件而造成勘察、设计的返工、停工或者修改设计，发包人应当按照勘察人、设计人实际消耗的工作量增付费用。

2. 承包人的权利义务

（1）不得转包和违法分包工程

承包人不得将其承包的全部建设工程转包给第三人或者将其承包的全部建设工程肢解以后以分包的名义分别转包给第三人。禁止承包人将工程分包给不具备相应资质条件的单位。禁止分包单位将其承包的工程再分包。

（2）自行完成建设工程主体结构施工

建设工程主体结构的施工必须由承包人自行完成。承包人将建设工程主体结构的施工分包给第三人的，该分包合同无效。

（3）接受发包人有关检查

发包人在不妨碍承包人正常作业的情况下，可以随时对作业进度、质量进行检查。

（4）交付施工验收合格的建设工程

建设工程竣工，经验收合格后，方可交付使用；未经验收或者验收不合格的，不得交付使用。

（5）建设工程质量不符合约定的，无偿修理

因施工人的原因致使建设工程质量不符合约定的，发包人有权要求施工人在合理期限内无偿修理或者返工、改建。经过修理或者返工、改建后，造成逾期交付的，施工人应当承担违约责任。

（6）承包人的其他责任

因承包人的原因致使建设工程在合理使用期限内造成人身损害和财产损失的，承包人应当承担赔偿责任。

4.7.5 建设工程合同的解除

1. 建设工程合同解除

承包人将建设工程转包、违法分包的，发包人可以解除合同。发包人提供的主要建筑材料、建筑构配件和设备不符合强制性标准或者不履行协助义务，致使承包人无法施工，经催告后在合理期限内仍未履行相应义务的，承包人可以解除合同。

2. 建设工程合同解除的法律后果

合同解除后，已经完成的建设工程质量合格的，发包人应当按照约定支付相应的工程价款；已经完成的建设工程质量不合格的，按照以下情形处理：

（1）修复后的建设工程经验收合格的，发包人可以请求承包人承担修复费用；

（2）修复后的建设工程经验收不合格的，承包人无权请求参照合同关于工程价款的约定折价补偿。

发包人对因建设工程不合格造成的损失有过错的，应当承担相应的责任。

4.7.6 建设工程合同的索赔

1. 建设工程合同索赔的概念

建设工程合同索赔,指在建设工程合同实施过程中当事人一方由于合同对方的原因和合同双方不可控制的原因而遭受损失时,向对方提出的补偿要求,这种补偿可以是损失费用的索赔,也可以是索赔实物。在实际工程中,索赔是双向的。除承包方可以向发包人提出索赔外,发包方也可以向承包方提出索赔。在合同履行过程中,一方违反合同或合同变更解除而给对方造成损失都可以索赔。

2. 产生索赔事件的原因

工程实施过程中产生索赔的原因是多种多样,依据工程项目的性质和特点,主要有以下原因:

(1) 业主违约

当业主未按合同约定提供施工条件及按时支付工程款、未按规定时间提交施工图纸等违约行为发生时,承包方即可提起索赔。

(2) 合同变更

合同变更的原因有三种:

① 因协商一致的变更。建设工程施工过程中,业主和监理工程师为确保工程质量及进度,或者由于其他原因,往往会发生更换建筑材料、增加新的工作、加快施工进度或者暂停施工等相关指令,造成工程不能按原定设计及计划进行,并使工期延长,费用增加,此时承包方即可提出索赔要求。

② 因法定事由的变更。因订立合同时显失公平或乘人之危而引起的变更。如在建设工程合同中,因受买方市场规律的制约,合同的风险主要落在承包方一方。作为补偿,法律允许它通过索赔减少风险,有经验的承包商在签订建设工程合同中事先就会设定自己索赔的权利,一旦条件成熟,就会依据合同约定提起索赔。因对合同重大误解而引起的变更。如由于合同约定不清或合同文件出现错误、矛盾、遗漏的情况时,承包方应按业主和监理工程师的解释执行,但可对因此而增加的费用及工期提出索赔。

③ 情势变更。建设工程,尤其是规模大、工期长、结构复杂的工程的施工,由于受到水文气象、地质条件变化的影响,以及规划变更和其他一些人为因素的干扰,超出合同约定的条件及相关事项的事情真可谓层出不穷,当事人尤其是承包方往往会遭受意料之外的损失,这时从合同公平原则及诚实信用原则出发,法律应该对他提供保护,允许他通过索赔对合同约定的条件进行适当的调整,以弥补其不应承担的损失。下述情形应属情势变更:建设工程施工是现场露天作业,现场条件的变化对工程施工影响很大。对工程地质条件,如地下水、地质断层、地下文物遗址等,建设单位提供的勘察资料往往不完全准确,预料之外的情况经常发生。不利的自然条件及一些人为的障碍导致设计变更、工期延长或工程成本幅度增加时,即可提出索赔。国家有关政策、法律的变更是当事人无法预见,但又必须执行的。当有关法律和政策变更法定休息日增加、进口限制、税率提高等造成承包方损失时,承包方都可提出索赔并理应得到赔偿。

(3) 因合同解除引起的索赔

由于某种原因,如不可抗力因素的影响而解除合同,受损害一方有权要求索赔。

（4）因合同无效引起的索赔

在签订合同时，发包单位往往处于主导地位，若因发包方原因导致合同无效或部分条款无效，承包方由此受到损失，也可主张索赔。

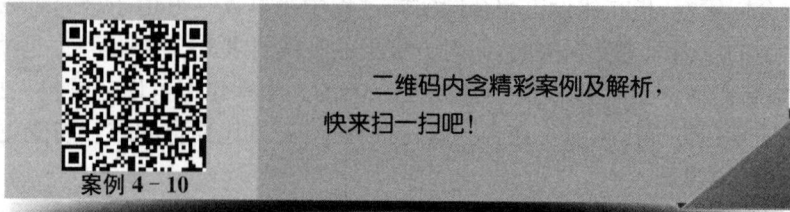

二维码内含精彩案例及解析，
快来扫一扫吧！

案例 4－10

二维码内含本模块"1＋X"证书习题及答案，
快来扫一扫吧！

"1＋X"证书习题 4

模块 5　建设工程质量管理制度

学习目标

知识目标：说出我国现行建设工程质量管理的立法现状，知晓建设工程质量管理体系；知晓建设工程质量监督制度；熟知建设行为主体的质量责任与义务、建设工程的竣工验收管理制度及建设工程的质量保修制度；解释清楚违反建设工程质量管理制度的法律责任。

能力目标：能组织建设工程质量管理，能处理好建设工程质量管理过程中发生的简单法律纠纷，能协助法律专业人员解决好建设工程质量管理过程中发生的法律争议。

思政目标：弘扬工匠精神，树立精益求精、改革创新、诚实守信、团结协作、权责一致的意识，建设质量强国。

5.1　建设工程质量管理概述

工程应用

知识点	施工应用阶段	典型工作事件	主要涉及的施工岗位	要求
建设工程质量的概念	施工全过程	质量教育、质量交底、质量验收	项目经理、技术负责人、施工员、质量员、安全员等	说出
建设工程质量管理的立法现状	施工准备、施工实施	编制施工组织设计、施工索赔	技术负责人	了解
建设工程质量的管理体系	施工全过程	编制施工组织设计、质量验收、工程验收	项目经理、技术负责人	知晓

学习内容

5.1.1　建设工程质量的概念

建设工程质量是指在国家现行的有关法律、法规、技术标准、设计勘察文件及合同中，对工程的安全、使用、耐久及经济美观、环境保护等方面所有明显和隐含能力的特性综合，即工程实体的质量。

建设工程质量蕴含于整个工程产品的形成过程中，要经过规划、勘察设计、建设实施、投入生产或使用几个阶段,每一个阶段都有国家标准的严格要求。实际上,建设工程质量的好坏是决策、计划、勘察、设计、施工等单位各方面、各环节工程质量的综合反映。影响工程实体质量的因素很多,包括人、材料、机械、方法和环境等诸多方面。

5.1.2 建设工程质量管理的立法现状

目前,我国颁布了一系列关于建设工程质量的法律、法规、规章等,形成了比较完善、成熟的建设工程质量管理法规体系。

国家建设部(现住房与城乡建设部)及有关部委自 1983 年以来,先后制订了多项建设工程质量管理的监督法规,主要有《建设工程质量责任暂行规定》《建设工程保修办法》《建设工程质量检验评定标准》《建设工程质量监督条例》《建设工程质量监督站工作暂行规定》《建设工程质量检测工作规定》和《建设工程质量监督管理规定》等。特别是《建筑法》和《建设工程质量管理条例》的颁布对建设工程质量做出了更加明确的规定。对建设工程质量做出全面具体的规范,不但为建设工程质量的管理监督提供了依据,而且对维护建筑市场秩序、提高人们的质量意识、增强用户的自我保护观念,发挥积极的作用。

工程现场的质量监控与验收,最重要的依据是国家、行业、地方或企业颁布的质量验收标准。我国《工程建设国家标准管理办法》规定,工程建设标准分为工程建设国家标准、工程建设行业标准、工程建设地方标准和工程建设企业标准,国家鼓励企业制定严于国家标准或者行业标准的企业标准,在企业内部适用。

5.1.3 建设工程质量的管理体系

建设工程产品有着建设周期长、价值额度大、生产的一次性、影响因素多、涉及面广等特点,建设工程质量的优劣直接关系到国民经济的发展和人民生命财产的安全。因此,加强建设工程质量的管理,是一件很重要的事情。根据有关法律法规及相关规定,我国已经建立起了比较完善的建设工程质量管理体系,包括纵向管理和横向管理。

1. 纵向管理

纵向管理是国家对建设工程质量所进行的监督管理,它具体由建设行政主管部门及其授权机构实施,这种管理贯穿在工程建设的全过程和各个环节中。它既对工程建设从计划、规划、土地管理、环保、消防、人防、节能等方面进行监督管理,又对工程建设的主体从业资质认定和审查、成果质量检测、验证和奖励等方面进行监督管理,还对工程建设中各种活动,如工程建设招投标、工程设计、工程质量验收、工程质量保修等方面进行监督管理。

2. 横向管理

横向管理主要包括建设单位对所建工程的质量管理和建设工程承包单位对所承担工作的质量管理。建设单位应以质量控制为中心,始终把工程质量作为工程项目建设管理的重点,自觉接受质量监督机构的监督和检查,协调设计、监理和施工单位的关系,通过控制项目规划、设计质量、招标投标、审定重大技术方案、施工阶段的质量控制、信息反馈等各个环节,达到控制工程质量的目的。建设工程承包单位,如勘察单位、设计单位、施工单位内部,在工程实施过程中,应按相关要求建立专门的质检机构,配备相应的质检人员,建立相应的质量保证制度(如质量管理体系、职工培训上岗制度、质量检查管理制度、质量管理组织体系和各级质量管理责任制等),完善企业的内部质量管理。

课程思政 5-1

匠心书写"中国质量"项目诠释"工匠精神"

典型案例:工期:853 天! 项目负责人:罗资奇! 在琶洲互联网创新集聚区的腾讯广州总部大楼项目门口的公示栏上,简单标示出中建二局华南分公司高级工程师、一级建造师罗资奇和这栋 200 米超高层建筑的关系。自 1995 年参加工作以来,罗资奇参建工程达 36 项,总建筑面积达 600 万平方米,他精益求精,用匠心书写"中国质量";他创新不止,多项国家级殿堂级荣誉代表着建筑领域中国质量的最高水准;他执着专注,26 年扎根施工一线,从最基层施工员成长为建筑施工领域的顶级专家。

罗资奇把"不可能"变成"可能"。珠江畔,一个耀眼的新地标正冉冉升起,这便是由罗资奇团队主持建设的腾讯广州总部大楼项目。这座 200 米高的大楼有 4 道最大跨度达 28 米的单边超大直挑结构,这 4 个"空中花园"的绝佳视觉设计却给罗资奇团队带来了高难度的施工挑战。为了呈现最佳建筑效果,28 米直挑臂不允许任何下顶或上拉结构。但普通钢桁根本无法做到直挑 28 米。在 200 米的高空,直挑结构每往外延伸 1 米,施工难度将呈几何级数增长。这种直挑结构设计很可能会导致后端核心筒顶部多达 100 毫米的拉伸变形,存在严重的结构安全问题。"必须实现核心筒混凝土可预先浇筑!"罗资奇迅速带领工作室开展科技攻关,多次联合设计方、专家等多方进行直挑设计优化和论证工作,最终决定在核心筒墙体埋置竖向预应力钢棒和具有回弹性的金属波纹管,为有效实现核心筒预先浇筑混凝土"强筋健骨"。"我们就要把这个看似不可能变成可能!"罗资奇带领工作室对方案进行抽丝剥茧的分析并不断优化。最终,他敲定了"四两拨千斤"的方案,通过在外墙设置一定预应力钢筋,巧妙"借力打力"将悬挑结构的拉力转移回核心筒,像拉跷跷板一样牢固地支撑起 28 米的"空中飞桥",解决了云端"架桥"的重大难题!

从"中国速度"到"中国质量",罗资奇主持建设的 3 个大型城市综合体均获国家级工程奖项,他也因此被誉为"国家优质工程奖突出贡献者"。

(来源:羊城晚报)

思政要点:弘扬工匠精神,建设质量强国。

二维码内含精彩案例及解析,快来扫一扫吧!

案例 5-1

5.2 建设工程质量监督制度

工程应用

知识点	施工应用阶段	典型工作事件	主要涉及的施工岗位	要求
建设工程质量监督制度概述	施工全过程	政府对施工质量体系监控工程验收	项目经理、技术负责人质量员等	了解
建设工程质量监督管理的主体、责任主体及主要实施机构	施工全过程	政府对施工质量体系监控	项目经理、技术负责人	说出
建设工程质量监督机构的任务	施工全过程	政府对施工质量体系监控	项目经理、技术负责人	知晓
建设工程质量检测监督管理	施工实施	政府对工程质量检测机构的质量监督	技术负责人	知晓
建设工程施工许可管理	准备阶段	政府对工程施工的许可	项目经理、技术负责人	解释
建设工程竣工验收备案管理	竣工阶段	政府对工程施工的最终认可	项目经理、技术负责人	解释

学习内容

5.2.1 建设工程质量监督制度概述

国家实行建设工程质量监督管理制度。2000年1月30日发布施行的国务院第279号令《建设工程质量管理条例》规定,国务院建设行政主管部门对全国的建设工程质量实施统一监督管理。

《建设工程质量管理条例》明确了在市场经济条件下政府对建设工程质量监督管理的基本原则。政府建设工程质量监督的主要目的是保证建设工程使用安全和环境质量,主要依据是法律、法规和工程建设强制性标准,主要方式是政府认可的第三方强制监督(即建设工程质量监督机构),主要内容是地基基础、主体结构、环境质量和与此相关的工程建设各方主体的质量行为,主要手段是施工许可制度和竣工验收备案制度。

5.2.2 建设工程质量监督管理的主体、责任主体及主要实施机构

1. 建设工程质量监督管理的主体

根据《建设工程质量管理条例》第43条第2款的规定,国务院建设行政主管部门对全国的

建设工程质量实施统一的监督管理,各级政府建设行政主管部门和其他有关部门对建设工程质量进行监督管理。

2. 建设工程质量责任主体

建设工程质量责任主体包括参与工程建设项目的建设单位、勘察单位、设计单位、施工单位、构配件生产单位和监理单位等。

3. 建设工程质量监督的主要实施机构

建设工程质量监督的主要实施机构是建设工程质量监督机构。建设工程质量监督机构是经省级以上建设行政主管部门或有关专业部门考核认定的独立法人,建设工程质量监督机构接受县级以上地方人民政府建设行政主管部门或有关专业部门的委托,依法对建设工程质量进行强制性监督,并对委托部门负责。

5.2.3　建设工程质量监督机构的任务

1. 根据政府主管部门的委托,受理建设工程项目质量监督

2. 制订质量监督工作方案

(1)确定负责该项工程的质量监督工程师和助理质量监督工程师。

(2)根据有关法律、法规和工程建设强制性标准,针对工程特点,明确监督的具体内容、监督方式。

(3)在方案中对地基基础、主体结构和其他涉及结构安全的重要部位和关键工序,做出实施监督的详细计划和安排。

(4)建设工程质量监督机构应将质量监督工作方案通知建设、勘察、设计、施工、监理单位。

3. 检查施工现场工程建设各方主体的质量行为

(1)核查施工现场工程建设各方主体及有关人员的资质或资格。

(2)检查勘察、设计、施工、监理单位的质量保证体系和质量责任制的落实情况。

(3)检查有关质量文件、技术资料是否齐全和是否符合规定。

4. 检查建设工程的实体质量

(1)按照质量监督工作方案,对建设工程地基基础、主体结构和其他涉及结构安全的关键部位进行现场实地抽查。

(2)对用于工程的主要建筑材料、构配件的质量进行抽查。

(3)对地基基础分部、主体结构分部工程和其他涉及结构安全的分部工程的质量验收进行监督。

5. 监督工程竣工验收

(1)检查监督建设单位组织的工程竣工验收的组织形式、验收程序以及在验收过程中提供的有关资料和形成的质量评定文件是否符合有关规定。

(2)检查实体质量是否存有严重缺陷。

(3)检查工程质量的检验评定是否符合国家验收标准。

6. 工程竣工验收后 5 日内,应向委托部门报送建设工程质量监督报告

(1)对地基基础和主体结构质量检查的结论。

(2)检查工程竣工验收的程序、内容和质量检验评定是否符合有关规定。

（3）历次抽查该工程发现的质量问题和处理情况等内容。

7. 对预制建筑构件和商品混凝土的质量进行监督

8. 受委托部门委托，按规定收取工程质量监督费

9. 政府主管部门委托的工程质量监督管理的其他工作

《建设工程质量管理条例》同时规定，政府有关主管部门履行监督检查职责时，有权采取下列措施：

（1）要求被检查的单位提供有关工程质量的文件和资料。

（2）进入被检查的施工现场进行检查。

（3）发现有影响工程质量的问题时，责令改正。

5.2.4 建设工程质量检测监督管理

1. 建设工程质量检测概念

建设工程质量检测（简称质量检测），是指工程质量检测机构（简称检测机构）接受委托，依据国家有关法律、法规和工程建设强制性标准，对涉及结构安全项目的抽样检测和对进入施工现场的建筑材料、构配件的见证取样检测。

2. 建设工程质量检测监督管理的规定

国务院建设主管部门负责对全国质量检测活动实施监督管理，并负责制定检测机构资质标准。省、自治区、直辖市人民政府建设主管部门负责对本行政区域内的质量检测活动实施监督管理，并负责检测机构的资质审批。市、县人民政府建设主管部门负责对本行政区域内的质量检测活动实施监督管理。

（1）对建设工程质量检测机构管理的要求

检测机构是具有独立法人资格的中介机构，检测机构从事规定的质量检测业务应当取得相应的资质证书；检测机构资质按照其承担的检测业务内容分为专项检测机构资质和见证取样检测机构资质；检测机构未取得相应的资质证书，不得承担规定的质量检测业务。

任何单位和个人不得涂改、倒卖、出租、出借或者以其他形式非法转让资质证书。

质量检测业务，由工程项目建设单位委托具有相应资质的检测机构进行检测，委托方与被委托方应当签订书面合同；检测结果利害关系人对检测结果发生争议的，由双方共同认可的检测机构复检，复检结果由提出复检方报当地建设主管部门备案。

质量检测试样的取样应当严格执行有关工程建设标准和国家有关规定，在建设单位或者工程监理单位监督下现场取样。提供质量检测试样的单位和个人，应当对试样的真实性负责。

检测机构完成检测业务后，应当及时出具检测报告。检测报告经检测人员签字、检测机构法定代表人或者其授权的签字人签署，并加盖检测机构公章或者检测专用章后方可生效。见证取样检测的检测报告中应当注明见证人单位及姓名。

任何单位和个人不得明示或者暗示检测机构出具虚假检测报告，不得篡改或者伪造检测报告；检测人员不得同时受聘于两个或者两个以上的检测机构；检测机构不得转包检测业务。

检测机构应当对其检测数据和检测报告的真实性和准确性负责；检测机构应当将检测过程中发现的建设单位、监理单位、施工单位违反有关法律、法规和工程建设强制性标准的情况，以及涉及结构安全检测结果的不合格情况，及时报告工程所在地建设主管部门。

（2）县级以上地方人民政府建设主管部门对检测机构监督检查的主要内容

县级以上地方人民政府建设主管部门对检测机构监督检查的主要内容有：是否符合《建设工程质量检测管理办法》（建设部令第 141 号）规定的资质标准；是否超出资质范围从事质量检测活动；是否有涂改、倒卖、出租、出借或者以其他形式非法转让资质证书的行为；是否按规定在检测报告上签字盖章，检测报告是否真实；检测机构是否按有关技术标准和规定进行检测；仪器设备及环境条件是否符合计量认证要求；法律、法规规定的其他事项。

5.2.5　建设工程施工许可管理

建设工程项目执行施工许可制度，开工前应办理好施工许可证，否则视为违规开工。详见模块 2 中 2.4"建筑工程施工许可证制度"。

5.2.6　建设工程竣工验收备案管理

《建设工程质量管理条例》明确了建设工程竣工验收备案制度，该项制度是加强政府监督管理、防止不合格工程流向社会的一个重要手段。根据《建设工程质量管理条例》和《房屋建筑工程和市政基础设施工程竣工验收备案管理暂行办法》的有关规定，建设单位应当在工程竣工验收合格后的 15 日内，将建设工程竣工验收报告和规划、公安消防、环保等部门出具的认可文件或者准许使用文件报建设行政主管部门或者其他有关部门备案。

建设单位办理工程竣工验收备案应当提交下列文件：

（1）工程竣工验收备案表；

（2）工程竣工验收报告，应当包括工程报建日期，施工许可证号，施工图设计文件审查意见，勘察、设计、施工、工程监理等单位分别签署的质量合格文件及验收人员签署的竣工验收原始文件，市政基础设施的有关质量检测和功能性试验资料以及备案机关认为需要提供的有关资料；

（3）法律、行政法规规定应当由规划、环保等部门出具的认可文件或者准许使用文件；

（4）法律规定应当由公安消防部门出具的，对大型的人员密集场所和其他特殊建设工程验收合格的证明文件；

（5）施工单位签署的工程质量保修书；

（6）法规、规章规定必须提供的其他文件，住宅工程还应当提交《住宅质量保证书》和《住宅使用说明书》。

备案机关收到建设单位报送的竣工验收备案文件，验证文件齐全后，应当在工程竣工验收备案表上签署文件收讫，备案机关发现建设单位在竣工验收过程中有违反国家有关建设工程质量管理规定行为的，应当在收讫竣工验收备案文件 15 日内，责令停止使用，重新组织竣工验收。

二维码内含精彩案例及解析，快来扫一扫吧！

案例 5-2

5.3 建设行为主体的质量责任和义务

工程应用

知识点	施工应用阶段	典型工作事件	主要涉及的施工岗位	要求
建设单位的质量责任和义务	施工全过程	建设方提供的物资应符合要求,建设方组织竣工验收,建设方移交工程档案	项目经理、技术负责人	熟知
勘察、设计单位的质量责任和义务	施工全过程	图纸会审,参与建设工程质量事故	技术负责人	知晓
施工单位的质量责任和义务	施工全过程	总分包质量责任区分,施工单位对施工质量负总责	项目经理、技术负责人施工员、质量员、安全员等	熟知
工程监理单位的质量责任和义务	施工全过程	监理的签字确认权	项目经理、技术负责人质量员等	熟知

学习内容

凡在中华人民共和国境内从事建设工程的新建、扩建、改建等有关活动及实施对建设工程质量监督管理的,必须遵守《建设工程质量管理条例》。该条例明确规定,建设单位、勘察单位、设计单位、施工单位、工程监理单位依法对建设工程质量负责。

国家鼓励采用先进的科学技术和管理方法,提高建设工程质量。

5.3.1 建设单位的质量责任和义务

1. 依法对工程进行发包的责任

建设单位应当将工程发包给具有相应资质等级的单位。建设单位不得将建设工程肢解发包。

2. 依法对材料设备进行招标的责任

建设单位应当依法对工程建设项目的勘察、设计、施工、监理以及与工程建设有关的重要设备、材料等的采购进行招标。

3. 提供原始资料的责任

建设单位必须向有关的勘察、设计、施工、工程监理等单位提供与建设工程有关的原始资料。原始资料必须真实、准确、齐全。

4. 不得干预投标人的责任

建设工程发包单位不得迫使承包方以低于成本的价格竞标,不得任意压缩合理工期。建设单位不得明示或者暗示设计单位或者施工单位违反工程建设强制性标准,降低建设工程质量。

5. 送审施工图的责任

建设单位应当将施工图设计文件报县级以上人民政府建设行政主管部门或者其他有关部门审查。施工图设计文件未经审查批准时,不得使用。

6. 委托监理的责任

实行监理的建设工程,建设单位应当委托具有相应资质等级的工程监理单位进行监理,也可以委托具有工程监理相应资质等级并与被监理工程的施工承包单位没有隶属关系或者其他利害关系的该工程的设计单位进行监理。下列建设工程必须实行监理:国家重点建设工程;大中型公用事业工程;成片开发建设的住宅小区工程;利用外国政府或者国际组织贷款、援助资金的工程;国家规定必须实行监理的其他工程。

7. 依法办理工程质量监督手续的责任

建设单位在开工前,应当按照国家有关规定办理工程质量监督手续,工程质量监督手续可以与施工许可证或者开工报告合并办理。

8. 确保提供的物资符合要求的责任

按照合同约定,由建设单位采购建筑材料、建筑构配件和设备的,建设单位应当保证建筑材料、建筑构配件和设备符合设计文件和合同要求。建设单位不得明示或者暗示施工单位使用不合格的建筑材料、建筑构配件和设备。

9. 不得擅自改变主体和承重结构进行装修的责任

涉及建筑主体和承重结构变动的装修工程,建设单位应当在施工前委托原设计单位或者具有相应资质等级的设计单位提出设计方案;没有设计方案的,不得施工。房屋建筑使用者在装修过程中,不得擅自变动房屋建筑主体和承重结构。

10. 依法组织竣工验收的责任

建设单位收到建设工程竣工报告后,应当组织设计、施工、工程监理等有关单位进行竣工验收。

11. 移交建设项目档案的责任

建设单位应当严格按照国家有关档案管理的规定,及时收集、整理建设项目各环节的文件资料,建立、健全建设项目档案,并在建设工程竣工验收后,及时向建设行政主管部门或者其他有关部门移交建设项目档案。

5.3.2　勘察、设计单位的质量责任和义务

1. 依法承揽工程的责任

从事建设工程勘察、设计的单位应当依法取得相应等级的资质证书,并在其资质等级许可的范围内承揽工程。禁止勘察、设计单位超越其资质等级许可的范围或者以其他勘察、设计单位的名义承揽工程。禁止勘察、设计单位允许其他单位或者个人以本单位的名义承揽工程。勘察、设计单位不得转包或者违法分包所承揽的工程。

2. 对勘察、设计的质量负责

勘察、设计单位必须按照工程建设强制性标准进行勘察、设计,并对其勘察、设计的质量负责。注册建筑师、注册结构工程师等注册执业人员应当在设计文件上签字,对设计文件负责。勘察单位提供的地质、测量、水文等勘察成果必须真实、准确。设计单位应当根据勘察成果文件进行建设工程设计。设计文件应当符合国家规定的设计深度要求,并注明工程合理使用年限。

3. 选用建筑材料、构配件和设备的责任

设计单位在设计文件中选用的建筑材料、建筑构配件和设备时,应当注明规格、型号、性能等技术指标,其质量要求必须符合国家规定的标准。除有特殊要求的建筑材料、专用设备、工艺生产线等外,设计单位不得指定生产厂、供应商。

4. 解释设计文件的责任

设计单位应当就审查合格的施工图设计文件向施工单位做出详细说明。

5. 参与建设工程质量事故的责任

设计单位应当参与建设工程质量事故分析,并对因设计造成的质量事故,提出相应的技术处理方案。

5.3.3　施工单位的质量责任和义务

1. 依法承揽工程的责任

施工单位应当依法取得相应等级的资质证书,并在其资质等级许可的范围内承揽工程。禁止施工单位超越本单位资质等级许可的业务范围或者以其他施工单位的名义承揽工程。禁止施工单位允许其他单位或者个人以本单位的名义承揽工程。施工单位不得转包或者违法分包工程。

2. 建立质量保证体系的责任

施工单位对建设工程的施工质量负责。施工单位应当建立质量责任制,确定工程项目的项目经理、技术负责人和施工管理负责人。建设工程实行总承包的,总承包单位应当对全部建设工程质量负责;建设工程勘察、设计、施工、设备采购的一项或者多项实行总承包的,总承包单位应当对其承包的建设工程或者采购的设备的质量负责。

3. 分包单位保证工程质量的责任

总承包单位依法将建设工程分包给其他单位的,分包单位应当按照分包合同的约定对其分包工程的质量向总承包单位负责,总承包单位与分包单位对分包工程的质量承担连带责任。

4. 按图施工的责任

施工单位必须按照工程设计图纸和施工技术标准施工,不得擅自修改工程设计,不得偷工减料。施工单位在施工过程中发现设计文件和图纸有差错时,应当及时提出意见和建议。

5. 对建筑材料、构配件和设备进行检验的责任

施工单位必须按照工程设计要求、施工技术标准和合同约定,对建筑材料、建筑构配件、设备和商品混凝土进行检验,检验应当有书面记录和专人签字;未经检验或者检验不合格的,不得使用。

6. 对施工质量进行检验的责任

施工单位必须建立、健全施工质量的检验制度,严格工序管理,做好隐蔽工程的质量检查和记录。

7. 见证取样的责任

施工人员对涉及结构安全的试块、试件以及有关材料,应当在建设单位或者工程监理单位监督下现场取样,并送具有相应资质等级的质量检测单位进行检测。

8. 保修的责任

施工单位对施工中出现质量问题的建设工程或者竣工验收不合格的建设工程,应当负责返修。

9. 教育培训的责任

施工单位应当建立、健全教育培训制度,加强对职工的教育培训;未经教育培训或者考核不合格的人员不得上岗作业。

5.3.4　工程监理单位的质量责任和义务

1. 依法承揽业务

工程监理单位应当依法取得相应等级的资质证书,并在其资质等级许可的范围内承担工程监理业务。禁止工程监理单位超越本单位资质等级许可的范围或者以其他工程监理单位的名义承担工程监理业务。禁止工程监理单位允许其他单位或者个人以本单位的名义承担工程监理业务。工程监理单位不得转让工程监理业务。

2. 独立监理

工程监理单位与被监理工程的施工承包单位以及建筑材料、建筑构配件和设备供应单位有隶属关系或者其他利害关系时,不得承担该项建设工程的监理业务。

3. 依法监理

工程监理单位应当依照法律、法规以及有关技术标准、设计文件和建设工程承包合同,代表建设单位对施工质量实施监理,并对施工质量承担监理责任。

4. 签字确认

工程监理单位应当选派具备相应资格的总监理工程师和监理工程师进驻施工现场。

未经监理工程师签字,建筑材料、建筑构配件和设备不得在工程上使用或者安装,施工单位不得进行下一道工序的施工。未经总监理工程师签字,建设单位不拨付工程款,不进行竣工验收。

课程思政 5-2

重大工程质量事故,施工总承包被予以资质降级

专家解读:2021 年 7 月 2 日,住建部下发《建督罚字〔2021〕40 号》,追责一起重大工程质量事故,混凝土强度未达标,多栋楼拆除重建,住建部给予施工总承包单位建筑工程施工总承包一级资质降为建筑工程施工总承包二级资质的处罚。住房和城乡建设部作出这一处罚的事实依据为:作为施工总承包单位,将企业资质出借给自然人,未履行企业质量管理责任;未按照国家有关建筑工程质量施工规范和标准施工,存在混凝土施工期间随意加水、养护不到位及混凝土强度检验造假等问题;工程质量控制资料不真实,与工程进度不同步;不执行建设行政主管部门下达的停工令,导致施工单位的质量管理体系失控。法律依据为:根据《建设工程质量管理条例》第六十一条规定,我部决定给予你单位建筑工程施工总承包一级资质降为建筑工程施工总承包二级资质的行政处罚。

(来源:住房和城乡建设部官网)

思政要点:培养质量意识,树立法治精神,养成遵纪守法、爱岗敬业、诚实守信的职业素养。

二维码内含精彩案例及解析,快来扫一扫吧!

案例 5-3

5.4 建设工程的竣工验收管理

工程应用

知识点	施工应用阶段	典型工作事件	主要涉及的施工岗位	要求
建设工程竣工验收的主体	竣工验收	建设单位组织竣工验收	项目经理、技术负责人	说出
竣工验收应当具备的法定条件	竣工验收	完成合同约定内容方可验收,技术资料完整,应签署工程保修书	技术负责人	列举
建设工程竣工验收的程序	竣工验收	施工单位自检,监理机构初验,建设单位组织正式竣工验收	项目经理、技术负责人、质量员等	熟知

学习内容

5.4.1 建设工程竣工验收的主体

《建设工程质量管理条例》规定,建设单位收到建设工程竣工报告后,应当组织设计、施工、工程监理等有关单位进行竣工验收。在建设工程完工后,承包单位应当向建设单位提供完整的竣工资料和竣工验收报告,提请建设单位组织竣工验收,建设单位收到竣工验收报告后,应及时组织设计、施工、监理等有关单位参加的竣工验收,检查整个工程项目是否已按照设计要求和合同约定全部建设完成,并符合竣工验收条件。

5.4.2 竣工验收应当具备的法定条件

工程项目的竣工验收是施工全过程的最后一道程序,是建设投资成果转入生产或使用的标志,也是全面考核投资效益、检验设计和施工质量的重要环节。《建设工程质量管理条例》规定了建设工程竣工验收应当具备的法定条件。

1. 完成建设工程设计和合同约定的各项内容

建设工程设计和合同约定的内容,主要是指设计文件所确定的以及承包合同"承包人承揽工程项目一览表"中载明的工作范围,也包括监理工程师签发的变更通知单中所确定的工作内容。承包单位必须按合同的约定,按质、按量、按时完成上述工作内容,使工程具有正常的使用功能。

2. 有完整的技术档案和施工管理资料

工程技术档案和施工管理资料是工程竣工验收和质量保证的重要依据之一,主要包括以下档案和资料:

(1) 工程项目竣工验收报告;

（2）分项、分部工程和单位工程技术人员名单；

（3）图纸会审和技术交底记录；

（4）设计变更通知单，技术变更核实单；

（5）工程质量事故发生后的调查和处理资料；

（6）隐蔽验收记录及施工日志；

（7）竣工图；

（8）质量检验评定资料等；

（9）合同约定的其他资料。

3. 有工程使用的主要建筑材料、建筑构配件和设备的进场试验报告

对建设工程使用的主要建筑材料、建筑构配件和设备，除须具有质量合格证明资料外，还应当有进场试验、检验报告，其质量要求必须符合国家规定的标准。

4. 有勘察、设计、施工、工程监理等单位分别签署的质量合格文件

勘察、设计、施工、工程监理等有关单位要依据工程设计文件及承包合同所要求的质量标准，对竣工工程进行检查评定；符合规定的，应当签署合格文件。

5. 有施工单位签署的工程保修书

施工单位同建设单位签署的工程保修书，也是交付竣工验收的条件之一。

凡是没有经过竣工验收或者经过竣工验收确定为不合格的建设工程，不得交付使用。如果建设单位为提前获得投资效益，在工程未经验收就提前投产或使用，由此发生的质量等问题建设单位要承担责任。

5.4.3　建设工程竣工验收的程序

1. 施工单位竣工预检

预检工作一般可视工程重要程度及工程情况，分层次进行，通常有 3 个层次。

（1）基层施工单位自检

基层施工单位自检是指由施工队长组织施工队的有关职能人员，对拟报竣工工程的情况和条件，根据施工图要求、合同约定和验收标准进行检查验收。自检的内容主要包括竣工项目是否符合有关规定，工程质量是否符合质量检验评定标准，工程资料是否齐全，工程完成情况是否符合施工图纸及使用要求等。若有不足之处，应及时组织力量，限期修理完成。

（2）项目经理组织自检

项目经理根据施工队的报告，由项目经理组织生产、技术、质量、预算等部门进行自检，自检的内容及要求参照基层施工单位自检的内容和要求。经严格检验并确认达到竣工标准后，可填报竣工验收通知单。

（3）公司级自检

根据项目经理的申请，竣工工程可视其重要程度和性质，由公司组织检查验收，也可分部门分别检查验收，并进行评价。对不符合要求的项目提出修补措施，由施工队定期完成，再进行检查，以便决定是否提请正式验收。

2. 施工单位提请验收申请报告

施工单位决定正式提请验收后应向监理单位送交验收申请报告，监理工程师收到申请报告后，应参照工程合同的要求、验收标准等进行仔细的审查。

3. 监理机构根据申请报告作现场初验

监理机构审查完验收申请报告后,若认为可以进行验收,则应由监理人员组成验收班子对竣工的工程项目进行初验。如果在初验中发现的质量问题,应及时以书面通知或备忘录的形式告诉施工单位,并令其按有关的质量要求进行修理甚至返工。

4. 建设单位组织设计、施工、监理等单位正式竣工验收

在监理工程师初验合格的基础上,建设单位应组织设计、施工、监理等单位,组成验收小组,在规定的时间内进行正式竣工验收。正式竣工内容包括:

(1)检查工程实体质量。

(2)检查工程建设参与各方提供的竣工资料。

(3)对建筑工程的使用功能进行抽查、试验,例如厕所、阳台泼水试验,浴缸、水盘、水池盛水试验,通水、通电试验,排污主管通球试验及绝缘电阻、接地电阻、漏电跳闸测试等。

(4)对竣工验收情况进行汇总讨论,并听取质量监督机构对该工程质量监督情况。

(5)形成竣工验收意见,填写《建设工程竣工验收备案表》和《建设工程竣工验收报告》,建设、设计、施工、监理单位签字盖章。

(6)当在验收过程中发现严重问题,达不到竣工验收标准时,验收小组应责成责任单位立即整改,并宣布本次验收无效,重新确定时间组织竣工验收。

(7)在竣工验收过程中发现一般需整改质量问题时,验收小组可形成初步验收意见,填写有关表格,有关人员签字,但建设单位不加盖公章。验收小组责成有关责任单位整改,可委托建设单位项目负责人组织复查,整改完毕符合要求后,加盖建设单位公章。

竣工验收书必须在建设、设计、施工、监理单位都签字后才有效。

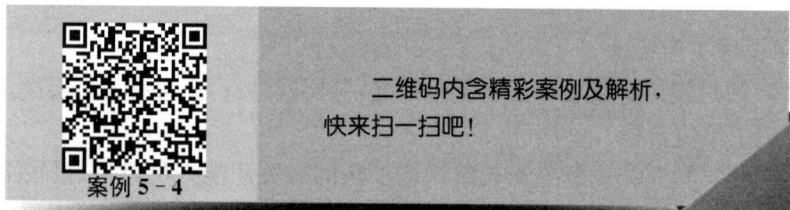

二维码内含精彩案例及解析,快来扫一扫吧!

案例 5-4

5.5 建设工程的质量保修

工程应用

知识点	施工应用阶段	典型工作事件	主要涉及的施工岗位	要求
建设工程的质量保修概述	保修阶段	建设工程施工质量保修内容	项目经理、技术负责人	说出
质量保修范围和期限	保修阶段	主要房屋建筑分部工程保修期限	项目经理、技术负责人	熟知

（续表）

知识点	施工应用阶段	典型工作事件	主要涉及的施工岗位	要求
保修义务的责任落实和损失赔偿责任的承担	保修阶段	建设工程保修责任的划分	项目经理、技术负责人	举例
保修期限和保修范围内发生质量问题的处理	保修阶段	施工单位应履行保修义务	项目经理	举例

学习内容

5.5.1　建设工程的质量保修概述

建设工程质量保修制度是指对建设工程在交付使用后的一定期限内发现的质量缺陷，由施工单位承担责任的一种法律制度。质量缺陷是指建设工程质量不符合工程建设强制性标准、设计文件以及承包合同中对质量要求的情况。

为了保证质量保修制度的执行，建设工程承包单位在向建设单位提交工程竣工验收报告时，应向建设单位出具质量保修书。《建设工程质量保修书》的内容包括保修范围、保修期限和承诺保修责任。

1. 保修范围

保修范围应包括地基基础工程、主体结构工程、屋面防水工程和其他土建工程、电气管线、上下水管线的安装工程，以及供热供冷系统等项目。

2. 保修期限

保修期限应当按照保证建筑物合理寿命年限内正常使用，维护使用者合法权益的原则确定。保修期限从竣工验收交付使用之日算起。

3. 承诺保修责任

建设工程施工单位向建设单位承诺保修范围、保修期限和有关具体实施保修的有关规定和措施，如保修的方法、保修人员和联络方法，答复和处理的时限，不履行保修责任的罚则等。

对于住宅工程的质量保修，《城市房地产开发经营管理条例》第 31 条规定"房地产开发企业应当在商品房交付使用时，向购买人提供住宅质量保证书和住宅使用说明书"，对住宅工程质量保修制度的执行提出了更高的要求。

施工单位在《建设工程质量保修书》中对建设单位合理使用工程应有提示。因建设单位或用户使用不当或擅自改动结构、设备位置或不当装修和使用等造成质量问题，施工单位不承担保修责任；因此造成的房屋质量受损或其他用户损失由责任人承担相应责任。

5.5.2　质量保修范围和期限

质量保修范围和期限由发包方和承包方在质量保修书中具体约定，双方约定的保修范围、保修期限必须符合国家有关规定。在正常使用下，房屋建设工程的最低保修期限见下表。

房屋建设工程的最低保修期限

工程项目	最低保修期限
地基基础工程、主体结构工程	设计文件规定的该工程的合理使用年限
屋面防水工程,有防水要求的卫生间、房间和外墙面的防渗漏	5 年
供热与供冷系统	2 个采暖期、供冷期
电气管线、给排水管道、设备安装	2 年
装修工程	2 年

其他项目的保修期限由发包方与承包方约定。建设工程的保修期自竣工验收合格之日起计算,但住宅工程售房单位对用户的保修期要从房屋出售之日起计算。

5.5.3　保修义务的责任落实和损失赔偿责任的承担

建设工程保修的质量问题是指保修范围和保修期限内发生的问题。施工单位必须履行保修义务,明确保修的责任者。施工单位对造成的损失承担赔偿责任。

保修义务和经济责任的承担按下述原则处理:

(1)施工单位未按国家有关标准、规范和设计要求施工,造成质量问题的,由施工单位负责返修并承担经济责任。

(2)由于设计方面的原因造成质量问题的,先由施工单位负责维修,其经济责任按有关规定通过建设单位向设计单位索赔。

(3)因建筑材料、构配件和设备质量不合格引起质量问题的,先由施工单位负责维修,其经济责任属于施工单位采购的,由施工单位承担经济责任;属于建设单位采购的,由建设单位承担经济责任。

(4)因建设单位(含监理单位)错误管理造成质量问题的,先由施工单位负责维修,其经济责任由建设单位承担,若属监理单位责任的,则由建设单位向监理单位索赔。

(5)因使用单位使用不当造成的损坏问题,先由施工单位负责维修,其经济责任由使用单位自行负责。

(6)因地震、洪水、台风等不可抗拒原因造成的损坏问题,先由施工单位负责维修,建设项目参与各方根据国家具体政策分担经济责任。

5.5.4　保修期限和保修范围内发生质量问题的处理

一般应先由建设单位组织勘察、设计、施工等单位分析质量问题的原因,确定保修方案,由施工单位负责保修。施工单位接到保修通知后,应当到现场核查情况,并在保修书约定的时间内予以保修。

当问题严重和紧急时,不管是什么原因造成的,均先由施工单位履行保修义务,不得推诿和扯皮。如果发生涉及结构安全或者严重影响使用功能的紧急抢修事故,施工单位接到保修通知后,应当立即到达现场抢修。如果发生涉及结构安全的质量缺陷,建设单位或者房屋建筑所有人应当立即向当地建设行政主管部门报告,采取安全防范措施;由原设计单位或者具有相应资质等级的设计单位提出保修方案,施工单位实施保修,原工程质量监督机构负责监督。

对引起质量问题分析原因应实事求是,科学分析,分清责任,按责任大小由责任方承担不同比例的经济赔偿。损失既包括因工程质量造成的直接损失,即用于返修的费用,也包括间接损失,如给使用人或第三人造成的财产或非财产损失等。

在保修期后的建筑物合理使用寿命内,因建设工程使用功能的质量缺陷造成的工程使用损害,由建设单位负责维修,并承担责任方的赔偿责任。

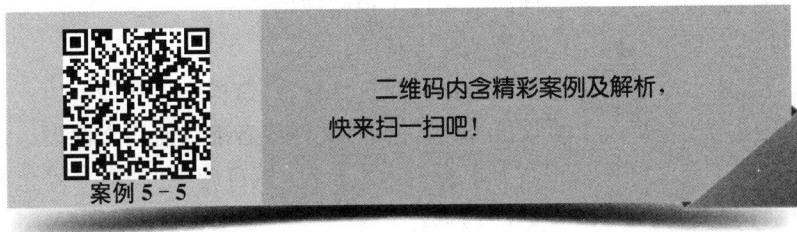

二维码内含精彩案例及解析,
快来扫一扫吧!

案例 5-5

5.6　违反建设工程质量管理的法律责任

工程应用

知识点	施工应用阶段	典型工作事件	主要涉及的施工岗位	要求
建设单位违反建设工程质量管理的法律责任	施工全过程	建设单位不得明示或者暗示施工单位违反工程建设强制性标准	项目经理、技术负责人	举例
施工单位违反建设工程质量管理的法律责任	施工全过程	施工单位的转包与违法分包,施工中偷工减料、使用不合格的建筑材料、建筑构配件和设备的处罚	项目经理、技术负责人	举例
勘察、设计、监理单位等违反建设工程质量管理的法律责任	施工全过程	监理单位将不合格的工程签署合格的责任	项目经理、技术负责人	举例

学习内容

《建筑法》《建设工程质量管理条例》对建筑业企业违反建设工程质量管理的法律责任有明确的规定。

建设单位将建设工程发包给不具有相应资质等级的勘察、设计、施工单位或者委托给不具有相应资质等级的工程监理单位的,责令改正,处 50 万元以上 100 万元以下的罚款。

建设单位将建设工程肢解发包的,责令改正,处工程合同价款 0.5% 以上 1% 以下的罚款;

对全部或者部分使用国有资金的项目,并可以暂停项目执行或者暂停资金拨付。

建设单位有下列行为之一的,责令改正,处 20 万元以上 50 万元以下的罚款:

(1) 迫使承包方以低于成本的价格竞标的;

(2) 任意压缩合理工期的;

(3) 明示或者暗示设计单位或者施工单位违反工程建设强制性标准,降低工程质量的;

(4) 施工图设计文件未经审查或者审查不合格,擅自施工的;

(5) 建设项目必须实行工程监理而未实行工程监理的;

(6) 未按照国家规定办理工程质量监督手续的;

(7) 明示或者暗示施工单位使用不合格的建筑材料、建筑构配件和设备的;

(8) 未按照国家规定将竣工验收报告、有关认可文件或者准许使用文件报送备案的。

建设单位未取得施工许可证或者开工报告未经批准,擅自施工的,责令停止施工,限期改正,处工程合同价款 1% 以上 2% 以下的罚款。

建设单位有下列行为之一的,责令改正,处工程合同价款 2% 以上 4% 以下的罚款,造成损失的,依法承担赔偿责任:

(1) 未组织竣工验收,擅自交付使用的;

(2) 验收不合格,擅自交付使用的;

(3) 对不合格的建设工程按照合格工程验收的。

建设工程竣工验收后,建设单位未向建设行政主管部门或者其他有关部门移交建设项目档案的,责令改正,处 1 万元以上 10 万元以下的罚款。

勘察、设计、施工、工程监理单位超越本单位资质等级承揽工程的,责令停止违法行为,对勘察、设计单位或者工程监理单位处合同约定的勘察费、设计费或者监理酬金 1 倍以上 2 倍以下的罚款;对施工单位处工程合同价款 2% 以上 4% 以下的罚款,可以责令停业整顿,降低资质等级;情节严重的,吊销资质证书;有违法所得的,予以没收。未取得资质证书承揽工程的,予以取缔,依照前款规定处以罚款;有违法所得的,予以没收。以欺骗手段取得资质证书承揽工程的,吊销资质证书,有违法所得的,予以没收。

勘察、设计、施工、工程监理单位允许其他单位或者个人以本单位名义承揽工程的,责令改正,没收违法所得,对勘察、设计单位和工程监理单位处合同约定的勘察费、设计费和监理酬金 1 倍以上 2 倍以下的罚款;对施工单位处工程合同价款 2% 以上 4% 以下的罚款;可以责令停业整顿,降低资质等级;情节严重的,吊销资质证书。

承包单位将承包的工程转包或者违法分包的,责令改正,没收违法所得,对勘察、设计单位处合同约定的勘察费、设计费 25% 以上 50% 以下的罚款;对施工单位处工程合同价款 0.5% 以上 1% 以下的罚款;可以责令停业整顿,降低资质等级;情节严重的,吊销资质证书。工程监理单位转让工程监理业务的,责令改正,没收违法所得,处合同约定的监理酬金 25% 以上 50% 以下的罚款;可以责令停业整顿,降低资质等级;情节严重的,吊销资质证书。

有下列行为之一的,责令改正,处 10 万元以上 30 万元以下的罚款:

(1) 勘察单位未按照工程建设强制性标准进行勘察的;

(2) 设计单位未根据勘察成果文件进行工程设计的;

(3) 设计单位指定建筑材料、建筑构配件的生产厂、供应商的;

(4) 设计单位未按照工程建设强制性标准进行设计的。有前款所列行为,造成工程质量事故的,责令停业整顿,降低资质等级;情节严重的,吊销资质证书;造成损失的,依法承担赔偿责任。

施工单位在施工中偷工减料的,使用不合格的建筑材料、建筑构配件和设备的,或者有不按照工程设计图纸或者施工技术标准施工的其他行为的,责令改正,处工程合同价款2%以上4%以下的罚款;造成建设工程质量不符合规定的质量标准的,负责返工、修理,并赔偿因此造成的损失;情节严重的,责令停业整顿,降低资质等级或者吊销资质证书。

施工单位未对建筑材料、建筑构配件、设备和商品混凝土进行检验,或者未对涉及结构安全的试块、试件以及有关材料取样检测的,责令改正,处10万元以上20万元以下的罚款;情节严重的,责令停业整顿,降低资质等级或者吊销资质证书;造成损失的,依法承担赔偿责任。

施工单位不履行保修义务或者拖延履行保修义务的,责令改正,处10万元以上20万元以下的罚款,并对在保修期内因质量缺陷造成的损失承担赔偿责任。

工程监理单位有下列行为之一的,责令改正,处50万元以上100万元以下的罚款,降低资质等级或者吊销资质证书(有违法所得的则予以没收,造成损失则承担连带赔偿责任):

(1)与建设单位或者施工单位串通,弄虚作假、降低工程质量的;

(2)将不合格的建设工程、建筑材料、建筑构配件和设备按照合格签字的。

工程监理单位与被监理工程的施工承包单位以及建筑材料、建筑构配件和设备供应单位有隶属关系或者其他利害关系承担该项建设工程的监理业务的,责令改正,处5万元以上10万元以下的罚款,降低资质等级或者吊销资质证书;有违法所得的,予以没收。

涉及建筑主体或者承重结构变动的装修工程,没有设计方案擅自施工的,责令改正,处50万元以上100万元以下的罚款;房屋建筑使用者在装修过程中擅自变动房屋建筑主体和承重结构的,责令改正,处5万元以上10万元以下的罚款。有前款所列行为,造成损失的,依法承担赔偿责任。

发生重大工程质量事故隐瞒不报、谎报或者拖延报告期限的,对直接负责的主管人员和其他责任人员依法给予行政处分。

供水、供电、供气、公安消防等部门或者单位明示或者暗示建设单位或者施工单位购买其指定的生产供应单位的建筑材料、建筑构配件和设备的,责令改正。

注册建筑师、注册结构工程师、监理工程师等注册执业人员因过错造成质量事故的,责令停止执业1年;造成重大质量事故的,吊销执业资格证书,5年以内不予注册;情节特别恶劣的,终身不予注册。

给予单位罚款处罚的,对单位直接负责的主管人员和其他直接责任人员处单位罚款数额5%以上10%以下的罚款。

建设单位、设计单位、施工单位、工程监理单位违反国家规定,降低工程质量标准,造成重大安全事故,构成犯罪的,对直接责任人员依法追究刑事责任。

责令停业整顿,降低资质等级和吊销资质证书的行政处罚,由颁发资质证书的机关决定;其他行政处罚,由建设行政主管部门或者其他有关部门依照法定职权决定。被吊销资质证书的,由工商行政管理部门吊销其营业执照。

国家机关工作人员在建设工程质量监督管理工作中玩忽职守、滥用职权、徇私舞弊,构成犯罪的,依法追究刑事责任;尚不构成犯罪的,依法给予行政处分。

建设、勘察、设计、施工、工程监理单位的工作人员因调动工作、退休等原因离开该单位后，被发现在该单位工作期间违反国家有关建设工程质量管理规定，造成重大工程质量事故的，仍应当依法追究法律责任。

课程思政 5－3

如何确保建设单位落实工程质量首要责任？

专家解读：建设单位与工程质量水平密切相关。建设单位往往不是违法违规行为直接实施主体，其行为具有不易察觉、隐蔽性强、取证困难等特点，难以有效追责。因此，住房和城乡建设主管部门对建设单位往往监管力度不足、处罚较难。对此，住房和城乡建设部印发的《关于落实建设单位工程质量首要责任的通知》提出：一是各地要建立对建设单位日常巡查和差别化监管制度，加大对质量责任落实不到位、有严重违法违规行为建设单位在建工程项目检查频次和力度。二是建设单位应牵头组织整改检查中发现的质量问题，整改报告经建设单位项目负责人签字确认并加盖单位公章后报工程所在地住房和城乡建设主管部门。三是强化信用管理，及时公示建设单位行政许可、行政处罚、抽查检查、质量投诉处理情况等信息，对实行告知承诺制的审批事项，发现建设单位承诺内容与实际不符的，依法从严从重处理。

（来源：中国勘察设计杂志）

思政要点：强化责任担当意识，加强信用管理，提升建设工程质量水平。

二维码内含精彩案例及解析，快来扫一扫吧！

案例 5－6

二维码内含本模块"1＋X"证书习题及答案，快来扫一扫吧！

"1＋X"证书习题 5

模块 6　建设工程安全生产管理制度

学习目标

知识目标：说出建设工程安全生产管理的概念，知晓建设工程安全生产管理的方针及监督管理制度；熟知建筑施工企业安全生产许可证办理程序、建设工程安全生产事故的应急救援以及调查处理程序及教育培训制度；牢记建设工程安全生产责任制、建设行为主体的安全生产责任以及违反建设工程安全生产管理的法律责任。

能力目标：能组织建设工程安全管理，能处理好建设工程安全生产过程中发生的简单法律纠纷，能协助法律专业人员解决好建设工程安全生产过程中发生的法律争议。

思政目标：贯彻国家安全生产大政方针，落实全面依法治"安"，敬畏尊重生命，增强社会责任感。

6.1　建设工程安全生产管理概述

工程应用

知识点	项目应用阶段	典型工作事件	主要涉及的岗位	要求
建设工程安全生产管理的概念	施工准备阶段、实施阶段	建设工程安全生产管理的内容	建设方工地现场主管、施工项目经理、安全员等	说出
建设工程安全生产管理的立法现状	施工准备阶段	掌握建筑安全生产管理所用法规	建设方工地现场主管、施工项目经理、安全员等	了解
建设工程安全生产管理的方针	施工准备阶段、实施阶段	牢记安全第一、预防为主的方针	建设方工地现场主管、施工项目经理、安全员等	熟知

学习内容

6.1.1　建设工程安全生产管理的概念

1. 建设工程安全生产的概念

建设工程安全生产是指建设工程生产过程中要避免人员、财产的损失及对周围环境的破坏，包括建设工程生产过程中施工现场的人身安全，财产设备安全，施工现场及附近的道路、管线和房屋的安全，施工现场和周围的环境保护及工程建成后的使用安全等方面的内容。

2. 建设工程安全生产管理的概念

建设工程安全生产管理是指建设行政主管部门、建筑安全监督机构、建筑施工企业及有关单位对建设工程生产过程中的安全工作,进行计划、组织、指挥、控制、监督等一系列的管理活动,包括建设行政主管部门对于建设工程活动过程中安全生产的行业管理和从事建设活动的主体在从事建设活动过程中所进行的安全生产管理。

6.1.2 建设工程安全生产管理的立法现状

目前,我国颁布了一系列关于建设工程安全生产的法律、法规、规章等,形成了比较完善、成熟的建设工程安全生产管理的法规体系。

管建设必须管安全是工程建设管理的重要原则。目前,涉及建设工程安全生产管理的法律、法规有《中华人民共和国安全生产法》《中华人民共和国建筑法》《建设工程安全生产管理条例》《建筑施工企业安全生产许可证管理规定》《建筑业企业职工安全培训教育暂行规定》等。

6.1.3 建设工程安全生产管理的方针

《中华人民共和国安全生产法》第3条规定:安全生产工作坚持中国共产党的领导。安全生产工作应当以人为本,坚持人民至上、生命至上,把保护人民生命安全摆在首位,树牢安全发展理念,坚持安全第一、预防为主、综合治理的方针,从源头上防范化解重大安全风险。安全生产工作实行管行业必须管安全、管业务必须管安全、管生产经营必须管安全,强化和落实生产经营单位主体责任与政府监管责任,建立生产经营单位负责、职工参与、政府监管、行业自律和社会监督的机制。

所谓"安全第一",是指将建设工程安全管理放到第一位,当安全工作和生产工作发生矛盾的时候,首先必须解决安全问题,保证在安全的条件下组织生产。同时要把人身安全放在首位,安全为了生产,生产必须保证人身安全,充分体现了"以人为本"的理念。

"预防为主"是实现安全第一的最重要手段,应采取有效措施和方法进行安全控制,从而减少消除事故隐患,尽量把事故消灭在萌芽状态。

所谓"综合治理",是指适应我国安全生产形势的要求,自觉遵循安全生产规律,正视安全生产工作的长期性、艰巨性和复杂性,抓住安全生产工作中的主要矛盾和关键环节,综合运用经济、法律、行政等手段,人管、法治、技防多管齐下,并充分发挥社会、职工、舆论的监督作用,有效解决安全生产领域的问题。

二维码内含精彩案例及解析,快来扫一扫吧!

案例 6-1

6.2　建设工程安全生产监督管理制度

工程应用

知识点	项目应用阶段	典型工作事件	主要涉及的岗位	要求
建设工程安全生产监督管理制度概述	施工准备阶段、实施阶段	工程开工安全条件审查	建设方工地现场主管、施工项目经理、安全员等	了解
建设工程安全生产层级监督管理	施工准备阶段、实施阶段	安全生产监督管理制度的建立	建设方工地现场主管、施工项目经理、安全员等	了解
对施工单位的安全生产监督管理	施工准备阶段、实施阶段	特种作业人员持证上岗、生产安全事故应急救援预案的建立	施工项目经理、安全员等	熟知
对监理单位的安全生产监督管理	监理准备阶段、实施阶段	监理机构对施工安全事故承担连带责任	总监理工程师、专业监理工程师等	熟知
对建设单位的安全生产监督管理	建设准备阶段、实施阶段	办理安全监督手续	建设方工地现场主管	熟知
对勘察、设计单位的安全生产监督管理	勘察设计准备阶段、实施阶段	设计文件中注明施工安全重点部位及指导意见	勘察、设计项目负责人	熟知
对其他有关单位的安全生产监督检查	工程准备阶段、实施阶段	机械设备出租单位出具安全证明文件	设备租赁单位负责人、施工项目经理、施工项目技术负责人、安全员等	熟知
对施工现场的安全生产监督管理	工程实施阶段	开工后的安全生产监管	施工项目经理、施工项目技术负责人、安全员等	熟知

学习内容

建设工程安全生产监督管理是指建设行政主管部门依据法律、法规和工程建设强制性标准，对建设工程安全生产实施监督管理，督促各方主体履行相应安全生产责任，以控制和减少建设工程施工事故发生，保障人民生命财产安全、维护公众利益的行为。

建设工程安全生产监督管理坚持以人为本的理念，贯彻"安全第一、预防为主、综合治理"的方针，依靠科学管理和技术进步，遵循属地管理和层级监督相结合、监督安全保证体系运行与监督工程实体防护相结合、全面要求与重点监管相结合、监督执法与服务指导相结合的原则。

国务院负责安全生产监督管理的部门依照《中华人民共和国安全生产法》的规定对全国建设工程安全生产工作实施综合监督管理。县级以上地方人民政府负责安全生产监督管理的部门依照《中华人民共和国安全生产法》的规定对本行政区域内建设工程安全生产工作实施综合监督管理。

国务院建设行政主管部门对全国的建设工程安全生产实施监督管理。国务院铁路、交通、水利等有关部门按照国务院规定的职责分工,负责有关专业建设工程安全生产的监督管理。县级以上地方人民政府建设行政主管部门对本行政区域内的建设工程安全生产实施监督管理。县级以上地方人民政府交通、水利等有关部门在各自的职责范围内,负责本行政区域内的专业建设工程安全生产的监督管理。

6.2.1　建设工程安全生产监督管理制度概述

建设行政主管部门应当依照有关法律法规,针对有关责任主体和工程项目,健全完善以下安全生产监督管理制度:

(1) 建筑施工企业安全生产许可证制度;

(2) 建筑施工企业"三类人员"安全生产任职考核制度;

(3) 建设工程安全施工措施备案制度;

(4) 建设工程开工安全条件审查制度;

(5) 施工现场特种作业人员持证上岗制度;

(6) 施工起重机械使用登记制度;

(7) 建设工程生产安全事故应急救援制度,危及施工安全的工艺、设备、材料淘汰制度;

(8) 法律法规规定的其他有关制度。

建设行政主管部门应结合本部门、本地区工作实际,不断创新安全监管机制,健全监管制度,改进监管方式,提高监管水平。

6.2.2　建设工程安全生产层级监督管理

建设行政主管部门对下级建设行政主管部门层级监督检查的主要内容是:

(1) 履行安全生产监管职责情况;

(2) 建立完善建设工程安全生产法规、标准情况;

(3) 建立和执行安全生产监督管理制度情况;

(4) 制定和落实安全生产控制指标情况;

(5) 建设工程特大伤害未遂事故、事故防范措施、重大事故隐患督促整改情况;

(6) 开展建设工程安全生产专项整治和执法情况;

(7) 其他有关事项。

6.2.3　对施工单位的安全生产监督管理

建设行政主管部门对施工单位安全生产监督管理的内容主要是:

(1)《安全生产许可证》办理情况;

(2) 建设工程安全防护、文明施工措施费用的使用情况;

(3) 设置安全生产管理机构和配备专职安全管理人员情况;

(4) "三类人员"经主管部门安全生产考核情况;

(5) 特种作业人员持证上岗情况;

(6) 安全生产教育培训计划制定和实施情况;

(7) 施工现场作业人员意外伤害保险办理情况;

（8）职业危害防治措施制定情况，安全防护用具和安全防护服装的提供及使用管理情况；

（9）施工组织设计和专项施工方案编制、审批及实施情况；

（10）生产安全事故应急救援预案的建立与落实情况；

（11）企业内部安全生产检查开展和事故隐患整改情况；

（12）重大危险源的登记、公示与监控情况；

（13）生产安全事故的统计、报告和调查处理情况；

（14）其他有关事项。

6.2.4　对监理单位的安全生产监督管理

建设行政主管部门对监理单位安全生产监督管理的内容主要是：

（1）将安全生产管理内容纳入监理规划的情况，以及在监理规划和中型以上工程的监理细则中制定对施工单位安全技术措施的检查方面情况；

（2）审查施工企业资质和安全生产许可证、"三类人员"及特种作业人员取得考核合格证书和操作资格证书情况；

（3）审核施工企业安全生产保证体系、安全生产责任制、各项规章制度和安全监管机构建立及人员配备情况；

（4）审核施工企业应急救援预案和安全防护、文明施工措施费用使用计划情况；

（5）审核施工现场安全防护是否符合投标时承诺和《建筑施工现场环境与卫生标准》等标准要求情况；

（6）复查施工单位施工机械和各种设施的安全许可验收手续情况；

（7）审查施工组织设计中的安全技术措施或专项施工方案是否符合工程建设强制性标准情况；

（8）定期巡视检查危险性较大工程作业情况；

（9）下达隐患整改通知单，要求施工单位整改事故隐患情况或暂时停工情况，整改结果复查情况，向建设单位报告督促施工单位整改情况，向工程所在地建设行政主管部门报告施工单位拒不整改或不停止施工情况；

（10）其他有关事项。

6.2.5　对建设单位的安全生产监督管理

建设行政主管部门对建设单位安全生产监督管理的内容主要是：

（1）申领施工许可证时，提供建设工程有关安全施工措施资料的情况，按规定办理工程质量和安全监督手续的情况；

（2）按照国家有关规定和合同约定向施工单位拨付建设工程安全防护、文明施工措施费用的情况；

（3）向施工单位提供施工现场及毗邻区域内地下管线资料，气象和水文观测资料，相邻建筑物和构筑物、地下工程等有关资料的情况；

（4）履行合同约定工期的情况；

（5）有无明示或暗示施工单位购买、租赁、使用不符合安全施工要求的安全防护用具、机械设备、施工机具及配件、消防设施和器材的行为；

（6）其他有关事项。

6.2.6 对勘察、设计单位的安全生产监督管理

建设行政主管部门对勘察、设计单位安全生产监督管理的内容主要是:

(1) 勘察单位按照工程建设强制性标准进行勘察情况,提供真实、准确的勘察文件情况,采取措施保证各类管线、设施和周边建筑物、构筑物安全的情况;

(2) 设计单位按照工程建设强制性标准进行设计情况,在设计文件中注明施工安全重点部位、环节以及提出指导意见的情况,采用新结构、新材料、新工艺或特殊结构的建设工程,提出保障施工作业人员安全和预防生产安全事故措施建议的情况;

(3) 其他有关事项。

6.2.7 对其他有关单位的安全生产监督检查

建设行政主管部门对其他有关单位安全生产监督检查的内容主要是:

(1) 机械设备、施工机具及配件的出租单位提供相关制造许可证、产品合格证、检测合格证明的情况;

(2) 施工起重机械和整体提升脚手架、模板等自升式架设设施安装单位的资质、安全施工措施及验收调试等情况;

(3) 施工起重机械和整体提升脚手架、模板等自升式架设设施的检验检测单位资质和出具安全合格证明文件情况。

6.2.8 对施工现场的安全生产监督管理

建设行政主管部门对施工现场的安全生产监督管理的内容主要是:

(1) 建设行政主管部门对工程项目开工前的安全生产条件审查;

(2) 建设行政主管部门对工程项目开工后的安全生产监管。

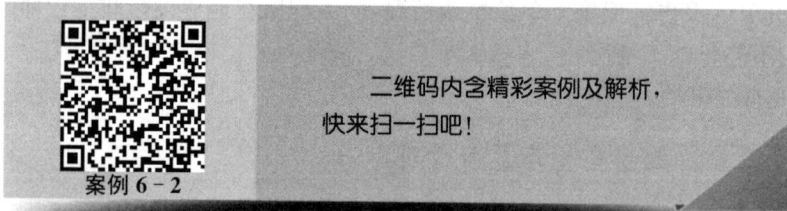

二维码内含精彩案例及解析,快来扫一扫吧!

案例 6 - 2

6.3 建筑施工企业安全生产许可证管理规定

工程应用

知识点	项目应用阶段	典型工作事件	主要涉及的岗位	要求
建筑施工企业安全生产许可证管理的一般规定	项目全寿命周期	建筑施工企业实行安全生产许可制度	施工企业主要负责人、项目经理、技术负责人等	说出

（续表）

知识点	项目应用阶段	典型工作事件	主要涉及的岗位	要求
建筑施工企业取得安全生产许可证必须具备的安全生产条件	项目全寿命周期	熟悉建筑施工企业安全生产许可证办理的条件	施工企业主要负责人、项目经理、技术负责人等	列举
建筑施工企业安全生产许可证的申请与颁发	项目全寿命周期	申请办理建筑施工企业安全生产许可证	施工企业主要负责人、项目经理、技术负责人等	熟知

学习内容

为了严格规范建筑施工企业安全生产条件，进一步加强安全生产监督管理，防止和减少生产安全事故，根据《安全生产许可证条例》《建设工程安全生产管理条例》等有关行政法规，制定《建筑施工企业安全生产许可证管理规定》。该规定于 2004 年 6 月 28 日建设部第 37 次部常务会议讨论通过，2004 年 7 月 5 日建设部令第 128 号发布，自公布之日起施行。

6.3.1　建筑施工企业安全生产许可证管理的一般规定

1. 国家对建筑施工企业实行安全生产许可制度

建筑施工企业未取得安全生产许可证的，不得从事建筑施工活动。《建筑施工企业安全生产许可证管理规定》所称建筑施工企业，是指从事土木工程、建筑工程、线路管道和设备安装工程及装修工程的新建、扩建、改建和拆除等有关活动的企业。

2. 建筑施工企业安全生产许可证的颁发和管理

国务院建设主管部门负责中央管理的建筑施工企业安全生产许可证的颁发和管理。省、自治区、直辖市人民政府建设主管部门负责本行政区域内中央管理的建筑施工企业以外的建筑施工企业安全生产许可证的颁发和管理，并接受国务院建设主管部门的指导和监督。市、县人民政府建设主管部门负责本行政区域内建筑施工企业安全生产许可证的监督管理，并将监督检查中发现的企业违法行为及时报告安全生产许可证颁发管理机关。

6.3.2　建筑施工企业取得安全生产许可证必须具备的安全生产条件

（1）建立、健全安全生产责任制，制定完备的安全生产规章制度和操作规程；

（2）保证本单位安全生产条件所需资金的投入；

（3）设置安全生产管理机构，按照国家有关规定配备专职安全生产管理人员；

（4）主要负责人、项目负责人、专职安全生产管理人员经建设主管部门或者其他有关部门考核合格；

（5）特种作业人员经有关业务主管部门考核合格，取得特种作业操作资格证书；

（6）管理人员和作业人员每年至少进行一次安全生产教育培训并考核合格；

（7）依法参加工伤保险，依法为施工现场从事危险作业的人员办理意外伤害保险，为从业人员交纳保险费；

（8）施工现场的办公、生活区及作业场所和安全防护用具、机械设备、施工机具及配件符

合有关安全生产法律、法规、标准和规程的要求;

（9）有职业危害防治措施,并为作业人员配备符合国家标准或者行业标准的安全防护用具和安全防护服装;

（10）有对危险性较大的分部分项工程及施工现场易发生重大事故的部位、环节的预防、监控措施和应急预案;

（11）有生产安全事故应急救援预案、应急救援组织或者应急救援人员,配备必要的应急救援器材、设备;

（12）法律、法规规定的其他条件。

6.3.3 建筑施工企业安全生产许可证的申请与颁发

1. 申请与颁发的管理权限

建筑施工企业从事建筑施工活动前,应当依照有关规定向省级以上建设主管部门申请领取安全生产许可证。

中央管理的建筑施工企业（集团公司、总公司）应当向国务院建设主管部门申请领取安全生产许可证。中央管理的建筑施工企业以外的其他建筑施工企业,包括中央管理的建筑施工企业（集团公司、总公司）下属的建筑施工企业,应当向企业注册所在地省、自治区、直辖市人民政府建设主管部门申请领取安全生产许可证。

2. 申请安全生产许可证时应当提供的材料

建筑施工企业申请安全生产许可证时,应当向建设主管部门提供下列材料:

（1）建筑施工企业安全生产许可证申请表;

（2）企业法人营业执照;

（3）《建筑施工企业安全生产许可证管理规定》第四条规定的相关文件、材料。

建筑施工企业申请安全生产许可证,应当对申请材料实质内容的真实性负责,不得隐瞒有关情况或者提供虚假材料。

3. 安全生产许可证的颁发

建设主管部门应当自受理建筑施工企业的申请之日起45日内审查完毕;经审查符合安全生产条件的,颁发安全生产许可证;不符合安全生产条件的,不予颁发安全生产许可证,书面通知企业并说明理由。企业自接到通知之日起应当进行整改,整改合格后方可再次提出申请。

建设主管部门审查建筑施工企业安全生产许可证申请,涉及铁路、交通、水利等有关专业工程时,可以征求铁路、交通、水利等有关部门的意见。

4. 安全生产许可证的有限期

安全生产许可证的有效期为3年。安全生产许可证有效期满需要延期的,企业应当于期满前3个月向原安全生产许可证颁发管理机关申请办理延期手续。

企业在安全生产许可证有效期内,严格遵守有关安全生产的法律法规,未发生死亡事故的,安全生产许可证有效期届满时,经原安全生产许可证颁发管理机关同意,不再审查,安全生产许可证有效期延期3年。

5. 安全生产许可证的变更与注销

建筑施工企业变更名称、地址、法定代表人等,应当在变更后10日内,到原安全生产许可证颁发管理机关办理安全生产许可证变更手续。

　　建筑施工企业破产、倒闭、撤销的,应当将安全生产许可证交回原安全生产许可证颁发管理机关予以注销。

　　建筑施工企业遗失安全生产许可证,应当立即向原安全生产许可证颁发管理机关报告,并在公众媒体上声明作废后,方可申请补办。

6. 安全生产许可证的监督管理

　　(1) 县级以上人民政府建设主管部门应当加强对建筑施工企业安全生产许可证的监督管理。建设主管部门在审核发放施工许可证时,应当对已经确定的建筑施工企业是否有安全生产许可证进行审查,对没有取得安全生产许可证的,不得颁发施工许可证。

　　(2) 跨省从事建筑施工活动的建筑施工企业有违反《建筑施工企业安全生产许可证管理规定》行为的,由工程所在地的省级人民政府建设主管部门将建筑施工企业在本地区的违法事实、处理结果和处理建议抄告原安全生产许可证颁发管理机关。

　　(3) 建筑施工企业取得安全生产许可证后,不得降低安全生产条件,并应当加强日常安全生产管理,接受建设主管部门的监督检查。安全生产许可证颁发管理机关发现企业不再具备安全生产条件的,应当暂扣或者吊销安全生产许可证。

　　(4) 安全生产许可证颁发管理机关或者其上级行政机关发现有下列情形之一的,可以撤销已经颁发的安全生产许可证:

　　① 安全生产许可证颁发管理机关工作人员滥用职权、玩忽职守颁发安全生产许可证的;

　　② 超越法定职权颁发安全生产许可证的;

　　③ 违反法定程序颁发安全生产许可证的;

　　④ 对不具备安全生产条件的建筑施工企业颁发安全生产许可证的;

　　⑤ 依法可以撤销已经颁发的安全生产许可证的其他情形。

　　依照上述规定撤销安全生产许可证,建筑施工企业的合法权益受到损害的,建设主管部门应当依法给予赔偿。

　　(5) 安全生产许可证颁发管理机关应当建立、健全安全生产许可证档案管理制度,定期向社会公布企业取得安全生产许可证的情况,每年向同级安全生产监督管理部门通报建筑施工企业安全生产许可证颁发和管理情况。

　　(6) 建筑施工企业不得转让、冒用安全生产许可证或者使用伪造的安全生产许可证。

　　(7) 建设主管部门工作人员在安全生产许可证颁发、管理和监督检查工作中,不得索取或者接受建筑施工企业的财物,不得谋取其他利益。

　　(8) 任何单位或者个人对违反《建筑施工企业安全生产许可证管理规定》的行为,有权向安全生产许可证颁发管理机关或者监察机关等有关部门举报。

二维码内含精彩案例及解析,快来扫一扫吧!

案例 6-3

6.4　建设工程安全生产责任制

工程应用

知识点	项目应用阶段	典型工作事件	主要涉及的岗位	要求
建设工程活动主体负责人安全生产责任制	施工准备阶段、实施阶段	施工企业经理对安全生产负总责	建设方工地现场主管、施工项目经理、安全员等	牢记
专职工作人员安全生产责任制	施工准备阶段、实施阶段	专职工作人员安全职责	施工项目经理、安全员等	牢记
从业人员安全生产责任制	施工准备阶段、实施阶段	紧急避险权	施工项目经理、安全员等	牢记

学习内容

安全生产责任制度,是指将各种不同的安全生产责任落实到负责有安全生产管理责任的人员和具体岗位人员身上的一种制度。这一制度是"安全第一、预防为主、综合治理"方针的具体体现。安全生产责任制度是建设工程生产中最基本的安全生产管理制度,是所有安全生产规章制度的核心。

在建设工程活动中,只有明确安全生产责任、分工负责,才能形成完整有效的安全生产管理体系,激发每个人的安全生产责任感,严格执行建设工程安全生产的法律、法规和安全规程、技术规范,防患于未然,减少和杜绝建设工程事故,为建设工程的生产创造一个良好的环境。安全生产的责任制度包括行业主管部门建立健全建设工程安全生产的监督管理体系,制定建设工程安全生产监督管理工作制度,组织落实各级领导分工负责的建设工程安全生产责任制;参与建设工程活动各方的建设单位、设计单位,特别是建筑施工企业的安全生产责任制;施工现场的安全生产责任制;《建筑法》还明确规定了建筑施工企业的法定代表人对本企业的安全生产负责等。

6.4.1　建设工程活动主体负责人安全生产责任制

建筑企业要加强安全生产的领导,尊重科学,严格管理,应当逐级建立安全生产责任制度。企业经理(厂长)和主管生产的副经理(副厂长)对本企业的劳动保护和安全生产负总的责任。其责任是:认真贯彻执行劳动保护和安全生产政策、法规和规章制度;定期向企业职代会报告企业安全生产情况和措施;制定企业各级干部的安全责任制度等制度;定期研究解决安全生产中的问题;组织审批安全技术措施计划并贯彻实施;定期组织安全检查和开展安全竞赛等活动;对职工进行安全和遵章守纪教育;督促各级领导干部和各职能部门的职工做好本职范围内的安全工作;总结与推广安全生产先进经验;主持重大伤亡事故的调查分析,提出处理意见和改进措施,并督促实施。

企业总工程师(技术负责人)对本企业的劳动保护和安全生产的技术工作负总的责任。项目经理、施工队长、车间主任应对本单位劳动和安全生产工作负具体领导责任。工长、施工员对所管工程的安全生产负直接责任。企业中的生产、技术、材料供应等各职能机构都应在各自业务范围内对实现安全生产的要求负责。

6.4.2　专职工作人员安全生产责任制

企业应根据实际情况，建立安全机构，并按照职工总数配备相应的专职人员（一般为0.2%～0.5%），负责安全管理工作和安全监督检查工作。其主要的职责是：

(1) 贯彻执行有关安全技术劳动保护法规；

(2) 做好安全生产的宣传教育和管理工作，总结交流推广先进经验；

(3) 经常深入基层，指导下级安全技术人员的工作，掌握安全生产情况，调查研究生产中的不安全问题，提出改进意见和措施；

(4) 组织安全活动和定期安全检查；

(5) 参加审查施工组织设计（施工方案）和编制安全技术措施计划，并对贯彻执行情况进行督促检查；

(6) 与有关部门共同做好新工人、特殊工种工人的安全技术训练、考核、发证工作；

(7) 进行工伤事故统计、分析和报告，参加工伤事故的调查和处理；

(8) 禁止违章指挥和违章作业，遇有严重险情，有权暂停生产，并报告领导处理。

6.4.3　从业人员安全生产责任制

1. 从业人员的权利

从业人员的权利主要有：

(1) 从业人员有权了解其作业场所和工作岗位存在的危险因素、防范措施及事故应急措施；

(2) 从业人员有对本单位的安全生产工作提出建议的权利；

(3) 有权对单位存在的问题提出批评、检举和控告；

(4) 有权拒绝违章指挥和强令冒险作业；

(5) 有权在直接危及人身安全的紧急情况时停止作业或者在采取可能的应急措施后撤离作业场所；

(6) 从业人员有获得符合国家标准或者行业标准的劳动防护用品的权利；

(7) 从业人员有获得安全生产教育和培训的权利；

(8) 从业人员有依法获得社会保险的权利，有依照民事法律的相关规定，向本单位提出赔偿要求的权利。

2. 从业人员的责任

从业人员的责任主要有：

(1) 遵章守纪；(2) 正确使用防护用品；(3) 接受安全生产教育；(4) 事故隐患及时报告。

3. 从业人员安全生产责任制

从业人员安全生产责任制主要包括：

(1) 积极参加各级安全教育，认真学习、严格执行安全操作规程。

(2) 严格按规定正确佩戴、使用劳动保护用品。

(3) 了解、熟悉操作工位存在的各种危险源、控制措施和应急响应；及时向上级领导反映影响安全生产的问题,随时提出、改善周边不安全因素,努力使工作场所成为一个安全、舒畅的工作场所。

(4) 认真学习执行公司各项规章制度,严禁违章作业。发生工伤要实事求是地向所属负责人和技安环保科反映情况。

(5) 认真做好设备、工、器具、劳动保护用品的安全检查。

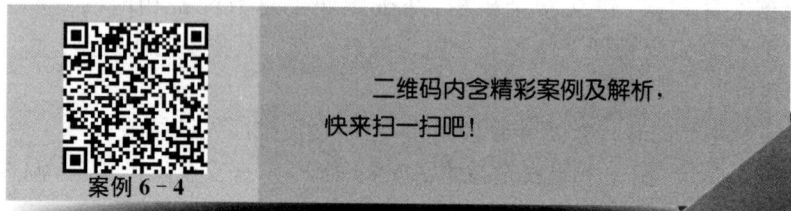

二维码内含精彩案例及解析,
快来扫一扫吧!

案例 6 - 4

6.5 建设工程安全生产教育培训制度

工程应用

知识点	项目应用阶段	典型工作事件	主要涉及的岗位	要求
建设工程安全生产教育培训的监督管理	施工准备阶段	政府有关部门对建筑业企业职工安全培训、教育进修监督	建设方工地现场主管、施工项目经理、安全员等	熟知
建设工程安全生产教育培训的对象、时间和内容	施工准备阶段	建筑业企业岗位工作人员年安全教育时间	施工项目经理、安全员等	熟知
建设工程安全培训教育的实施与管理	施工准备阶段	安全培训教育登记制度	施工项目经理、安全员等	熟知

学习内容

安全生产教育培训制度是对广大建设工程干部职工进行安全生产教育培训,提高安全意识,增加安全知识和技能的制度。安全生产,人人有责。只有通过对广大职工进行安全生产教育、培训,才能使广大职工真正认识到安全生产的重要性和必要性,掌握更多、更有效的安全生产的科学技术知识,牢固树立安全第一的思想,自觉遵守各项安全生产的规章制度。《建筑法》第 46 条明确规定:"建筑施工企业应当建立健全劳动安全生产教育培训制度,加强对职工安全生产的教育培训;未经安全生产教育培训的人员,不得上岗作业。"

6.5.1 建设工程安全生产教育培训的监督管理

住房与城乡建设部主管全国建筑业企业职工安全培训教育工作。国务院有关专业部门负责所属建筑业企业职工的安全培训教育工作。其所属企业的安全培训教育工作,还应当接受企业所在地建设行政主管部门及其所属建筑安全监督管理机构的指导和监督。县级以上地方人民政府建设行政主管部门负责本行政区域内建筑业企业职工安全培训教育管理工作。

6.5.2　建设工程安全生产教育培训的对象、时间和内容

建筑业企业职工每年必须接受一次专门的安全生产教育培训,时间要求是:

(1) 企业法定代表人、项目经理每年接受安全培训的时间,不得少于 30 学时;

(2) 企业专职安全管理人员除按照建教(1991)522 号文《建设企事业单位关键岗位持证上岗管理规定》的要求,取得岗位合格证书并持证上岗外,每年还必须接受安全专业技术业务培训,时间不得少于 40 学时;

(3) 企业其他管理人员和技术人员每年接受安全培训的时间,不得少于 20 学时;

(4) 企业特殊工种(包括电工、焊工、架子工、司炉工、爆破工、机械操作工、起重工、塔吊司机及指挥人员、人货两用电梯司机等)在通过专业技术培训并取得岗位操作证后,每年仍须接受有针对性的安全培训,时间不得少于 20 学时;

(5) 企业其他职工每年接受安全培训的时间,不得少于 15 学时;

(6) 企业待岗、转岗、换岗的职工,在重新上岗前,必须接受一次安全培训,时间不得少于 20 学时。

建筑业企业新进场的工人必须接受公司、项目(或工区、工程处、施工队,下同)、班线的三级安全培训教育,经考核合格后,方能上岗。这些安全培训教育的内容和时间如下:

(1) 公司安全培训教育的主要内容是国家和地方有关安全生产的方针、政策、法规、标准、规范、规程和企业的安全规章制度等。培训教育的时间不得少于 15 学时。

(2) 项目安全培训教育的主要内容是工地安全制度、施工现场环境、工程施工特点及可能存在的不安全因素等。培训教育的时间不得少于 15 学时。

(3) 班组安全培训教育的主要内容是本工种的安全操作规程、事故案例剖析、劳动纪律和岗位讲评等。培训教育的时间不得少于 20 学时。

6.5.3　建设工程安全培训教育的实施与管理

建设工程安全培训教育实行登记制度。建筑业企业必须建立职工的安全培训教育档案,没有接受安全培训教育的职工,不得在施工现场从事作业或者管理活动。

县级以上地方人民政府建设行政主管部门制订本行政区域内建筑业企业职工安全培训教育规划和年度计划,并组织实施。省、自治区、直辖市的建筑业企业职工安全培训教育规划和年度计划,应当报建设部建设教育主管部门和建筑安全主管部门备案。国务院有关专业部门负责组织制订所属建筑业企业职工安全培训教育规划和年度计划,并组织实施。

有条件的大中型建筑业企业,经企业所在地的建设行政主管部门或者授权所属的建筑安全监督管理机构审核确认后,可以对本企业的职工进行安全培训工作,并接受企业所在地的建设行政主管部门或者建筑安全监督管理机构的指导和监督。其他建筑业企业职工的安全培训工作,由企业所在地的建设行政主管部门或者建筑安全监督管理机构负责组织。建筑业企业法定代表人、项目经理的安全培训工作,由企业所在地的建设行政主管部门或者建筑安全监督管理机构负责组织。

实行总分包的工程项目,总包单位要负责统一管理分包单位的职工安全培训教育工作。分包单位要服从总包单位的统一管理。

从事建筑业企业职工安全培训工作的人员,应当具备下列条件:

(1)具有中级以上专业技术职称;(2)有5年以上施工现场经验或者从事建筑安全教学、法规等方面工作5年以上的人员;(3)经建筑安全师资培训合格,并获得培训资格证书。

建筑业企业职工的安全培训,应当使用经建设部主管部门和建筑安全主管部门统一审定的培训大纲和教材。建筑业企业职工的安全培训教育经费,从企业职工教育经费中列支。

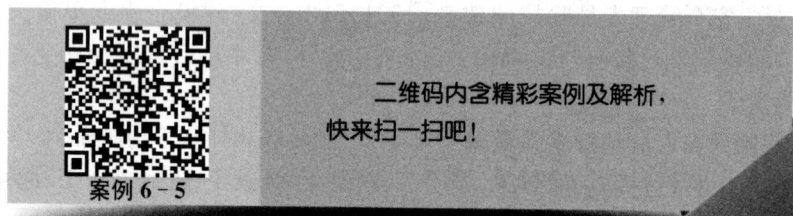

二维码内含精彩案例及解析,快来扫一扫吧!

案例6-5

6.6 建设行为主体的安全生产责任

工程应用

知识点	项目应用阶段	典型工作事件	主要涉及的岗位	要求
建设单位的安全责任	施工准备阶段、实施阶段	建设单位向施工单位提供地下管线等资料	建设方工地现场主管、施工项目经理、安全员等	牢记
施工单位的安全责任	施工准备阶段、实施阶段	施工单位应配备专职安全生产管理人员	施工项目经理、安全员等	牢记
勘察、设计、工程监理及其他有关单位的安全责任	施工准备阶段、实施阶段	设计单位应考虑施工安全操作和防护的需要	勘察、设计、监理等项目负责人,施工安全员等	牢记

学习内容

建设单位、勘察单位、设计单位、施工单位、工程监理单位及其他与建设工程安全生产有关的单位必须遵守安全生产法律、法规的规定,保证建设工程安全生产,依法承担建筑工程安全生产责任。

6.6.1 建设单位的安全责任

1. 应当如实向施工单位提供有关施工材料

建设单位应当向施工单位提供施工现场及毗邻区域内供水、排水、供电、供气、供热、通信、广播电视等地下管线资料,气象和水文观测资料,相邻建筑物和构筑物、地下工程的有关资料,并保证资料的真实、准确、完整。建设单位因建设工程需要,向有关部门或者单位查询上述规定的资料时,有关部门或者单位应当及时提供。

2. 不得向有关单位提出非法要求，不得压缩合理工期

建设单位不得对勘察、设计、施工、工程监理等单位提出不符合建设工程安全生产法律、法规和强制性标准规定的要求，不得压缩合同约定的工期。

3. 保证必要的安全投入

建设单位在编制工程概预算时，应当确定建设工程安全作业环境及安全施工措施所需费用。

4. 其他安全责任

(1) 建设单位不得明示或者暗示施工单位购买、租赁、使用不符合安全施工要求的安全防护用具、机械设备、施工机具及配件、消防设施和器材。

(2) 建设单位在申请领取施工许可证时，应当提供建设工程有关安全施工措施的资料。依法批准开工报告的建设工程，建设单位应当自开工报告批准之日起 15 日内，将保证安全施工的措施报送建设工程所在地的县级以上地方人民政府建设行政主管部门或者其他有关部门备案。

(3) 建设单位应当将拆除工程发包给具有相应资质等级的施工单位。建设单位应当在拆除工程施工 15 日前，将下列资料报送建设工程所在地的县级以上地方人民政府建设行政主管部门或者其他有关部门备案：① 施工单位资质等级证明；② 拟拆除建筑物、构筑物及可能危及毗邻建筑的说明；③ 拆除施工组织方案；④ 堆放、清除废弃物的措施。实施爆破作业的，应当遵守国家有关民用爆炸物品管理的规定。

6.6.2　施工单位的安全责任

1. 依法承揽工程的责任

施工单位从事建设工程的新建、扩建、改建和拆除等活动，应当具备国家规定的注册资本、专业技术人员、技术装备和安全生产等条件，依法取得相应等级的资质证书，并在其资质等级许可的范围内承揽工程。

2. 施工单位安全责任制

(1) 施工单位主要负责人依法对本单位的安全生产工作全面负责。施工单位应当建立健全安全生产责任制度和安全生产教育培训制度，制定安全生产规章制度和操作规程，保证本单位安全生产条件所需资金的投入，对所承担的建设工程进行定期和专项安全检查，并做好安全检查记录。施工单位的项目负责人应当由取得相应执业资格的人员担任，对建设工程项目的安全施工负责，落实安全生产责任制度、安全生产规章制度和操作规程，确保安全生产费用的有效使用，并根据工程的特点组织制定安全施工措施，消除安全事故隐患，及时、如实报告生产安全事故。

(2) 施工单位的主要负责人、项目负责人、专职安全生产管理人员应当经建设行政主管部门或者其他有关部门考核合格后方可任职。施工单位应当对管理人员和作业人员每年至少进行一次安全生产教育培训，其教育培训情况记入个人工作档案。安全生产教育培训考核不合格的人员，不得上岗。

3. 施工现场防护的责任

(1) 编制安全技术措施、临时用电方案和安全专项施工方案。施工单位应当在施工组织设计中编制安全技术措施和施工现场临时用电方案，对下列达到一定规模的危险性较大的分部分项工程编制专项施工方案，并附具安全验算结果，经施工单位技术负责人、总监理工程师签字后实施,由专职安全生产管理人员进行现场监督:① 基坑支护与降水工程;② 土方开挖工程;③ 模板工程;④ 起重吊装工程;⑤ 脚手架工程;⑥ 拆除、爆破工程;⑦ 国务院建设行政主管部门或者其他有关部门规定的其他危险性较大的工程。对以上所列工程中涉及深基坑、地下暗挖工程、高大模板工程的专项施工方案,施工单位还应当组织专家进行论证、审查。

（2）安全施工技术交底。建设工程施工前,施工单位负责项目管理的技术人员应当对有关安全施工的技术要求向施工作业班组、作业人员作出详细说明,并由双方签字确认。

（3）不同施工阶段和暂停施工应采取的安全施工措施。施工单位应当根据不同施工阶段和周围环境及季节、气候的变化,在施工现场采取相应的安全施工措施。施工现场暂时停止施工的,施工单位应当做好现场防护,所需费用由责任方承担,或者按照合同约定执行。

（4）施工现场临时设施的安全卫生要求。施工单位应当将施工现场的办公、生活区与作业区分开设置,并保持安全距离;办公、生活区的选址应当符合安全性要求。职工的膳食、饮水、休息场所等应当符合卫生标准。施工单位不得在尚未竣工的建筑物内设置员工集体宿舍。施工现场临时搭建的建筑物应当符合安全使用要求。施工现场使用的装配式活动房屋应当具有产品合格证。

（5）对施工现场周边的安全防护措施。施工单位对因建设工程施工可能造成损害的毗邻建筑物、构筑物和地下管线等,应当采取专项防护措施。施工单位应当遵守有关环境保护法律、法规的规定,在施工现场采取措施,防止或者减少粉尘、废气、废水、固体废物、噪声、振动和施工照明对人和环境的危害和污染。在城市市区内的建设工程,施工单位应当对施工现场实行封闭围挡。

（6）施工现场消防安全职责和应采取的消防安全措施。施工单位应当在施工现场建立消防安全责任制度,确定消防安全责任人,制定用火、用电、使用易燃易爆材料等各项消防安全管理制度和操作规程,设置消防通道、消防水源,配备消防设施和灭火器材,并在施工现场入口处设置明显标志。

4. 总包分包的安全责任

建设工程实行施工总承包的,由总承包单位对施工现场的安全生产负总责。总承包单位应当自行完成建设工程主体结构的施工。总承包单位依法将建设工程分包给其他单位的,分包合同中应当明确各自的安全生产方面的权利、义务。总承包单位和分包单位对分包工程的安全生产承担连带责任。分包单位应当服从总承包单位的安全生产管理,分包单位不服从管理导致生产安全事故的,由分包单位承担主要责任。

5. 安全管理方面的责任

（1）施工单位应当设立安全生产管理机构,配备专职安全生产管理人员。专职安全生产管理人员负责对安全生产进行现场监督检查。发现安全事故隐患,应当及时向项目负责人和安全生产管理机构报告;对违章指挥、违章操作的,应当立即制止。专职安全生产管理人员的配备办法由国务院建设行政主管部门会同国务院其他有关部门制定。

（2）作业人员进入新的岗位或者新的施工现场前,应当接受安全生产教育培训。未经教育培训或者教育培训考核不合格的人员,不得上岗作业。施工单位在采用新技术、新工艺、新设备、新材料时,应当对作业人员进行相应的安全生产教育培训。

（3）危险部位设置安全警示标志。施工单位应当在施工现场入口处、施工起重机械、临时用电设施、脚手架、出入通道口、楼梯口、电梯井口、孔洞口、桥梁口、隧道口、基坑边沿、爆破物及有害危险气体和液体存放处等危险部位,设置明显的安全警示标志。安全警示标志必须符合国家标准。

(4)施工单位应当向作业人员提供安全防护用具和安全防护服装,并书面告知危险岗位的操作规程和违章操作的危害。作业人员有权对施工现场的作业条件、作业程序和作业方式中存在的安全问题提出批评、检举和控告,有权拒绝违章指挥和强令冒险作业。在施工中发生危及人身安全的紧急情况时,作业人员有权立即停止作业或者在采取必要的应急措施后撤离危险区域。

(5)安全防护设备、机械设备等的安全管理。① 施工单位采购、租赁的安全防护用具、机械设备、施工机具及配件,应当具有生产(制造)许可证、产品合格证,并在进入施工现场前进行查验。施工现场的安全防护用具、机械设备、施工机具及配件必须由专人管理,定期进行检查、维修和保养,建立相应的资料档案,并按照国家有关规定及时报废。② 施工单位在使用施工起重机械和整体提升脚手架、模板等自升式架设设施前,应当组织有关单位进行验收,也可以委托具有相应资质的检验检测机构进行验收;使用承租的机械设备和施工机具及配件的,由施工总承包单位、分包单位、出租单位和安装单位共同进行验收。验收合格的方可使用。《特种设备安全监察条例》规定的施工起重机械,在验收前应当经有相应资质的检验检测机构监督检验合格。施工单位应当自施工起重机械和整体提升脚手架、模板等自升式架设设施验收合格之日起 30 日内,向建设行政主管部门或者其他有关部门登记。登记标志应当置于或者附着于该设备的显著位置。

6. 安全投入方面的责任

(1)施工单位对列入建设工程概算的安全作业环境及安全施工措施所需费用,应当用于施工安全防护用具及设施的采购和更新、安全施工措施的落实、安全生产条件的改善,不得挪作他用。

(2)施工单位应当为施工现场从事危险作业的人员办理意外伤害保险。意外伤害保险费由施工单位支付。实行施工总承包的,由总承包单位支付意外伤害保险费。意外伤害保险期限自建设工程开工之日起至竣工验收合格止。

此外,在工程施工过程中,作业人员应当遵守安全施工的强制性标准、规章制度和操作规程,正确使用安全防护用具、机械设备等;垂直运输机械作业人员、安装拆卸工、爆破作业人员、起重信号工、登高架设作业人员等特种作业人员,必须按照国家有关规定经过专门的安全作业培训,并取得特种作业操作资格证书后,方可上岗作业。

6.6.3　勘察、设计、工程监理及其他有关单位的安全责任

1. 勘察单位的安全责任

勘察单位应当按照法律、法规和工程建设强制性标准进行勘察,提供的勘察文件应当真实、准确,满足建设工程安全生产的需要。勘察单位在勘察作业时,应当严格执行操作规程,采取措施保证各类管线、设施和周边建筑物、构筑物的安全;

2. 设计单位的安全责任

设计单位应当按照法律、法规和工程建设强制性标准进行设计,防止因设计不合理导致生产安全事故的发生。设计单位应当考虑施工安全操作和防护的需要,对涉及施工安全的重点部位和环节在设计文件中注明,并对防范生产安全事故提出指导意见。采用新结构、新材料、新工

艺的建设工程和特殊结构的建设工程,设计单位应当在设计中提出保障施工作业人员安全和预防生产安全事故的措施建议。设计单位和注册建筑师等注册执业人员应当对其设计负责。

3. 工程监理单位的安全责任

工程监理单位应当审查施工组织设计中的安全技术措施或者专项施工方案是否符合工程建设强制性标准。工程监理单位在实施监理过程中,发现存在安全事故隐患的,应当要求施工单位整改;情况严重的,应当要求施工单位暂时停止施工,并及时报告建设单位。施工单位拒不整改或者不停止施工的,工程监理单位应当及时向有关主管部门报告。工程监理单位和监理工程师应当按照法律、法规和工程建设强制性标准实施监理,并对建设工程安全生产承担监理责任;

4. 其他有关单位的安全责任

(1)为建设工程提供机械设备和配件的单位,应当按照安全施工的要求配备齐全有效的保险、限位等安全设施和装置;

(2)出租的机械设备和施工机具及配件,应当具有生产(制造)许可证、产品合格证。出租单位应当对出租的机械设备和施工机具及配件的安全性能进行检测,在签订租赁协议时,应当出具检测合格证明。禁止出租检测不合格的机械设备和施工机具及配件;

(3)在施工现场安装、拆卸施工起重机械和整体提升脚手架、模板等自升式架设设施,必须由具有相应资质的单位承担。安装、拆卸施工起重机械和整体提升脚手架、模板等自升式架设设施,应当编制拆装方案、制定安全施工措施,并由专业技术人员现场监督。施工起重机械和整体提升脚手架、模板等自升式架设设施安装完毕后,安装单位应当自检,出具自检合格证明,并向施工单位进行安全使用说明,办理验收手续并签字;

(4)施工起重机械和整体提升脚手架、模板等自升式架设设施的使用达到国家规定的检验检测期限的,必须经具有专业资质的检验检测机构检测。经检测不合格的,不得继续使用;

(5)检验检测机构对检测合格的施工起重机械和整体提升脚手架、模板等自升式架设设施,应当出具安全合格证明文件,并对检测结果负责。

课程思政 6 - 1

丰城市"8·4"较大建筑施工安全生产事故——我们应该吸取哪些教训?

案例简介:2020年8月4日上午10时10分左右,丰城市公安局特巡警大队、警务技能训练基地业务用房及剑南派出所新建项目施工工地,在拆除塔吊施工过程中,发生一起高处坠落事故,造成3人重伤,1人在送往医院途中死亡,2人在医院抢救无效死亡。

专家解读:经专家现场勘查,初步分析事故原因是:拆卸工未按操作流程操作,违规拆除顶升套架与下支座连接销轴;实际拆卸操作人员未接受安全技术交底;拆卸方案及安全技术交底无针对性;施工单位安全员及监理单位安全员未在施工现场进行旁站监督。

(来源:江西应急管理)

思政要点:落实全面依法治"安",培养忠于职守,爱岗敬业,精益求精的职业素养,树立工程责任意识,敬畏和尊重生命。

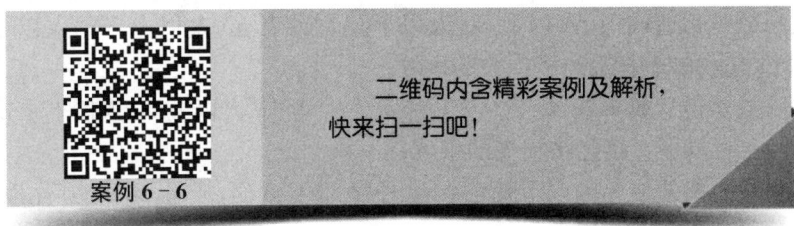

二维码内含精彩案例及解析，
快来扫一扫吧！

案例 6-6

6.7　建设工程生产安全事故的应急救援与调查处理

工程应用

知识点	项目应用阶段	典型工作事件	主要涉及的岗位	要求
建设工程生产安全事故的应急救援	施工准备阶段、实施阶段	应急救援方案制定与演练	建设方工地现场主管、施工项目经理、安全员等	熟知
建设工程生产安全事故的调查处理	施工准备阶段、实施阶段	安全事故等级及报告制度	建设方工地现场主管、施工项目经理、安全员等	熟知

学习内容

6.7.1　建设工程生产安全事故的应急救援

根据《建设工程安全生产管理条例》的规定，明确生产安全事故的应急救援如下：

（1）县级以上地方人民政府建设行政主管部门应当根据本级人民政府的要求，制定本行政区域内建设工程特大生产安全事故应急救援预案。

（2）施工单位应当制定本单位生产安全事故应急救援预案，建立应急救援组织或者配备应急救援人员，配备必要的应急救援器材、设备，并定期组织演练。

（3）施工单位应当根据建设工程施工的特点、范围，对施工现场易发生重大事故的部位、环节进行监控，制定施工现场生产安全事故应急救援预案。实行施工总承包的由总承包单位统一组织编制建设工程生产安全事故应急救援预案，工程总承包单位和分包单位按照应急救援预案，各自建立应急救援组织或者配备应急救援人员，配备救援器材、设备，并定期组织演练。

6.7.2　建设工程生产安全事故的调查处理

1. 生产安全事故的等级

《生产安全事故报告和调查处理条例》第 3 条规定，根据人员伤亡或者直接经济损失，生产安全事故一般分为以下等级：

（1）特别重大事故是指造成 30 人以上死亡或者 100 人以上重伤（包括急性工业中毒，下同），或者 1 亿元以上直接经济损失的事故；

（2）重大事故是指造成 10 人以上 30 人以下死亡或者 50 人以上 100 人以下重伤，或者 5 000 万元以上 1 亿元以下直接经济损失的事故；

（3）较大事故是指造成 3 人以上 10 人以下死亡或者 10 人以上 50 人以下重伤，或者 1 000 万元以上 5 000 万元以下直接经济损失的事故；

（4）一般事故是指造成 3 人以下死亡或者 10 人以下重伤，或者 1 000 万元以下直接经济损失的事故。

上述条款所称的"以上"包括本数，所称的"以下"不包括本数。

2. 事故报告

（1）事故逐级上报制度

事故发生后，事故现场有关人员应当立即向本单位负责人报告；单位负责人接到报告后，应当于 1 小时内向事故发生地县级以上人民政府安全生产监督管理部门和负有安全生产监督管理职责的有关部门报告。情况紧急时，事故现场有关人员可以直接向事故发生地县级以上人民政府安全生产监督管理部门和负有安全生产监督管理职责的有关部门报告。

安全生产监督管理部门和负有安全生产监督管理职责的有关部门接到事故报告后，应当依照下列规定上报事故情况，并通知公安机关、劳动保障行政部门、工会和人民检察院：

① 特别重大事故、重大事故逐级上报至国务院安全生产监督管理部门和负有安全生产监督管理职责的有关部门；

② 较大事故逐级上报至省、自治区、直辖市人民政府安全生产监督管理部门和负有安全生产监督管理职责的有关部门；

③ 一般事故上报至设区的市级人民政府安全生产监督管理部门和负有安全生产监督管理职责的有关部门。

安全生产监督管理部门和负有安全生产监督管理职责的有关部门依照前款规定上报事故情况，应当同时报告本级人民政府。国务院安全生产监督管理部门和负有安全生产监督管理职责的有关部门以及省级人民政府接到发生特别重大事故、重大事故的报告后，应当立即报告国务院。必要时，安全生产监督管理部门和负有安全生产监督管理职责的有关部门可以越级上报事故情况。安全生产监督管理部门和负有安全生产监督管理职责的有关部门逐级上报事故情况，每级上报的时间不得超过 2 小时。

（2）事故报告的内容

事故报告的内容应当包括：事故发生单位概况；事故发生的时间、地点以及事故现场情况；事故的简要经过；事故已经造成或者可能造成的伤亡人数（包括下落不明的人数）和初步估计的直接经济损失；已经采取的措施；其他应当报告的情况。

事故报告后出现新情况的，应当及时补报。自事故发生之日起 30 日内，事故造成的伤亡人数发生变化的，应当及时补报。道路交通事故、火灾事故自发生之日起 7 日内，事故造成的伤亡人数发生变化的，应当及时补报。

（3）事故的救援

事故发生单位负责人接到事故报告后，应当立即启动事故相应应急预案，或者采取有效措施，组织抢救，防止事故扩大，减少人员伤亡和财产损失。事故发生地有关地方人民政府、安全生产监督管理部门和负有安全生产监督管理职责的有关部门接到事故报告后，其负责人应当立即赶赴事故现场，组织事故救援。

（4）事故现场的保护

事故发生后，有关单位和人员应当妥善保护事故现场以及相关证据，任何单位和个人不得破坏事故现场、毁灭相关证据。

因抢救人员、防止事故扩大以及疏通交通等原因，需要移动事故现场物件的，应当做出标志，绘制现场简图并做出书面记录，妥善保存现场重要痕迹、物证。

3. 事故调查

（1）事故调查的权属

特别重大事故由国务院或者国务院授权有关部门组织事故调查组进行调查。重大事故、较大事故、一般事故分别由事故发生地省级人民政府、设区的市级人民政府、县级人民政府负责调查。省级人民政府、设区的市级人民政府、县级人民政府可以直接组织事故调查组进行调查，也可以授权或者委托有关部门组织事故调查组进行调查。对于未造成人员伤亡的一般事故，县级人民政府也可以委托事故发生单位组织事故调查组进行调查。上级人民政府认为必要时，可以调查由下级人民政府负责调查的事故。

自事故发生之日起 30 日内（道路交通事故、火灾事故自发生之日起 7 日内），事故伤亡人数变化导致事故等级发生变化，依照本条例规定应当由上级人民政府负责调查的，上级人民政府可以另行组织事故调查组进行调查。

特别重大事故以下等级事故，事故发生地与事故发生单位不在同一个县级以上行政区域的，由事故发生地人民政府负责调查，事故发生单位所在地人民政府应当派人参加。

（2）事故调查组

事故调查组的组成应当遵循精简、效能的原则。根据事故的具体情况，事故调查组由有关人民政府、安全生产监督管理部门、负有安全生产监督管理职责的有关部门、监察机关、公安机关以及工会派人组成，并应当邀请人民检察院派人参加。事故调查组可以聘请有关专家参与调查。事故调查组成员应当具有事故调查所需要的知识和专长，并与所调查的事故没有直接利害关系。事故调查组组长由负责事故调查的人民政府指定。事故调查组组长主持事故调查组的工作。

事故调查组的职责包括：查明事故发生的经过、原因、人员伤亡情况及直接经济损失；认定事故的性质和事故责任；提出对事故责任者的处理建议；总结事故教训，提出防范和整改措施；提交事故调查报告。

事故调查组的权限包括：

① 事故调查组有权向有关单位和个人了解与事故有关的情况，并要求其提供相关文件、资料，有关单位和个人不得拒绝。事故发生单位的负责人和有关人员在事故调查期间不得擅离职守，并应当随时接受事故调查组的询问，如实提供有关情况。

② 事故调查中发现涉嫌犯罪的，事故调查组应当及时将有关材料或者其复印件移交司法机关处理。

③ 事故调查中需要进行技术鉴定的，事故调查组应当委托具有国家规定资质的单位进行技术鉴定。必要时，事故调查组可以直接组织专家进行技术鉴定。技术鉴定所需时间不计入事故调查期限。

④ 事故调查组成员在事故调查工作中应当诚信公正、恪尽职守，遵守事故调查组的纪律，保守事故调查的秘密。未经事故调查组组长允许，事故调查组成员不得擅自发布有关事故的信息。

（3）事故调查报告

事故调查组应当自事故发生之日起60日内提交事故调查报告；特殊情况下，经负责事故调查的人民政府批准，提交事故调查报告的期限可以适当延长，但延长的期限不超过60日。事故调查报告应当包括下列内容：事故发生单位概况；事故发生经过和事故救援情况；事故造成的人员伤亡和直接经济损失；事故发生的原因和事故性质；事故责任的认定以及对事故责任者的处理建议；事故防范和整改措施。

事故调查报告应当附具有关证据材料。事故调查组成员应当在事故调查报告上签名。事故调查报告报送负责事故调查的人民政府后，事故调查工作即告结束。事故调查的有关资料应当归档保存。

4. 事故处理

对于重大事故、较大事故、一般事故，负责事故调查的人民政府应当自收到事故调查报告之日起15日内做出批复；特别重大事故，30日内做出批复，特殊情况下，批复时间可以适当延长，但延长的时间不超过30日。有关机关应当按照人民政府的批复，依照法律、行政法规规定的权限和程序，对事故发生单位和有关人员进行行政处罚，对负有事故责任的国家工作人员进行处分。事故发生单位应当按照负责事故调查的人民政府的批复，对本单位负有事故责任的人员进行处理。负有事故责任的人员涉嫌犯罪的，依法追究刑事责任。

事故发生单位应当认真吸取事故教训，落实防范和整改措施，防止事故再次发生。防范和整改措施的落实情况应当接受工会和职工的监督。安全生产监督管理部门和负有安全生产监督管理职责的有关部门应当对事故发生单位落实防范和整改措施的情况进行监督检查。

事故处理的情况由负责事故调查的人民政府或者其授权的有关部门、机构向社会公布，依法应当保密的除外。

课程思政 6-2

上海长宁"5·16"建筑坍塌事故救援

案例简介：2019年5月16日11时17分许，上海市长宁区昭化路148号光之里二期改造建筑工程发生坍塌，造成25人被埋压。上海市应急管理局和消防救援总队接到报警后，立即调集41辆消防车、300余名指战员、8头搜救犬和10台工程机械赶赴现场救援。同时，应急管理部门启动应急联动机制，协调公安、住建、医疗救护等力量到场协同处置。伴随着坍塌建筑局部结构严重变形，随时可能发生再次坍塌的危险情况，救援人员果断采取"询情与检测同步、搜索与救助并行"的救援方案，将坍塌现场划分为4个作业区域，实施交叉搜救。在14个小时内搜救出25名被埋压人员，其中13人生还。

主要经验：迅速启动应急响应机制，第一时间协调各有关力量到场实施救援。针对坍塌建筑变形严重、情况复杂且随时可能发生再次坍塌的危险，组织建筑结构等专家科学评估现场灾情，划片搜救、开辟通道，机械与人工救援相结合，为短时间成功处置创造了条件。

（来源：中华人民共和国应急管理部）

思政要点：建立健全应急响应机制，秉承"人道主义、博爱互助、无私奉献"理念科学救援，敬畏、尊重生命。

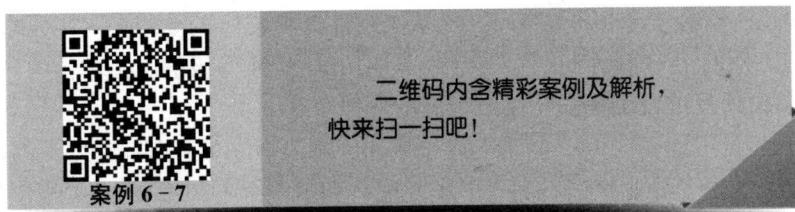

二维码内含精彩案例及解析，
快来扫一扫吧！

案例 6-7

6.8　违反建设工程安全生产管理的法律责任

工程应用

知识点	项目应用阶段	典型工作事件	主要涉及的岗位	要求
违反建设工程安全生产管理的法律责任	施工准备阶段、实施阶段	施工组织设计中的安全技术措施或者专项施工方案应进行审查	建设方工地现场主管、施工项目经理、安全员等	牢记
		施工起重机械和整体提升脚手架、模板等自升式架设设施应进行验收		

学习内容

1. 建设行政主管部门或其他有关行政管理部门的工作人员违反建设工程安全生产管理的法律责任

违反《建设工程安全生产管理条例》的规定，县级以上人民政府建设行政主管部门或者其他有关行政管理部门的工作人员，有下列行为之一的，给予降级或者撤职的行政处分；构成犯罪的，依照刑法有关规定追究刑事责任：(1) 对不具备安全生产条件的施工单位颁发资质证书的；(2) 对没有安全施工措施的建设工程颁发施工许可证的；(3) 发现违法行为不予查处的；(4) 不依法履行监督管理职责的其他行为。

2. 建设单位违反建设工程安全生产管理的法律责任

(1) 违反《建设工程安全生产管理条例》的规定，建设单位未提供建设工程安全生产作业环境及安全施工措施所需费用的，责令限期改正；逾期未改正的，责令该建设工程停止施工。建设单位未将保证安全施工的措施或者拆除工程的有关资料报送有关部门备案的，责令限期改正，给予警告。

(2) 违反《建设工程安全生产管理条例》的规定，建设单位有下列行为之一的，责令限期改正，处 20 万元以上 50 万元以下的罚款；造成重大安全事故，构成犯罪的，对直接责任人员，依照刑法有关规定追究刑事责任；造成损失的，依法承担赔偿责任：① 对勘察、设计、施工、工程监理等单位提出不符合安全生产法律、法规和强制性标准规定的要求的;② 要求施工单位压缩合同约定的工期的;③ 将拆除工程发包给不具有相应资质等级的施工单位的。

3. 施工单位违反建设工程安全生产管理的法律责任

(1) 违反《建设工程安全生产管理条例》的规定,施工单位有下列行为之一的,责令限期改正;逾期未改正的,责令停业整顿,依照《中华人民共和国安全生产法》的有关规定处以罚款;造成重大安全事故,构成犯罪的,对直接责任人员,依照刑法有关规定追究刑事责任:① 未设立安全生产管理机构、配备专职安全生产管理人员或者分部分项工程施工时无专职安全生产管理人员现场监督的;② 施工单位的主要负责人、项目负责人、专职安全生产管理人员、作业人员或者特种作业人员,未经安全教育培训或者经考核不合格即从事相关工作的;③ 未在施工现场的危险部位设置明显的安全警示标志,或者未按照国家有关规定在施工现场设置消防通道、消防水源、配备消防设施和灭火器材的;④ 未向作业人员提供安全防护用具和安全防护服装的;⑤ 未按照规定在施工起重机械和整体提升脚手架、模板等自升式架设设施验收合格后登记的;⑥ 使用国家明令淘汰、禁止使用的危及施工安全的工艺、设备、材料的。

(2) 施工单位安全费用违法行为应承担的法律责任。违反《建设工程安全生产管理条例》的规定,施工单位挪用列入建设工程概算的安全生产作业环境及安全施工措施所需费用的,责令限期改正,处挪用费用 20% 以上 50% 以下的罚款;造成损失的,依法承担赔偿责任。

(3) 施工现场安全防护违法行为应承担的法律责任。违反《建设工程安全生产管理条例》的规定,施工单位有下列行为之一的,责令限期改正;逾期未改正的,责令停业整顿,并处 5 万元以上 10 万元以下的罚款;造成重大安全事故,构成犯罪的,对直接责任人员,依照刑法有关规定追究刑事责任:① 施工前未对有关安全施工的技术要求作出详细说明的;② 未根据不同施工阶段和周围环境及季节、气候的变化,在施工现场采取相应的安全施工措施,或者在城市市区内的建设工程的施工现场未实行封闭围挡的;③ 在尚未竣工的建筑物内设置员工集体宿舍的;④ 施工现场临时搭建的建筑物不符合安全使用要求的;⑤ 未对因建设工程施工可能造成损害的毗邻建筑物、构筑物和地下管线等采取专项防护措施的。施工单位有上述规定第④项、第⑤项行为,造成损失的,依法承担赔偿责任。

(4) 违反《建设工程安全生产管理条例》的规定,施工单位有下列行为之一的,责令限期改正;逾期未改正的,责令停业整顿,并处 10 万元以上 30 万元以下的罚款;情节严重的,降低资质等级,直至吊销资质证书;造成重大安全事故,构成犯罪的,对直接责任人员,依照刑法有关规定追究刑事责任;造成损失的,依法承担赔偿责任:① 安全防护用具、机械设备、施工机具及配件在进入施工现场前未经查验或者查验不合格即投入使用的;② 使用未经验收或者验收不合格的施工起重机械和整体提升脚手架、模板等自升式架设设施的;③ 委托不具有相应资质的单位承担施工现场安装、拆卸施工起重机械和整体提升脚手架、模板等自升式架设设施的;④ 在施工组织设计中未编制安全技术措施、施工现场临时用电方案或者专项施工方案的。

(5) 违反《建设工程安全生产管理条例》的规定,施工单位的主要负责人、项目负责人未履行安全生产管理职责的,责令限期改正;逾期未改正的,责令施工单位停业整顿;造成重大安全事故、重大伤亡事故或者其他严重后果,构成犯罪的,依照刑法有关规定追究刑事责任。作业人员不服管理、违反规章制度和操作规程冒险作业造成重大伤亡事故或者其他严重后果,构成犯罪的,依照刑法有关规定追究刑事责任。施工单位的主要负责人、项目负责人有前款违法行为,尚不够刑事处罚的,处 2 万元以上 20 万元以下的罚款或者按照管理权限给予撤职处分;自刑罚执行完毕或者受处分之日起,5 年内不得担任任何施工单位的主要负责人、项目负责人。

(6) 施工单位取得资质证书后,降低安全生产条件的,责令限期改正;经整改仍未达到与其资质等级相适应的安全生产条件的,责令停业整顿,降低其资质等级直至吊销资质证书。

4. 勘察单位、设计单位违反建设工程安全生产管理的法律责任

违反《建设工程安全生产管理条例》的规定,勘察单位、设计单位有下列行为之一的,责令限期改正,处 10 万元以上 30 万元以下的罚款;情节严重的,责令停业整顿,降低资质等级,直至吊销资质证书;造成重大安全事故,构成犯罪的,对直接责任人员,依照刑法有关规定追究刑事责任;造成损失的,依法承担赔偿责任:① 未按照法律、法规和工程建设强制性标准进行勘察、设计的;② 采用新结构、新材料、新工艺的建设工程和特殊结构的建设工程,设计单位未在设计中提出保障施工作业人员安全和预防生产安全事故的措施建议的。

5. 工程监理单位违反建设工程安全生产管理的法律责任

违反《建设工程安全生产管理条例》的规定,工程监理单位有下列行为之一的,责令限期改正;逾期未改正的,责令停业整顿,并处 10 万元以上 30 万元以下的罚款;情节严重的,降低资质等级,直至吊销资质证书;造成重大安全事故,构成犯罪的,对直接责任人员,依照刑法有关规定追究刑事责任;造成损失的,依法承担赔偿责任:① 未对施工组织设计中的安全技术措施或者专项施工方案进行审查的;② 发现安全事故隐患未及时要求施工单位整改或者暂时停止施工的;③ 施工单位拒不整改或者不停止施工,未及时向有关主管部门报告的;④ 未依照法律、法规和工程建设强制性标准实施监理的。

6. 其他单位违反建设工程安全生产管理的法律责任

(1) 注册执业人员未执行法律、法规和工程建设强制性标准的,责令停止执业 3 个月以上 1 年以下;情节严重的,吊销执业资格证书,5 年内不予注册;造成重大安全事故的,终身不予注册;构成犯罪的,依照刑法有关规定追究刑事责任。

(2) 违反《建设工程安全生产管理条例》的规定,为建设工程提供机械设备和配件的单位,未按照安全施工的要求配备齐全有效的保险、限位等安全设施和装置的,责令限期改正,处合同价款 1 倍以上 3 倍以下的罚款;造成损失的,依法承担赔偿责任。

(3) 违反《建设工程安全生产管理条例》的规定,出租单位出租未经安全性能检测或者经检测不合格的机械设备和施工机具及配件的,责令停业整顿,并处 5 万元以上 10 万元以下的罚款;造成损失的,依法承担赔偿责任。

(4) 违反《建设工程安全生产管理条例》的规定,施工起重机械和整体提升脚手架、模板等自升式架设设施安装、拆卸单位有下列行为之一的,责令限期改正,处 5 万元以上 10 万元以下的罚款;情节严重的,责令停业整顿,降低资质等级,直至吊销资质证书;造成损失的,依法承担赔偿责任:① 未编制拆装方案、制定安全施工措施的;② 未由专业技术人员现场监督的;③ 未出具自检合格证明或者出具虚假证明的;④ 未向施工单位进行安全使用说明,办理移交手续的。施工起重机械和整体提升脚手架、模板等自升式架设设施安装、拆卸单位有前款规定的第①项、第③项行为,经有关部门或者单位职工提出后,对事故隐患仍不采取措施,因而发生重大伤亡事故或者造成其他严重后果,构成犯罪的,对直接责任人员,依照刑法有关规定追究刑事责任。

课程思政 6-3

福建泉州欣佳酒店"3·7"坍塌事故谁之过？

案例简介：2020年3月7日19时14分，福建省泉州市鲤城区的欣佳酒店所在建筑物发生坍塌事故，造成29人死亡、42人受伤，直接经济损失5 794万元。发生原因是，事故单位将欣佳酒店建筑物由原四层违法增加夹层改建成七层，达到极限承载能力并处于坍塌临界状态，加之事发前对底层支承钢柱违规加固焊接作业引发钢柱失稳破坏，导致建筑物整体坍塌。

专家解读：主要教训：一是"生命至上、安全第一"的理念没有牢固树立。二是依法行政意识淡薄。三是监管执法严重不负责任。四是安全隐患排查治理形式主义问题突出。五是相关部门审批把关层层失守。六是企业违法违规肆意妄为。

追责情况：对事故单位和技术服务机构给予吊销营业执照、特种行业许可证、卫生许可证等证照，吊销或降低企业资质，撤销消防设计备案、消防竣工验收备案、列入建筑市场主体"黑名单"、罚款；对有关责任人员吊销资格证书处理。对64名有关责任人依法依规追究责任。

（来源：中华人民共和国应急管理部）

思政要点：始终贯彻"安全第一、预防为主、综合治理的"安全生产方针，落实全面依法治"安"，敬畏尊重生命，增强社会责任感。

二维码内含精彩案例及解析，快来扫一扫吧！

案例 6-8

二维码内含本模块"1＋X"证书习题及答案，快来扫一扫吧！

"1＋X"证书习题 6

模块 7 建设工程监理法律制度

学习目标

知识目标：说出建设工程监理的概念、依据、原则、程序、监理规划及实施细则，列举建设工程监理的范围，知晓建设工程监理机构的组建，熟知工程质量、造价、进度控制及安全生产管理的监理工作，牢记建设工程监理单位的法律责任。

能力目标：能组建建设工程监理机构，能编制监理规划及监理实施细则，能从事监理员的工作。

思政目标：树立守法、诚信、公平意识，发扬科学精神，培育和践行"爱岗、敬业、诚信、友善"的社会主义核心价值观。

7.1 建设工程监理法律制度概述

工程应用

知识点	项目应用阶段	典型工作事件	主要涉及的岗位	要求
建设工程监理的概念	工程监理全过程	监理机构按建设监理合同要求进行工程监理	监理单位负责人、监理单位投标负责人、总监理工程师	说出
建设工程监理的依据	监理投标、实施阶段	按合同、国家强制性标准等进行现场监理	监理单位投标负责人、总监理工程师、专业监理工程师	说出
建设工程监理的范围	监理投标	现阶段监理范围主要是工程施工阶段	监理单位投标负责人、总监理工程师	说出
建设工程监理的性质	工程监理全过程	建设工程监理的主要任务	总监理工程师、专业监理工程师、监理员	说出
建设工程监理的原则	工程监理全过程	监理机构与施工单位不得有经济利益联系	总监理工程师、专业监理工程师、监理员	说出
建设工程监理工作的程序	工程监理全过程	监理业务的取得及实施	监理单位负责人、监理单位投标负责人、总监理工程师、专业监理工程师、监理员	列举

学习内容

7.1.1　建设工程监理的概念

建设工程监理，是指工程监理单位受建设单位委托，根据法律法规、工程建设标准、勘察设计文件及合同，在施工阶段对建设工程质量、造价、进度进行控制，对合同、信息进行管理，对工程建设相关方的关系进行协调，并履行建设工程安全生产管理法定职责的服务活动。

工程监理单位，是指依法成立并取得建设主管部门颁发的工程监理单位资质证书，从事建设工程监理与相关服务活动的服务机构。相关服务是指，工程监理单位受建设单位委托，按照建设工程监理合同约定，在建设工程勘察、设计、保修等阶段提供的服务活动。

建设工程监理的行为主体是工程监理单位，建设工程监理不同于建设行政主管部门的监督管理，也不同于总承包单位对分包单位的监督管理。建设工程监理只有在建设单位的委托下才能实施，只有在与建设单位订立书面委托监理合同，明确了监理的范围、内容、权利、义务和责任，工程监理单位才能在规定的范围内行使管理权，合法地开展建设工程监理。工程监理单位在委托监理的工程中拥有一定的管理权限，能够开展管理活动是建设单位授权的结果。

7.1.2　建设工程监理的依据

实施建设工程监理应遵循下列主要依据：
（1）法律法规及工程建设标准；
（2）建设工程勘察设计文件；
（3）建设工程监理合同及其他合同文件。

7.1.3　建设工程监理的范围

1. 工程范围

为了有效发挥建设工程监理的作用，加大推行监理的力度，根据《建筑法》，国务院公布的《建设工程质量管理条例》对实行强制性监理的工程范围作了原则性规定，建设部又进一步在《建设工程监理范围和规模标准规定》中对实行强制性监理的工程范围作了具体规定。下列建设工程必须实行监理：

（1）国家重点建设工程：依据《国家重点建设工程管理办法》所确定的对国民经济和社会发展有重大影响的骨干项目。

（2）大中型公用事业工程：项目总投资额在 3 000 万元以上的供水、供电、供气、供热等市政工程项目；科技、教育、文化等项目；体育、旅游、商业等项目；卫生、社会福利等项目；其他公用事业项目。

（3）成片开发建设的住宅小区工程：建筑面积在 5 万平方米以上的住宅建设工程。

（4）利用外国政府或者国际组织贷款、援助资金的工程：包括使用世界银行、亚洲开发银行等国际组织贷款资金的项目；使用外国政府及其机构贷款资金的项目；使用国际组织或者国外政府援助资金的项目。

（5）国家规定必须实行监理的其他工程：项目总投资在 3 000 万元以上关系社会公共利

益、公众安全的交通运输、水利建设、城市基础设施、生态环境保护、信息产业、能源等基础项目，以及学校、影剧院、体育馆项目。

2. 阶段范围

建设工程监理可以适用于工程建设投资决策阶段和项目施工阶段，但目前主要是建设工程施工阶段。

在建设工程施工阶段，建设单位、勘察单位、设计单位、施工单位和工程监理单位等工程建设的各类行为主体均参与到建设工程项目中，形成了一个完整的建设工程组织体系。在这个阶段，建设市场的发包体系、承包体系、管理服务体系的各主体在建设工程中各自承担工程建设的责任和义务，最终使建设工程建成投入使用。在施工阶段委托监理进行全面管理的目的是更有效地发挥监理的规划、控制、协调作用，为在计划目标内建成工程提供最好的专业服务。

7.1.4 建设工程监理的性质

1. 服务性

建设工程监理具有服务性，是从它的业务性方面定性的。建设工程监理的主要方法是规划、控制、协调，主要任务是"三控制、二管理、一协调"，控制建设工程的投资、进度和质量，做好合同管理和信息管理，协调工程建设各方的关系，最终达到的基本目的是协助建设单位在计划目标内将建设工程建成投入使用。这就是建设工程监理的管理服务内涵。

工程监理单位既不直接进行设计，也不直接进行施工；既不向建设单位承包造价，也不参与承包商的利益分成。在工程建设中，监理人员利用自己的知识、技能和经验、信息及必需的检测手段，为建设单位提供管理服务。

工程监理单位不能完全取代建设单位的管理活动，它不具有建设重大问题的决策权，它只能在建设单位授权范围内代表建设单位进行管理。

工程监理的服务对象是建设单位。监理服务是按照委托监理合同的规定进行的，是受法律约束和保护的。

2. 科学性

科学性是由建设工程监理要达到的基本目的决定的。建设工程监理以协助建设单位实现其投资目的为己任，力求在计划工作的目标内建成工程，面对工程规模日趋庞大，环境日益复杂，功能、标准要求越来越高，新技术、新工艺、新材料、新设备不断涌现，参加建设的单位越来越多，市场竞争日益激烈，风险日益增加的情况，监理单位只有采用科学的思想、理论、方法和手段才能驾驭工程建设实施。

工程监理的科学性主要表现在：工程监理单位应当由组织管理能力强、工程建设经验丰富的人员担任领导；应当有足够数量的、有丰富的管理经验和应变能力的监理工程师组成的骨干队伍；应当有一套健全的管理制度；能利用先进的管理理论、方法和手段进行现代化的管理；要积累足够的技术、经济资料和数据；要有科学的工作态度和严谨的工作作风，能实事求是、创造性地开展工作。

3. 独立性

《建筑法》明确指出，工程监理单位应当根据建设单位的委托，客观、公正地执行监理任务。《建设工程监理规范》（GB 50319—2013）要求工程监理单位按照"公正、独立、自主"的原则开展监理工作。

　　按照独立性要求,工程监理单位应当严格地按照有关法律、法规、规章、工程建设文件、工程建设技术标准、建设工程委托监理合同、有关的建设工程合同等的规定实施监理;在委托监理的工程中,与承建单位不得有隶属关系和其他利害关系;在开展工程监理的过程中,必须建立自己的组织,按照自己的工作计划、程序、流程、方法、手段,根据自己的判断,独立地开展工作。

4. 公正性

　　公正性是社会公认的职业道德准则,是监理行业能够长期生存和发展的基本职业道德准则。在开展建设工程监理的过程中,工程监理单位应当排除各种干扰,客观、公正地对待监理的委托单位和承建单位。特别是当建设单位和施工单位发生利益冲突或者矛盾时,工程监理单位应以事实为依据,以法律和合同为准绳,在维护建设单位的合法权益时,不损害承建单位的合法权益。

7.1.5　建设工程监理的原则

　　建设工程监理的原则是指在从事工程监理的过程中所应当遵循的基本准则和规则。综合来讲,在工程建设监理过程中应当遵循以下原则:

1. 依法监理的原则

　　从事工程监理的单位或个人进行监理所依据的主要是相关的法律、法规、部门规章、办法以及其他具有法律约束力的规范性文件,还包括其他的国家现行技术规范、技术标准、规程和工程质量检测验评的标准。"合同是当事人之间的法律",所以当事人遵循合同也是守法。建设单位与监理单位之间、建设单位与承包单位之间依法成立的合同以及其他的作为工程合同组成部分的文件都是建立的依据。作为建设单位和工程承包单位也要守法,他们与监理单位之间存在着直接或间接的关系,应当依据相关法律、合同的规定作好配合工作,不能对监理进行违法的干预。

2. 参照国际惯例的原则

　　西方发达国家工程建设监理工作已有 100 多年的历史,其监理体系趋于成熟和完善,各国具有严密的组织机构以及规范化的方式、手段和实施程序。我国的工程建设活动已进入国际市场,因此,从事工程建设监理的单位和从业的监理工程师应当充分研究和借鉴国际上通行做法和经验,迅速与国际接轨,更好地走向国际市场。

3. 结合我国国情的原则

　　如前所述,我国工程监理制度的建立需要借鉴国际的惯例,但又不能盲目地照搬,应当充分结合我国国情,建立具有中国特色的工程建设监理制度体系,更好地规范我国的工程监理工作。

7.1.6　建设工程监理工作的程序

　　为了更好地进行监理工作,保证监理工作的规范化和标准化,从而保证监理工作的质量,提高监理工作的水平,工程监理工作应遵循以下程序:

1. 监理任务的取得

　　我国工程监理任务的取得主要通过建设单位点名委托、竞标择优委托、商议委托等形式。建设项目符合《工程建设招标范围和规模标准规定》和《建设工程监理范围和规模标准规定》必须实行工程监理的工程项目,均须通过招标投标的方式选择监理单位。参加投标的单位必须具有与招标工程规模相适应的资质等级。招标单位可以自行组织招标,也可以委托具有相应资质的招标代理机构组织招标。强制监理的招标项目由招标单位自行组织招标的,应当向省、自治区、直辖市建设工程招标管理机构备案,以便监督管理。

2. 签订监理委托合同

建设工程委托监理合同简称监理合同,是指工程建设单位聘请监理单位代其对工程项目进行管理,明确双方权利、义务的协议。建设单位简称委托人,监理单位简称受托人。监理合同的类型包括建设前期监理合同、设计监理合同、招标监理合同、施工监理合同等类型。建设部、国家工商行政管理总局在1775年发布的示范文本的基础上,于2000年2月17日发布了新的《建设工程委托监理合同示范文本》,该文本在结合我国国情的基础上,较多采纳了国际通行的FIDIC合同文本的内容,与国际通行的规则接轨。

3. 成立项目监理组织

监理合同签订后,建立组织要依据工程项目的规模、性质和业主对建立的要求,委派称职的人员担任项目的总监理工程师,代表监理单位全面负责项目的监理工作,总监理工程师对内向监理单位负责,对外向业主负责。

4. 收集有关资料

监理工程师接到监理任务后要熟悉所监理工程的相关资料,主要包括:

(1) 反映工程项目特征的有关资料;

(2) 反映当地工程建设政策、法规的有关资料;

(3) 反映工程所在地区技术经济状况等建设条件资料;

(4) 类似工程项目建设情况的资料。

5. 编制建设工程监理规划

监理单位接受建设单位委托后,应编制项目监理规划,作为指导监理机构开展工作的纲领性技术组织文件,也是政府主管机构、建设单位对监理单位实施监督管理,确认监理合同履行的重要内容和主要依据。

6. 监理工作的开展

监理单位应当按工程建设进度,分专业编制工程建设监理细则。要根据制定的监理工作计划和运行制度,规范地开展工作,并遵循规则的时序性、职责分工的严密性、工作目标的确定性。在整个监理过程中,监理工程师通常采用书面指示、工地会议、专题研究、约见承包商、监理记录及资料管理等手段对工程进行管理。

7. 参与工程竣工预验收,签署建设监理意见;向项目法人提交工程建设监理档案资料;向业主和监理单位分别提交监理工作总结。

二维码内含精彩案例及解析,快来扫一扫吧!

案例 7-1

7.2 建设工程监理机构

工程应用

知识点	项目应用阶段	典型工作事件	主要涉及的岗位	要求
项目监理机构	工程监理投标、准备阶段	按合同要求配备足够数量的监理人员	监理单位投标负责人、总监理工程师	知晓
监理人员的职责	监理准备、实施阶段	明确总监、专监及监理员的职责	总监理工程师、专业监理工程师、监理员	知晓
监理设施	监理准备阶段	监理机构妥善保管和使用建设单位提供的设施	监理单位投标负责人、总监理工程师	知晓

学习内容

7.2.1 项目监理机构

（1）工程监理单位实施监理时，应在施工现场派驻项目监理机构。项目监理机构的组织形式和规模，可根据建设工程监理合同约定的服务内容、服务期限，以及工程特点、规模、技术复杂程度、环境等因素确定。

（2）项目监理机构的监理人员应由总监理工程师、专业监理工程师和监理员组成，且专业配套、数量应满足建设工程监理工作需要，必要时可设总监理工程师代表。

（3）工程监理单位在建设工程监理合同签订后，应及时将项目监理机构的组织形式、人员构成及对总监理工程师的任命书面通知建设单位。

（4）工程监理单位调换总监理工程师时，应征得建设单位书面同意；调换专业监理工程师时，总监理工程师应书面通知建设单位。

（5）一名注册监理工程师可担任一项建设工程监理合同的总监理工程师。当需要同时担任多项建筑工程监理合同的总监理工程师时，应经建设单位书面同意，且最多不得超过三项。

（6）施工现场监理工作全部完成或建设工程监理合同终止时，项目监理机构可撤离施工现场。

7.2.2 监理人员的职责

1. 总监理工程师职责

（1）确定项目监理机构人员及其岗位职责。

（2）组织编制监理规划，审批监理实施细则。

（3）根据工程进展及监理工作情况调配监理人员,检查监理人员工作。

（4）组织召开监理例会。

（5）组织审核分包单位资格。

（6）组织审查施工组织设计、（专项）施工方案。

（7）审查工程开复工报审表,签发工程开工令、暂停令和复工令。

（8）组织检查施工单位现场质量、安全生产管理体系的建立及运行情况。

（9）组织审核施工单位的付款申请,签发工程款支付证书,组织审核竣工结算。

（10）组织审查和处理工程变更。

（11）调解建设单位与施工单位的合同争议,处理工程索赔。

（12）组织验收分部工程,组织审查单位工程质量检验资料。

（13）审查施工单位的竣工申请,组织工程竣工预验收,组织编写工程质量评估报告,参与工程竣工验收。

（14）参与或配合工程质量安全事故的调查和处理。

（15）组织编写监理月报、监理工作总结,组织整理监理文件资料。

2. 总监理工程师不得将下列工作委托总监理工程师代表

（1）组织编制监理规划,审批监理实施细则。

（2）根据工程进展及监理工作情况调配监理人员。

（3）组织审查施工组织设计、（专项）施工方案。

（4）签发工程开工令、暂停令和复工令。

（5）签发工程款支付证书,组织审核竣工结算。

（6）调解建设单位与施工单位的合同争议,处理工程索赔。

（7）审查施工单位的竣工申请,组织工程竣工预验收,组织编写工程质量评估报告,参与工程竣工验收。

（8）参与或配合工程质量安全事故的调查和处理。

3. 专业监理工程师职责

（1）参与编制监理规划,负责编制监理实施细则。

（2）审查施工单位提交的涉及本专业的报审文件,并向总监理工程师报告。

（3）参与审核分包单位资格。

（4）指导、检查监理员工作,定期向总监理工程师报告本专业监理工作实施情况。

（5）检查进场的工程材料、构配件、设备的质量。

（6）验收检验批、隐蔽工程、分项工程,参与验收分部工程。

（7）处置发现的质量问题和安全事故隐患。

（8）进行工程计量。

（9）参与工程变更的审查和处理。

（10）组织编写监理日志,参与编写监理月报。

（11）收集、汇总、参与整理监理文件资料。

（12）参与工程竣工预验收和竣工验收。

4. 监理员职责

（1）检查施工单位投入工程的人力、主要设备的使用及运行状况。

（2）进行见证取样。

（3）复核工程计量有关数据。

（4）检查工序施工结果。

（5）发现施工作业中的问题，及时指出并向专业监理工程师报告。

7.2.3　监理设施

（1）建设单位应按建设工程监理合同约定，提供监理工作需要的办公、交通、通信、生活等设施。项目监理机构宜妥善使用和保管建设单位提供的设施，并应按建设工程监理合同约定的时间移交建设单位。

（2）工程监理单位宜按建设工程监理合同约定，配备满足监理工作需要的检测设备和工器具。

课程思政 7-1

监理工程师应如何科学地规避来自施工单位的风险？

专家解读：具体情况要具体分析。如承包人素质不高，合同履约不力，甚至没有履约诚意或弄虚作假，对工程质量极不负责，都有可能使监理蒙受责任风险，虽然监理有权监督甚至处罚承包人，但由于工程面大，内容复杂，监理无法时时处处严加监督，承包人弄虚作假蒙混过关的机会很多，且工程一般不会立即显露，等到真正显露时，固然可以追究承包人的责任，但监理的责任更难免除，对于这一点监理一定要对施工单位坚持原则。为此，首先要严格依法管理。由于承包人自身素质的局限，在施工过程中往往会出现偷工减料、逃避检查、敷衍了事等现象，作为监理工程师就是要督促承包人建立健全质量保证体系，加强项目部内部管理，层层落实责任制，同时应按监理规划和监理细则的要求严格检查验收，把质量和安全真正落到实处。其次就是坚持公正执业。公正是监理工程师的执业准则之一，如前所述，在监理过程中，经常会遇到业主和承包人的利益冲突，监理工程师在处理有关问题时应从工程整体利益考虑，做到不偏袒任何一方，尤其是业主方。再次就是保持廉洁。监理工程师的特殊地位，决定了其在工程建设中成为业主、承包人和监理三方的中心人物，承包人、分包人、供货商等为其自身利益考虑，可能会以各种方式向监理人员提供好处，作为监理工程师必须能够抵御诱惑，只有监理工程师清正廉洁，才能管理好监理机构，才能在承包人面前树立起应有的权威。

思政要点：养成"遵纪守法、公平公正、廉洁自律、爱岗敬业"的职业道德。

二维码内含精彩案例及解析，快来扫一扫吧！

案例 7-2

7.3   监理规划及监理实施细则

工程应用

知识点	项目应用阶段	典型工作事件	主要涉及的岗位	要求
监理规划	工程监理准备阶段	总监理工程师组织编制监理规划	总监理工程师、专业监理工程师	熟知
监理实施细则	工程监理准备阶段	专业监理工程师负责编制监理实施细则	专业监理工程师、监理员	熟知

学习内容

7.3.1   监理规划

监理规划应结合工程实际情况,明确项目监理机构的工作目标,确定具体的监理工作制度、内容、程序、方法和措施。监理规划可在签订建设工程监理合同及收到工程设计文件后由总监理工程师组织编制,并应在召开第一次工地会议前报送建设单位。

1. 监理规划编审应遵循下列程序

(1)总监理工程师组织专业监理工程师编制。

(2)总监理工程师签字后由工程监理单位技术负责人审批。

2. 监理规划应包括下列主要内容

(1)工程概况。

(2)监理工作的范围、内容、目标。

(3)监理工作依据。

(4)监理组织形式、人员配备及进退场计划、监理人员岗位职责。

(5)监理工作制度。

(6)工程质量控制。

(7)工程造价控制。

(8)工程进度控制。

(9)安全生产管理的监理工作。

(10)合同与信息管理。

(11)组织协调。

(12)监理工作设施。

3. 监理规划的修改

在实施建设工程监理过程中,实际情况或条件发生变化而需要调整监理规划时,应由总监理工程师组织专业监理工程师修改,并应经工程监理单位技术负责人批准后报建设单位。

7.3.2　监理实施细则

监理实施细则应符合监理规划的要求,并应具有可操作性。对专业性较强、危险性较大的分部分项工程,项目监理机构应编制监理实施细则。

(1)监理实施细则编审应遵循下列程序:监理实施细则应在相应工程施工开始前由专业监理工程师编制,并应报总监理工程师审批。

(2)监理实施细则的编制应依据下列资料:

① 监理规划。

② 工程建设标准、工程设计文件。

③ 施工组织设计、(专项)施工方案。

(3)监理实施细则应包括下列主要内容:

① 专业工程特点。

② 监理工作流程。

③ 监理工作要点。

④ 监理工作方法及措施。

(4)监理实施细则的修改

在实施建设工程监理过程中,监理实施细则可根据实际情况进行补充、修改,并应经总监理工程师批准后实施。

二维码内含精彩案例及解析,
快来扫一扫吧!

案例 7-3

7.4　施工阶段的监理工作

工程应用

知识点	项目应用阶段	典型工作事件	主要涉及的岗位	要求
施工准备阶段的监理工作	工程监理准备阶段	总监理工程师审核施工组织设计	总监理工程师、专业监理工程师	熟知
工程质量控制工作	工程监理实施阶段	未经监理验收或验收不合格,不得进入下一道工序	专业监理工程师、监理员	熟知

（续表）

知识点	项目应用阶段	典型工作事件	主要涉及的岗位	要求
工程造价控制工作	工程监理实施阶段、工程竣工验收阶段	总监理工程师对经济签证、进度款等进行审核	总监理工程师、专业监理工程师	熟知
工程进度控制工作	工程监理实施阶段	总监理工程师审批承包单位报送的施工总进度计划	总监理工程师、专业监理工程师	熟知
安全生产管理的监理工作	工程监理实施阶段	项目监理机构审查施工单位报送的专项施工方案	总监理工程师、专业监理工程师	熟知
工程暂停及复工	工程监理实施阶段	总监理工程师可根据停工原因签发工程暂停令	总监理工程师	运用
工程变更	工程监理实施阶段	总监理工程师组织专业监理工程师审查施工单位提出的工程变更申请	总监理工程师、专业监理工程师	运用
费用索赔	工程监理实施阶段、工程竣工验收阶段	项目监理机构应及时收集、整理有关工程费用的原始资料，为处理费用索赔提供证据	总监理工程师、专业监理工程师	运用
工程延期及工期延误	工程监理实施阶段	项目监理机构受理施工单位提出的工程延期申请	总监理工程师、专业监理工程师	运用
施工合同争议	工程监理实施阶段	项目监理机构按照合同约定处理施工合同争议事宜	总监理工程师	运用
施工合同解除	工程监理实施阶段	项目监理机构按照合同约定处理施工合同解除事宜	总监理工程师	运用
监理文件资料内容	工程监理实施阶段工程竣工验收阶段	项目监理机构应及时整理、分类汇总监理文件资料，并应按规定组卷，形成监理档案	总监理工程师、专业监理工程师、监理员	运用

学习内容

7.4.1 施工准备阶段的监理工作

1. 项目监理机构的工作

（1）项目监理机构应根据建设工程监理合同约定，遵循动态控制原理，坚持预防为主的原则,制定和实施相应的监理措施,采用旁站、巡视和平行检验等方式对建设工程实施监理。

(2)项目监理机构应定期召开监理例会,并组织有关单位研究解决与监理相关的问题。项目监理机构可根据工程需要,主持或参加专题会议,解决监理工作范围内工程专项问题。监理例会以及由项目监理机构主持召开的专题会议的会议纪要,应由项目监理机构负责整理,与会各方代表应会签。

(3)项目监理机构应协调工程建设相关方的关系。项目监理机构与工程建设相关方之间的工作联系,除另有规定外宜采用工作联系单形式进行。

(4)项目监理机构应审查施工单位报审的施工组织设计,符合要求时,应由总监理工程师签认后报建设单位。项目监理机构应要求施工单位按已批准的施工组织设计组织施工。施工组织设计需要调整时,项目监理机构应按程序重新审查。施工组织设计审查应包括下列基本内容:

① 编审程序应符合相关规定。

② 施工进度、施工方案及工程质量保证措施应符合施工合同要求。

③ 资金、劳动力、材料、设备等资源供应计划应满足工程施工需要。

④ 安全技术措施应符合工程建设强制性标准。

⑤ 施工总平面布置应科学合理。

(5)分包工程开工前,项目监理机构应审核施工单位报送的分包单位资格报审表,专业监理工程师提出审查意见后,应由总监理工程师审核签认。分包单位资格审核应包括下列基本内容:

① 营业执照、企业资质等级证书。

② 安全生产许可文件。

③ 类似工程业绩。

④ 专职管理人员和特种作业人员的资格。

(6)项目监理机构宜根据工程特点、施工合同、工程设计文件及经过批准的施工组织设计对工程风险进行分析,并宜提出工程质量、造价、进度目标控制及安全生产管理的防范性对策。

2. 监理人员的工作

(1)总监理工程师应组织专业监理工程师审查施工单位报送的工程开工报审表及相关资料;同时具备下列条件时,应由总监理工程师签署审核意见,并应报建设单位批准后,总监理工程师签发工程开工令:

① 设计交底和图纸会审已完成。

② 施工组织设计已由总监理工程师签认。

③ 施工单位现场质量、安全生产管理体系已建立,管理及施工人员已到位,施工机械具备使用条件,主要工程材料已落实。

④ 进场道路及水、电、通信等已满足开工要求。

(2)监理人员应熟悉工程设计文件,并应参加建设单位主持的图纸会审和设计交底会议,会议纪要应由总监理工程师签认。工程开工前,监理人员应参加由建设单位主持召开的第一次工地会议,会议纪要应由项目监理机构负责整理,与会各方代表应会签。

7.4.2　工程质量控制工作

1. 项目监理机构的工作

(1)工程开工前,项目监理机构应审查施工单位现场的质量管理组织机构、管理制度及专职管理人员和特种作业人员的资格。

（2）项目监理机构应审查施工单位报送的用于工程的材料、构配件、设备的质量证明文件，并应按有关规定、建设工程监理合同约定，对用于工程的材料进行见证取样、平行检验。项目监理机构对已进场经检验不合格的工程材料、构配件、设备，应要求施工单位限期将其撤出施工现场。

（3）项目监理机构应根据工程特点和施工单位报送的施工组织设计，确定旁站的关键部位、关键工序，安排监理人员进行旁站，并应及时记录旁站情况。

（4）项目监理机构应安排监理人员对工程施工质量进行巡视。巡视应包括下列主要内容：

① 施工单位是否按工程设计文件、工程建设标准和批准的施工组织设计、（专项）施工方案施工。

② 使用的工程材料、构配件和设备是否合格。

③ 施工现场管理人员，特别是施工质量管理人员是否到位。

④ 特种作业人员是否持证上岗。

（5）项目监理机构应根据工程特点、专业要求，以及建设工程监理合同约定，对施工质量进行平行检验。

（6）项目监理机构应对施工单位报验的隐蔽工程、检验批、分项工程和分部工程进行验收，对验收合格的应给予签认；对验收不合格的应拒绝签认，同时应要求施工单位在指定的时间内整改并重新报验。对已同意覆盖的工程隐蔽部位质量有疑问的，或发现施工单位私自覆盖工程隐蔽部位的，项目监理机构应要求施工单位对该隐蔽部位进行钻孔探测、剥离或其他方法进行重新检验。

（7）项目监理机构发现施工存在质量问题的，或施工单位采用不适当的施工工艺，或施工不当，造成工程质量不合格的，应及时签发监理通知单，要求施工单位整改。整改完毕后，项目监理机构应根据施工单位报送的监理通知回复单对整改情况进行复查，提出复查意见。

（8）对需要返工处理或加固补强的质量缺陷，项目监理机构应要求施工单位报送经设计等相关单位认可的处理方案，并应对质量缺陷的处理过程进行跟踪检查，同时应对处理结果进行验收。

（9）对需要返工处理或加固补强的质量事故，项目监理机构应要求施工单位报送质量事故调查报告和经设计等相关单位认可的处理方案，并应对质量事故的处理过程进行跟踪检查，同时应对处理结果进行验收。项目监理机构应及时向建设单位提交质量事故书面报告，并应将完整的质量事故处理记录整理归档。

（10）项目监理机构应审查施工单位提交的单位工程竣工验收报审表及竣工资料，组织工程竣工预验收。存在问题的，应要求施工单位及时整改；合格的，总监理工程师应签认单位工程竣工验收报审表。

（11）工程竣工预验收合格后，项目监理机构应编写工程质量评估报告，并应经总监理工程师和工程监理单位技术负责人审核签字后报建设单位。

（12）项目监理机构应参加由建设单位组织的竣工验收，对验收中提出的整改问题，应督促施工单位及时整改。工程质量符合要求的，总监理工程师应在工程竣工验收报告中签署意见。

2. 监理人员的工作

（1）总监理工程师应组织专业监理工程师审查施工单位报审的施工方案，符合要求后应予以签认。施工方案审查应包括下列基本内容：

① 编审程序应符合相关规定。

② 工程质量保证措施应符合有关标准。

（2）专业监理工程师应审查施工单位报送的新材料、新工艺、新技术、新设备的质量认证材料和相关验收标准的适用性，必要时，应要求施工单位组织专题论证，审查合格后报总监理工程师签认。

（3）专业监理工程师应检查、复核施工单位报送的施工控制测量成果及保护措施，签署意见。专业监理工程师应对施工单位在施工过程中报送的施工测量放线成果进行查验。施工控制测量成果及保护措施的检查、复核，应包括下列内容：

① 施工单位测量人员的资格证书及测量设备检定证书。

② 施工平面控制网、高程控制网和临时水准点的测量成果及控制桩的保护措施。

（4）专业监理工程师应检查施工单位为工程提供服务的试验室。试验室的检查应包括下列内容：

① 试验室的资质等级及试验范围。

② 法定计量部门对试验设备出具的计量检定证明。

③ 试验室管理制度。

④ 试验人员资格证书。

（5）专业监理工程师应审查施工单位定期提交影响工程质量的计量设备的检查和检定报告。

7.4.3　工程造价控制工作

（1）项目监理机构应按下列程序进行工程计量和付款签证：

① 专业监理工程师对施工单位在工程款支付报审表中提交的工程量和支付金额进行复核，确定实际完成的工程量，提出到期应支付给施工单位的金额，并提出相应的支持性材料。

② 总监理工程师对专业监理工程师的审查意见进行审核，签认后报建设单位审批。

③ 总监理工程师根据建设单位的审批意见，向施工单位签发工程款支付证书。

（2）项目监理机构应编制月完成工程量统计表，对实际完成量与计划完成量进行比较分析，发现偏差的，应提出调整建议，并应在监理月报中向建设单位报告。

（3）项目监理机构应按下列程序进行竣工结算款审核：

① 专业监理工程师审查施工单位提交的竣工结算款支付申请，提出审查意见。

② 总监理工程师对专业监理工程师的审查意见进行审核，签认后报建设单位审批，同时抄送施工单位，并就工程竣工结算事宜与建设单位、施工单位协商；达成一致意见的，根据建设单位审批意见向施工单位签发竣工结算款支付证书；不能达成一致意见的，应按施工合同约定处理。

7.4.4　工程进度控制工作

（1）项目监理机构应审查施工单位报审的施工总进度计划和阶段性施工进度计划，提出审查意见，并应由总监理工程师审核后报建设单位。施工进度计划审查应包括下列基本内容：

① 施工进度计划应符合施工合同中工期的约定。

② 施工进度计划中主要工程项目无遗漏,应满足分批投入试运、分批动用的需要,阶段性施工进度计划应满足总进度控制目标的要求。

③ 施工顺序的安排应符合施工工艺要求。

④ 施工人员、工程材料、施工机械等资源供应计划应满足施工进度计划的需要。

⑤ 施工进度计划应符合建设单位提供的资金、施工图纸、施工场地、物资等施工条件。

(2) 项目监理机构应检查施工进度计划的实施情况,发现实际进度严重滞后于计划进度且影响合同工期时,应签发监理通知单,要求施工单位采取调整措施加快施工进度。总监理工程师应向建设单位报告工期延误风险。

(3) 项目监理机构应比较分析工程施工实际进度与计划进度,预测实际进度对工程总工期的影响,并应在监理月报中向建设单位报告工程实际进展情况。

7.4.5 安全生产管理的监理工作

(1) 项目监理机构应根据法律法规、工程建设强制性标准,履行建设工程安全生产管理的监理职责,并应将安全生产管理的监理工作内容、方法和措施纳入监理规划及监理实施细则。

(2) 项目监理机构应审查施工单位现场安全生产规章制度的建立和实施情况,并应审查施工单位安全生产许可证及施工单位项目经理、专职安全生产管理人员和特种作业人员的资格,同时应核查施工机械和设施的安全许可验收手续。

(3) 项目监理机构应审查施工单位报审的专项施工方案,符合要求的,应由总监理工程师签认后报建设单位。超过一定规模的危险性较大的分部分项工程的专项施工方案,应检查施工单位组织专家进行论证、审查的情况,以及是否附具安全验算结果。项目监理机构应要求施工单位按已批准的专项施工方案组织施工。专项施工方案需要调整时,施工单位应按程序重新提交项目监理机构审查。专项施工方案审查应包括下列基本内容:

① 编审程序应符合相关规定。

② 安全技术措施应符合工程建设强制性标准。

(4) 项目监理机构应巡视检查危险性较大的分部分项工程专项施工方案实施情况。发现未按专项施工方案实施时,应签发监理通知单,要求施工单位按专项施工方案实施。

(5) 项目监理机构在实施监理过程中,发现工程存在安全事故隐患时,应签发监理通知单,要求施工单位整改;情况严重时,应签发工程暂停令,并应及时报告建设单位。施工单位拒不整改或不停止施工时,项目监理机构应及时向有关主管部门报送监理报告。

7.4.6 工程暂停及复工

(1) 总监理工程师在签发工程暂停令时,可根据停工原因的影响范围和影响程度,确定停工范围,并应按施工合同和建设工程监理合同的约定签发工程暂停令。

(2) 项目监理机构发现下列情况之一时,总监理工程师应及时签发工程暂停令:

① 建设单位要求暂停施工且工程需要暂停施工的。

② 施工单位未经批准擅自施工或拒绝项目监理机构管理的。

③ 施工单位未按审查通过的工程设计文件施工的。

④ 施工单位违反工程建设强制性标准的。

⑤ 施工存在重大质量、安全事故隐患或发生质量、安全事故的。

（3）总监理工程师签发工程暂停令应事先征得建设单位同意，在紧急情况下未能事先报告时，应在事后及时向建设单位做出书面报告。

（4）暂停施工事件发生时，项目监理机构应如实记录所发生的情况。

（5）总监理工程师应会同有关各方按施工合同约定，处理因工程暂停引起的与工期、费用有关的问题。

（6）因施工单位原因暂停施工时，项目监理机构应检查、验收施工单位的停工整改过程、结果。

（7）当暂停施工原因消失、具备复工条件时，施工单位提出复工申请的，项目监理机构应审查施工单位报送的工程复工报审表及有关材料，符合要求后，总监理工程师应及时签署审查意见，并应报建设单位批准后签发工程复工令；施工单位未提出复工申请的，总监理工程师应根据工程实际情况指令施工单位恢复施工。

7.4.7 工程变更

（1）项目监理机构可按下列程序处理施工单位提出的工程变更：

① 总监理工程师组织专业监理工程师审查施工单位提出的工程变更申请，提出审查意见。对涉及工程设计文件修改的工程变更，应由建设单位转交原设计单位修改工程设计文件。必要时，项目监理机构应建议建设单位组织设计、施工等单位召开论证工程设计文件的修改方案的专题会议。

② 总监理工程师组织专业监理工程师对工程变更费用及工期影响做出评估。

③ 总监理工程师组织建设单位、施工单位等共同协商确定工程变更费用及工期变化，会签工程变更单。

④ 项目监理机构根据批准的工程变更文件监督施工单位实施工程变更。

（2）项目监理机构可在工程变更实施前与建设单位、施工单位等协商确定工程变更的计价原则、计价方法或价款。

（3）建设单位与施工单位未能就工程变更费用达成协议时，项目监理机构可提出一个暂定价格并经建设单位同意，作为临时支付工程款的依据。工程变更款项最终结算时，应以建设单位与施工单位达成的协议为依据。

（4）项目监理机构可对建设单位要求的工程变更提出评估意见，并应督促施工单位按会签后的工程变更单组织施工。

7.4.8 费用索赔

（1）项目监理机构应及时收集、整理有关工程费用的原始资料，为处理费用索赔提供证据。

（2）项目监理机构处理费用索赔的主要依据应包括下列内容：

① 法律法规。

② 勘察设计文件、施工合同文件。

③ 工程建设标准。

④ 索赔事件的证据。

（3）项目监理机构可按下列程序处理施工单位提出的费用索赔：

① 受理施工单位在施工合同约定的期限内提交的费用索赔意向通知书。

② 收集与索赔有关的资料。

③ 受理施工单位在施工合同约定的期限内提交的费用索赔报审表。

④ 审查费用索赔报审表。需要施工单位进一步提交详细资料时,应在施工合同约定的期限内发出通知。

⑤ 与建设单位和施工单位协商一致后,在施工合同约定的期限内签发费用索赔报审表,并报建设单位。

(4) 项目监理机构批准施工单位费用索赔应同时满足下列条件:

① 施工单位在施工合同约定的期限内提出费用索赔。

② 索赔事件是因非施工单位原因造成,且符合施工合同约定。

③ 索赔事件造成施工单位直接经济损失。

(5) 当施工单位的费用索赔要求与工程延期要求相关联时,项目监理机构可提出费用索赔和工程延期的综合处理意见,并应与建设单位和施工单位协商。

(6) 因施工单位原因造成建设单位损失,建设单位提出索赔时,项目监理机构应与建设单位和施工单位协商处理。

7.4.9　工程延期及工期延误

(1) 施工单位提出工程延期要求符合施工合同约定时,项目监理机构应予以受理。

(2) 当影响工期事件具有持续性时,项目监理机构应对施工单位提交的阶段性工程临时延期报审表进行审查,并应签署工程临时延期审核意见后报建设单位。当影响工期事件结束后,项目监理机构应对施工单位提交的工程最终延期报审表进行审查,并应签署工程最终延期审核意见后报建设单位。

(3) 项目监理机构在批准工程临时延期、工程最终延期前,均应与建设单位和施工单位协商。

(4) 项目监理机构批准工程延期应同时满足下列条件:

① 施工单位在施工合同约定的期限内提出工程延期。

② 因非施工单位原因造成施工进度滞后。

③ 施工进度滞后影响到施工合同约定的工期。

(5) 施工单位因工程延期提出费用索赔时,项目监理机构可按施工合同约定进行处理。

(6) 发生工期延误时,项目监理机构应按施工合同约定进行处理。

7.4.10　施工合同争议

(1) 项目监理机构处理施工合同争议时应进行下列工作:

① 了解合同争议情况。

② 及时与合同争议双方进行磋商。

③ 提出处理方案后,由总监理工程师进行协调。

④ 当双方未能达成一致时,总监理工程师应提出处理合同争议的意见。

(2) 项目监理机构在施工合同争议处理过程中,对未达到施工合同约定的暂停履行合同条件的,应要求施工合同双方继续履行合同。

(3) 在施工合同争议的仲裁或诉讼过程中,项目监理机构应按仲裁机关或法院要求提供与争议有关的证据。

7.4.11　施工合同解除

（1）因建设单位原因导致施工合同解除时，项目监理机构应按施工合同约定与建设单位和施工单位按下列款项协商确定施工单位应得款项，并应签发工程款支付证书：

① 施工单位按施工合同约定已完成的工作应得款项。

② 施工单位按批准的采购计划订购工程材料、构配件、设备的款项。

③ 施工单位撤离施工设备至原基地或其他目的地的合理费用。

④ 施工单位人员的合理遣返费用。

⑤ 施工单位合理的利润补偿。

⑥ 施工合同约定的建设单位应支付的违约金。

（2）因施工单位原因导致施工合同解除时，项目监理机构应按施工合同约定，从下列款项中确定施工单位应得款项或偿还建设单位的款项，并应与建设单位和施工协商后，书面提交施工单位应得款项或偿还建设单位款项的证明：

① 施工单位已按施工合同约定实际完成的工作应得款项和已给付的款项。

② 施工单位已提供的材料、构配件、设备和临时工程等的价值。

③ 对已完工程进行检查和验收、移交工程资料、修复已完工程质量缺陷等所需的费用。

④ 施工合同约定的施工单位应支付的违约金。

（3）因非建设单位、施工单位原因导致施工合同解除时，项目监理机构应按施工合同约定处理合同解除后的有关事宜。

7.4.12　监理文件资料内容

1. 监理文件资料应包括下列主要内容

（1）勘察设计文件、建设工程监理合同及其他合同文件。

（2）监理规划、监理实施细则。

（3）设计交底和图纸会审会议纪要。

（4）施工组织设计、（专项）施工方案、施工进度计划报审文件资料。

（5）分包单位资格报审文件资料。

（6）施工控制测量成果报验文件资料。

（7）总监理工程师任命书，开工令、暂停令、复工令，工程开工或复工报审文件资料。

（8）工程材料、构配件、设备报验文件资料。

（9）见证取样和平行检验文件资料。

（10）工程质量检查报验资料及工程有关验收资料。

（11）工程变更、费用索赔及工程延期文件资料。

（12）工程计量、工程款支付文件资料。

（13）监理通知单、工作联系单与监理报告。

（14）第一次工地会议、监理例会、专题会议等会议纪要。

（15）监理月报、监理日志、旁站记录。

（16）工程质量或生产安全事故处理文件资料。

（17）工程质量评估报告及竣工验收。

（18）监理文件资料监理工作总结。

2. 监理日志应包括下列主要内容

（1）天气和施工环境情况。

（2）当日施工进展情况。

（3）当日监理工作情况，包括旁站、巡视、见证取样、平行检验等情况。

（4）当日存在的问题及处理情况。

（5）其他有关事项。

3. 监理月报应包括下列主要内容

（1）本月工程实施情况。

（2）本月监理工作情况。

（3）本月施工中存在的问题及处理情况。

（4）下月监理工作重点。

4. 监理工作总结应包括下列主要内容

（1）工程概况。

（2）项目监理机构。

（3）建设工程监理合同履行情况。

（4）监理工作成效。

（5）监理工作中发现的问题及其处理情况。

（6）说明和建议。

二维码内含精彩案例及解析，快来扫一扫吧！

案例 7 - 4

7.5　建设工程监理单位的法律责任

工程应用

知识点	项目应用阶段	典型工作事件	主要涉及的岗位	要求
建设工程监理单位的法律责任	工程监理投标阶段	工程监理单位转让监理业务	监理单位负责人、监理单位投标负责人、总监理工程师	牢记
	工程监理实施阶段	监理单位对工程质量安全生产承担监理责任	总监理工程师、专业监理工程师、监理员	牢记

📖 学习内容

（1）工程监理单位是工程建设的责任主体之一，代表建设单位对施工质量承担监理责任。

工程监理单位对工程质量的控制包括对原材料、构配件及设备的质量控制和对部分、分项工程的质量控制。监理工程师应当按照工程监理规范的要求，采取旁站、巡视和平行检验等形式，对建设工程实施监理。

（2）监理单位是建设工程安全生产的重要保障。《建设工程安全生产管理条例》规定，监理单位应当审查施工组织设计中的安全措施或者专项施工方案是否符合工程建设强制性标准。

工程监理单位在实施监理过程中，发现存在安全事故隐患的，应当要求施工单位整改；情况严重的，应当要求施工单位暂时停止施工，并及时报告建设单位。施工单位拒不整改或者不停止施工的，工程监理单位应当及时向有关主管部门报告。

工程监理单位和监理工程师应当按照法律、法规和工程建设强制性标准实施监理，并对建设工程安全生产承担监理责任。

（3）工程监理单位不按照委托监理合同的约定履行监理义务，对应当监督检查的项目不检查或者不按规定检查，给建设单位造成损失的，应当承担相应的赔偿责任。

（4）工程监理单位与承包单位串通，为承包单位谋取非法利益，给建设单位造成损失的，工程监理单位应当与承包单位承担连带赔偿责任。

工程监理单位与建设单位或者建筑施工企业串通，弄虚作假、降低工程质量的，责令改正，处以罚款，降低资质等级或者吊销资质证书；有违法所得的，予以没收；造成损失的，承担连带责任；构成犯罪的，依法追究刑事责任。

（5）工程监理单位转让监理业务的，责令改正，没收违法所得，可以责令停业整顿，降低资质等级；情节严重的，吊销资质证书。

课程思政 7-2

建设工程安全责任事故中监理方责任如何认定？

专家解读：这里选择的是刑事责任视角。涉及监理主体的刑事案由，最多的是贪污贿赂类犯罪，其次便是危害公共安全类犯罪。去除无效数据后，监理主体涉嫌危害公共安全犯罪的案由主要有三类：重大责任事故罪、重大劳动安全事故罪、工程重大安全事故罪。上述三类犯罪基本涵盖了监理单位和监理人员承担安全事故刑事责任的绝大部分。

一起工程责任事件，往往是多方过失的共同结果，其中既有建设方压缩造价、强令危险作业的责任，也有施工方违规施工、偷工减料的责任。而监理方审查不严，监督失职甚至与其他主体串通违规。根据《建设工程安全生产管理条例》第十四条，工程监理单位应当审查施工组织设计中的安全技术措施或者专项施工方案是否符合工程建设强制性标准。工程监理单位在实施监理过程中，发现存在安全事故隐患的，应当要求施工单位整改；情况严重的，应当要求施工单位暂时停止施工,并及时报告建设单位。施工单位拒不整改或者不停止施工的,工程监理单位应当及时向有关主管部门报告。工程监理单位和监理工程师应当按照法律、法规和工程建设强制性标准实施监理,并对建设工程安全生产承担监理责任。

如果在施工作业中发生重大事故或工程本身存在重大质量瑕疵的,除非监理人可以证明自己已经充分履职,否则也应承担相应的刑事责任。这就要求监理单位在工作中做到以下几点:(1)制定和完善各项企业安全管理制度和实施细则,并要求单位人员坚决贯彻执行;(2)人员定职定责,组织实施开展工作,要熟悉合同和设计图纸,编制包括安全内容的监理规划和监理实施细则;(3)全面审查建设方、施工方提供的项目资料,对未提供的资料发文催促并写入监理会议纪要;(4)重点核查现场开工条件,各项安全措施是否齐备;(5)对监理检查过程中发现的问题,小问题在口头指出后记录在监理日记中,涉及安全隐患必须下发书面通知;(6)对拒不整改的严重安全问题,应及时向建设行政主管部门报告;(7)加强法律法规、强制性标准的学习;(8)正确使用停工指令,并及时向甲方汇报;(9)注意工程资料的整理、收集、归档工作,建立完善收发文制度,注意书面资料的保存。

建设工程的安全控制是监理人的重要职责,违反规定或疏忽大意均可能导致轻则经济损失,重则刑事责任的严重后果,因此作为监理单位,一定不能忽视安全制度的完善和安全意识的建立。

(摘自:袁华之律师团队唯律公众号文章)

思政要点:树立责任、法治意识,培育和践行"爱岗、敬业、诚信、友善"的社会主义核心价值观。

二维码内含精彩案例及解析,
快来扫一扫吧!

案例 7－5

二维码内含本模块"1＋X"证书习题及答案,
快来扫一扫吧!

"1＋X"证书习题 7

模块8 建设工程环境保护与施工节约能源制度

学习目标

知识目标：熟知环境影响评价、环境保护设施建设、环境影响后评价等制度，知晓建设工程施工现场噪声、废气、废水、废物污染防治的规定，举例说明建设工程施工节约能源制度。

能力目标：能编制建设工程环境保护与施工节约能源方案，能处理好工程建设过程中有关环境保护与节约能源的相关事宜。

思政目标：领悟生态文明建设的核心要义，树立环境保护、节能减排意识，倡导低碳、节俭的生活方式，自觉履行环境保护和节能减排义务。

8.1 建设项目环境保护法规

工程应用

知识点	工程应用阶段	典型工作事件	主要涉及的施工岗位	要求
环境影响评价	工程准备阶段	工程建设环保评价	企业技术负责人、项目经理等	熟知
环境保护设施建设	工程实施阶段	工程建设环保设施建设	企业技术负责人、项目经理、项目技术负责人、施工员等	熟知
环境影响后评价	工程竣工阶段	工程建设环保后评价	企业技术负责人、项目经理等	熟知
法律责任	工程实施阶段	对违法行为的处罚	企业法人、企业技术负责人、项目经理等	牢记

学习内容

环境，是指影响人类生存和发展的各种天然的和经过人工改造的自然因素的总体，包括大气、水、海洋、土地、矿藏、森林、草原、湿地、野生生物、自然遗迹、人文遗迹、自然保护区、风景名胜区、城市和乡村等。保护环境是国家的基本国策。国家采取有利于节约和循环利用资源、保护和改善环境、促进人与自然和谐的经济、技术政策和措施，使经济社会发展与环境保护相协调。《建设项目环境保护管理条例》规定，建设产生污染的建设项目，必须遵守污染物排放的国家标准和地方标准;在实施重点污染物排放总量控制的区域内,还必须符合重点污染物排放总量控制的要求。工业建设项目应当采用能耗物耗小、污染物产生量少的清洁生产工艺,合理利用自然资源,防止环境污染和生态破坏。改建、扩建项目和技术改造项目必须采取措施,治理与该项目有关的原有环境污染和生态破坏。

8.1.1　环境影响评价

1. 建设项目环境影响评价的概念

国家实行建设项目环境影响评价制度。建设项目环境影响评价是指人类进行某项重大活动前,采用评价手段预测该项活动可能给环境造成的影响。对建设项目而言,就是预测该项目在建设过程和建设后对环境的影响,同时,提出防治对策,为决策部门提供科学依据,也为设计部门提供设计依据。

环境评价包括环境质量和环境影响评价两部分。环境质量情况是对该地域的环境的现状和历史进行调研评价,旨在为本地域的规划和整治服务。环境影响评价是关于建设项目对环境影响的预测和防治,是为项目的决策和设计服务的。建设项目的环境影响评价是建立在环境质量评价基础上的。

2. 建设项目环境保护的分类管理

《建设项目环境保护管理条例》第 7 条规定,国家根据建设项目对环境的影响程度,按照下列规定对建设项目的环境保护实行分类管理:

(1) 建设项目对环境可能造成重大影响的,应当编制环境影响报告书,对建设项目产生的污染和对环境的影响进行全面、详细的评价;建设项目环境影响报告书,应当包括下列内容:① 建设项目概况;② 建设项目周围环境现状;③ 建设项目对环境可能造成影响的分析和预测;④ 环境保护措施及其经济、技术论证;⑤ 环境影响经济损益分析;⑥ 对建设项目实施环境监测的建议;⑦ 环境影响评价结论。

(2) 建设项目对环境可能造成轻度影响的,应当编制环境影响报告表,对建设项目产生的污染和对环境的影响进行分析或者专项评价。

(3) 建设项目对环境影响很小,不需要进行环境影响评价的,应当填报环境影响登记表。

建设项目环境影响报告表、环境影响登记表的内容和格式,由国务院环境保护行政主管部门规定。

3. 建设项目环境影响评价的审批

依法应当编制环境影响报告书、环境影响报告表的建设项目,建设单位应当在开工建设前将环境影响报告书、环境影响报告表报有审批权的环境保护行政主管部门审批;建设项目的环境影响评价文件未依法经审批部门审查或者审查后未予批准的,建设单位不得开工建设。

(1) 审批时限

环境保护行政主管部门审批环境影响报告书、环境影响报告表,应当重点审查建设项目的环境可行性、环境影响分析预测评估的可靠性、环境保护措施的有效性、环境影响评价结论的科学性等,并分别自收到环境影响报告书之日起 60 日内、收到环境影响报告表之日起 30 日内,作出审批决定并书面通知建设单位。

（2）审批程序

环境保护行政主管部门可以组织技术机构对建设项目环境影响报告书、环境影响报告表进行技术评估，并承担相应费用；技术机构应当对其提出的技术评估意见负责，不得向建设单位、从事环境影响评价工作的单位收取任何费用。

依法应当填报环境影响登记表的建设项目，建设单位应当按照国务院环境保护行政主管部门的规定将环境影响登记表报建设项目所在地县级环境保护行政主管部门备案。环境保护行政主管部门应当开展环境影响评价文件网上审批、备案和信息公开。

（3）审批权限

① 国务院环境保护行政主管部门负责审批下列建设项目环境影响报告书、环境影响报告表：核设施、绝密工程等特殊性质的建设项目；跨省、自治区、直辖市行政区域的建设项目；国务院审批的或者国务院授权有关部门审批的建设项目。

② 前款规定以外的建设项目环境影响报告书、环境影响报告表的审批权限，由省、自治区、直辖市人民政府规定。

③ 建设项目造成跨行政区域环境影响，有关环境保护行政主管部门对环境影响评价结论有争议的，其环境影响报告书或者环境影响报告表由共同上一级环境保护行政主管部门审批。

（4）审批决定

建设项目有下列情形之一的，环境保护行政主管部门应当对环境影响报告书、环境影响报告表作出不予批准的决定：① 建设项目类型及其选址、布局、规模等不符合环境保护法律法规和相关法定规划；② 所在区域环境质量未达到国家或者地方环境质量标准，且建设项目拟采取的措施不能满足区域环境质量改善目标管理要求；③ 建设项目采取的污染防治措施无法确保污染物排放达到国家和地方排放标准，或者未采取必要措施预防和控制生态破坏；④ 改建、扩建和技术改造项目，未针对项目原有环境污染和生态破坏提出有效防治措施；⑤ 建设项目的环境影响报告书、环境影响报告表的基础资料数据明显不实，内容存在重大缺陷、遗漏，或者环境影响评价结论不明确、不合理。

4. 建设项目环境影响评价的管理程序

（1）建设项目环境影响报告书、环境影响报告表经批准后，建设项目的性质、规模、地点、采用的生产工艺或者防治污染、防止生态破坏的措施发生重大变动的，建设单位应当重新报批建设项目环境影响报告书、环境影响报告表。

（2）建设项目环境影响报告书、环境影响报告表自批准之日起满 5 年，建设项目方开工建设的，其环境影响报告书、环境影响报告表应当报原审批部门重新审核。原审批部门应当自收到建设项目环境影响报告书、环境影响报告表之日起 10 日内，将审核意见书面通知建设单位；逾期未通知的，视为审核同意。

此外，审核、审批建设项目环境影响报告书、环境影响报告表及备案环境影响登记表不得收取任何费用。建设单位可以采取公开招标的方式，选择从事环境影响评价工作的单位，对建设项目进行环境影响评价。任何行政机关不得为建设单位指定从事环境影响评价工作的单位进行环境影响评价。建设单位编制环境影响报告书，应当依照有关法律规定，征求建设项目所在地有关单位和居民的意见。

8.1.2 环境保护设施建设

1. 设施建设"三同时制度"

建设项目需要配套建设的环境保护设施,必须与主体工程同时设计、同时施工、同时投产使用。

2. 设施建设保障制度

建设项目的初步设计,应当按照环境保护设计规范的要求,编制环境保护篇章,落实防治环境污染和生态破坏的措施以及环境保护设施投资概算。建设单位应当将环境保护设施建设纳入施工合同,保证环境保护设施建设进度和资金,并在项目建设过程中同时组织实施环境影响报告书、环境影响报告表及其审批部门审批决定中提出的环境保护对策措施。

3. 设施建设验收制度

(1)编制环境影响报告书、环境影响报告表的建设项目竣工后,建设单位应当按照国务院环境保护行政主管部门规定的标准和程序,对配套建设的环境保护设施进行验收,编制验收报告。

(2)建设单位在环境保护设施验收过程中,应当如实查验、监测、记载建设项目环境保护设施的建设和调试情况,不得弄虚作假。除按照国家规定需要保密的情形外,建设单位应当依法向社会公开验收报告。

(3)分期建设、分期投入生产或者使用的建设项目,其相应的环境保护设施应当分期验收。

(4)编制环境影响报告书、环境影响报告表的建设项目,其配套建设的环境保护设施经验收合格,方可投入生产或者使用;未经验收或者验收不合格的,不得投入生产或者使用。上述规定的建设项目投入生产或者使用后,应当按照国务院环境保护行政主管部门的规定开展环境影响后评价。

4. 设施建设的监督检查

环境保护行政主管部门应当对建设项目环境保护设施设计、施工、验收、投入生产或者使用情况,以及有关环境影响评价文件确定的其他环境保护措施的落实情况,进行监督检查。环境保护行政主管部门应当将建设项目有关环境违法信息记入社会诚信档案,及时向社会公开违法者名单。

8.1.3 环境影响后评价

1. 建设项目环境影响后评价的概念

环境影响后评价,是指编制环境影响报告书的建设项目在通过环境保护设施竣工验收且稳定运行一定时期后,对其实际产生的环境影响以及污染防治、生态保护和风险防范措施的有效性进行跟踪监测和验证评价,并提出补救方案或者改进措施,提高环境影响评价有效性的方法与制度。

2. 建设项目环境影响后评价的范围

下列建设项目运行过程中产生不符合经审批的环境影响报告书情形的,应当开展环境影响后评价:

(1)水利、水电、采掘、港口、铁路行业中实际环境影响程度和范围较大,且主要环境影响在项目建成运行一定时期后逐步显现的建设项目,以及其他行业中穿越重要生态环境敏感区的建设项目；

（2）冶金、石化和化工行业中有重大环境风险，建设地点敏感，且持续排放重金属或者持久性有机污染物的建设项目；

（3）审批环境影响报告书的环境保护主管部门认为应当开展环境影响后评价的其他建设项目。

3. 建设项目环境影响后评价的监督管理

（1）建设项目环境影响后评价的管理，由审批该建设项目环境影响报告书的环境保护主管部门负责。环境保护部组织制定环境影响后评价技术规范，指导跨行政区域、跨流域和重大敏感项目的环境影响后评价工作。

（2）建设项目环境影响后评价应当在建设项目正式投入生产或者运营后三至五年内开展。原审批环境影响报告书的环境保护主管部门也可以根据建设项目的环境影响和环境要素变化特征，确定开展环境影响后评价的时限。

（3）建设单位或者生产经营单位负责组织开展环境影响后评价工作，编制环境影响后评价文件，并对环境影响后评价结论负责。建设单位或者生产经营单位可以委托环境影响评价机构、工程设计单位、大专院校和相关评估机构等编制环境影响后评价文件。编制建设项目环境影响报告书的环境影响评价机构，原则上不得承担该建设项目环境影响后评价文件的编制工作。建设单位或者生产经营单位应当将环境影响后评价文件报原审批环境影响报告书的环境保护主管部门备案，并接受环境保护主管部门的监督检查。

（4）建设单位或者生产经营单位可以对单个建设项目进行环境影响后评价，也可以对在同一行政区域、流域内存在叠加、累积环境影响的多个建设项目开展环境影响后评价。建设单位或者生产经营单位完成环境影响后评价后，应当依法公开环境影响评价文件，接受社会监督。对未按规定要求开展环境影响后评价，或者不落实补救方案、改进措施的建设单位或者生产经营单位，审批该建设项目环境影响报告书的环境保护主管部门应当责令其限期改正，并向社会公开。

4. 建设项目环境影响后评价文件的内容

（1）建设项目过程回顾。包括环境影响评价、环境保护措施落实、环境保护设施竣工验收、环境监测情况，以及公众意见收集调查情况等。

（2）建设项目工程评价。包括项目地点、规模、生产工艺或者运行调度方式，环境污染或者生态影响的来源、影响方式、程度和范围等。

（3）区域环境变化评价。包括建设项目周围区域环境敏感目标变化、污染源或者其他影响源变化、环境质量现状和变化趋势分析等。

（4）环境保护措施有效性评估。包括环境影响报告书规定的污染防治、生态保护和风险防范措施是否适用、有效，能否达到国家或者地方相关法律、法规、标准的要求等。

（5）环境影响预测验证。包括主要环境要素的预测影响与实际影响差异，原环境影响报告书内容和结论有无重大漏项或者明显错误，持久性、累积性和不确定性环境影响的表现等。

（6）环境保护补救方案和改进措施。

（7）环境影响后评价结论。

8.1.4　法律责任

1. 建设单位的法律责任

（1）建设单位有下列行为之一的，依照《中华人民共和国环境影响评价法》的规定处罚：① 建设项目环境影响报告书、环境影响报告表未依法报批或者报请重新审核，擅自开工建设；② 建设项目环境影响报告书、环境影响报告表未经批准或者重新审核同意，擅自开工建设；③ 建设项目环境影响登记表未依法备案。

（2）违反《建设项目环境保护管理条例》规定，建设单位编制建设项目初步设计未落实防治环境污染和生态破坏的措施以及环境保护设施投资概算，未将环境保护设施建设纳入施工合同，或者未依法开展环境影响后评价的，由建设项目所在地县级以上环境保护行政主管部门责令限期改正，处 5 万元以上 20 万元以下的罚款；逾期不改正的，处 20 万元以上 100 万元以下的罚款。违反《建设项目环境保护管理条例》规定，建设单位在项目建设过程中未同时组织实施环境影响报告书、环境影响报告表及其审批部门审批决定中提出的环境保护对策措施的，由建设项目所在地县级以上环境保护行政主管部门责令限期改正，处 20 万元以上 100 万元以下的罚款；逾期不改正的，责令停止建设。

（3）违反《建设项目环境保护管理条例》规定，需要配套建设的环境保护设施未建成、未经验收或者验收不合格，建设项目即投入生产或者使用，或者在环境保护设施验收中弄虚作假的，由县级以上环境保护行政主管部门责令限期改正，处 20 万元以上 100 万元以下的罚款；逾期不改正的，处 100 万元以上 200 万元以下的罚款；对直接负责的主管人员和其他责任人员，处 5 万元以上 20 万元以下的罚款；造成重大环境污染或者生态破坏的，责令停止生产或者使用，或者报经有批准权的人民政府批准，责令关闭。

（4）违反《建设项目环境保护管理条例》规定，建设单位未依法向社会公开环境保护设施验收报告的，由县级以上环境保护行政主管部门责令公开，处 5 万元以上 20 万元以下的罚款，并予以公告。

2. 技术机构的法律责任

违反《建设项目环境保护管理条例》规定，技术机构向建设单位、从事环境影响评价工作的单位收取费用的，由县级以上环境保护行政主管部门责令退还所收费用，处所收费用 1 倍以上 3 倍以下的罚款。

3. 其他相关方的法律责任

（1）从事建设项目环境影响评价工作的单位，在环境影响评价工作中弄虚作假的，由县级以上环境保护行政主管部门处所收费用 1 倍以上 3 倍以下的罚款。

（2）环境保护行政主管部门的工作人员徇私舞弊、滥用职权、玩忽职守，构成犯罪的，依法追究刑事责任；尚不构成犯罪的，依法给予行政处分。

二维码内含精彩案例及解析，快来扫一扫吧！

案例 8 - 1

8.2　建设工程施工现场环境保护制度

工程应用

知识点	工程应用阶段	典型工作事件	主要涉及的施工岗位	要求
施工现场噪声污染防治的规定	工程准备阶段、实施阶段	施工噪声污染	项目经理、项目技术负责人、施工员、安全员等	遵守
施工现场废气、废水污染防治的规定		施工扬尘、施工水污染		
施工现场固体废物污染防治的规定		施工建筑垃圾的处理		

学习内容

《建筑法》规定,建筑施工企业应当遵守有关环境保护和安全生产的法律、法规的规定,采取控制和处理施工现场的各种粉尘、废气、废水、固体废物以及噪声、振动对环境的污染和危害的措施。《建设工程安全生产管理条例》进一步规定,施工单位应当遵守有关环境保护法律、法规的规定,在施工现场采取措施,防止或者减少粉尘、废气、废水、固体废物、噪声、振动和施工照明对人和环境的危害和污染。

8.2.1　施工现场噪声污染防治的规定

环境噪声,是指在工业生产、建筑施工、交通运输和社会生活中所产生的干扰周围生活环境的声音。环境噪声污染,是指产生的环境噪声超过国家规定的环境噪声排放标准,并干扰他人正常生活、工作和学习的现象。

在工程建设领域,环境噪声污染的防治主要包括两个方面:一是建设项目环境噪声污染的防治;二是施工现场环境噪声污染的防治。前者主要是解决建设项目建成后使用过程中可能产生的环境噪声污染问题,后者则是要解决建设工程施工过程中产生的施工噪声污染问题。

1. 建设项目环境噪声污染的防治

一些建设项目如城市道桥、铁路(包括轻轨)、工业厂房等,其建成后的使用可能会对周围环境产生噪声污染。因此,建设单位必须在建设前期就规定环境噪声污染的防治措施,并在建设过程中同步建设环境噪声污染防治设施。

《中华人民共和国环境噪声污染防治法》(以下简称《环境噪声污染防治法》)规定,新建、改建、扩建的建设项目,必须遵守国家有关建设项目环境保护管理的规定。建设项目可能产生环境噪声污染的,建设单位必须提出环境影响报告书,规定环境噪声污染的防治措施,并按照国家规定的程序报生态环境主管部门批准。环境影响报告书中,应当有该建设项目所在地单位和居民的意见。

建设项目的环境噪声污染防治设施必须与主体工程同时设计、同时施工、同时投产使用。例如,建设经过已有的噪声敏感建筑物集中区域的高速公路和城市高架、轻轨道路,有可能造成环境噪声污染的,应当设置声屏障或者采取其他有效的控制环境噪声污染的措施,在已有的城市交通干线的两侧建设噪声敏感建筑物的,建设单位应当按照国家规定间隔一定距离,并采取减轻、避免交通噪声影响的措施等。

建设项目在投入生产或者使用之前,其环境噪声污染防治设施必须按照国家规定的标准和程序进行验收;达不到国家规定要求的,该建设项目不得投入生产或者使用。

2. 施工现场环境噪声污染的防治

施工噪声,是指在建设工程施工过程中产生的干扰周围生活环境的声音。随着城市化进程的不断加快及工程建设的大规模开展,施工噪声污染问题日益突出,尤其是在城市人口稠密地区的建设工程施工中产生的噪声污染,不仅影响周围居民的正常生活,而且损害城市的环境形象。施工单位与周围居民因噪声而引发的纠纷也时有发生,群众投诉日渐增多。因此,应当依法加强施工现场噪声管理,采取有效措施防治施工噪声污染。

(1)排放建筑施工噪声应当符合建筑施工场界环境噪声排放标准

《环境噪声污染防治法》规定,在城市市区范围内向周围生活环境排放建筑施工噪声的,应当符合国家规定的建筑施工场界环境噪声排放标准。所谓噪声排放,是指噪声源向周围生活环境辐射噪声。按照《建筑施工场界环境噪声排放标准》的规定,建筑施工过程中场界环境噪声不得超过以下排放限值:昼间 70 dB(A),夜间 55 dB(A)。夜间噪声最大声级超过限值的幅度不得高于 15 dB(A)。根据《中华人民共和国环境噪声污染防治法》规定,"昼间"是指 6:00至 22:00 之间的时段;"夜间"是指 22:00 至次日 6:00 之间的时段。

(2)使用机械设备可能产生环境噪声污染的申报

《环境噪声污染防治法》规定,在城市市区范围内,建筑施工过程中使用机械设备,可能产生环境噪声污染的,施工单位必须在工程开工 15 日以前向工程所在地县级以上地方人民政府生态环境主管部门申报该工程的项目名称、施工场所和期限、可能产生的环境噪声值以及所采取的环境噪声污染防治措施的情况。

国家对环境噪声污染严重的落后设备实行淘汰制度。国务院经济综合主管部门应当会同国务院有关部门公布限期禁止生产、禁止销售、禁止进口的环境噪声污染严重的设备名录。

(3)禁止夜间进行产生环境噪声污染施工作业的规定

《环境噪声污染防治法》规定,在城市市区噪声敏感建筑物集中区域内,禁止夜间进行产生环境噪声污染的建筑施工作业,但抢修、抢险作业和因生产工艺上要求或者特殊需要必须连续作业的除外。因特殊需要必须连续作业的,必须有县级以上人民政府或者其有关主管部门的证明。以上规定的夜间作业,必须公告附近居民。

所谓噪声敏感建筑物集中区域,是指医疗区、文教科研区和以机关或者居民住宅为主的区域。所谓噪声敏感建筑物,是指医院、学校、机关、科研单位、住宅等需要保持安静的建筑物。

(4)政府监管部门的现场检查

《环境噪声污染防治法》规定,县级以上人民政府生态环境主管部门和其他环境噪声污染防治工作的监督管理部门、机构,有权依据各自的职责对管辖范围内排放环境噪声的单位进行现场检查。被检查的单位必须如实反映情况,并提供必要的资料。检查部门、机构应当为被检查的单位保守技术秘密和业务秘密。检查人员进行现场检查,应当出示证件。

8.2.2 施工现场废气、废水污染防治的规定

1. 大气污染的防治

按照国际标准化组织(ISO)的定义,大气污染通常是指由于人类活动或自然过程引起某些物质进入大气中,呈现出足够的浓度,达到足够的时间,并因此危害了人体的舒适、健康和福利或造成环境污染的现象。如果不对大气污染物的排放总量加以控制和防治,将会严重破坏生态系统和人类生存条件。这里主要介绍施工现场的扬尘污染防治。

(1)政府相关部门扬尘污染防治的规定。地方各级人民政府应当加强对建设施工和运输的管理,保持道路清洁,控制料堆和渣土堆放,扩大绿地、水面、湿地和地面铺装面积,防治扬尘污染。住房城乡建设、市容环境卫生、交通运输、国土资源等有关部门,应当根据本级人民政府确定的职责,做好扬尘污染防治工作。市政河道以及河道沿线、公共用地的裸露地面以及其他城镇裸露地面,有关部门应当按照规划组织实施绿化或者透水铺装。

(2)建设单位扬尘污染防治的规定。建设单位应当将防治扬尘污染的费用列入工程造价,并在施工承包合同中明确施工单位扬尘污染防治责任。暂时不能开工的建设用地,建设单位应当对裸露地面进行覆盖;超过三个月的,应当进行绿化、铺装或者遮盖。

(3)施工单位扬尘污染防治的规定。施工单位应当制定具体的施工扬尘污染防治实施方案。从事房屋建筑、市政基础设施建设、河道整治以及建筑物拆除等施工单位,应当向负责监督管理扬尘污染防治的主管部门备案。施工单位应当在施工工地设置硬质围挡,并采取覆盖、分段作业、择时施工、洒水抑尘、冲洗地面和车辆等有效防尘降尘措施。建筑土方、工程渣土、建筑垃圾应当及时清运;在场地内堆存的,应当采用密闭式防尘网遮盖。工程渣土、建筑垃圾应当进行资源化处理。施工单位应当在施工工地公示扬尘污染防治措施、负责人、扬尘监督管理主管部门等信息。

(4)扬尘污染防治的其他措施。运输煤炭、垃圾、渣土、砂石、土方、灰浆等散装、流体物料的车辆应当采取密闭或者其他措施防止物料遗撒造成扬尘污染,并按照规定路线行驶。装卸物料应当采取密闭或者喷淋等方式防治扬尘污染。贮存煤炭、煤矸石、煤渣、煤灰、水泥、石灰、石膏、砂土等易产生扬尘的物料应当密闭;不能密闭的,应当设置不低于堆放物高度的严密围挡,并采取有效覆盖措施防治扬尘污染。码头、矿山、填埋场和消纳场应当实施分区作业,并采取有效措施防治扬尘污染。

2. 水污染的防治

《中华人民共和国水污染防治法》(以下简称《水污染防治法》)规定,水污染防治应当坚持预防为主、防治结合、综合治理的原则,优先保护饮用水水源,严格控制工业污染、城镇生活污染,防治农业面源污染,积极推进生态治理工程建设,预防、控制和减少水环境污染和生态破坏。

水污染,是指水体因某种物质的介入而导致其化学、物理、生物或者放射性等方面特性的改变,从而影响水的有效利用,危害人体健康或者破坏生态环境,造成水质恶化的现象。水污染防治包括江河、湖泊、运河、渠道、水库等地表水体以及地下水体的污染防治。

(1)建设项目水污染的防治

《水污染防治法》规定,新建、改建、扩建直接或者间接向水体排放污染物的建设项目和其他水上设施,应当依法进行环境影响评价。

建设单位在江河、湖泊新建、改建、扩建排污口的,应当取得水行政主管部门或者流域管理机构同意;涉及通航、渔业水域的,环境保护主管部门在审批环境影响评价文件时,应当征求交通、渔业主管部门的意见。

建设项目的水污染防治设施,应当与主体工程同时设计、同时施工、同时投入使用。水污染防治设施应当符合经批准或者备案的环境影响评价文件的要求。

禁止在饮用水水源一级保护区内新建、改建、扩建与供水设施和保护水源无关的建设项目;已建成的与供水设施和保护水源无关的建设项目,由县级以上人民政府责令拆除或者关闭。禁止在饮用水水源二级保护区内新建、改建、扩建排放污染物的建设项目;已建成的排放污染物的建设项目,由县级以上人民政府责令拆除或者关闭。禁止在饮用水水源准保护区内新建、扩建对水体污染严重的建设项目;改建建设项目,不得增加排污量。

（2）施工现场水污染的防治

《水污染防治法》规定,排放水污染物,不得超过国家或者地方规定的水污染物排放标准和重点水污染物排放总量控制指标。

① 禁止向水体排放油类、酸液、碱液或者剧毒废液。禁止在水体清洗装贮过油类或者有毒污染物的车辆和容器。禁止向水体排放、倾倒放射性固体废物或者含有高放射性和中放射性物质的废水。向水体排放含低放射性物质的废水,应当符合国家有关放射性污染防治的规定和标准。

② 禁止向水体排放、倾倒工业废渣、城镇垃圾和其他废弃物。禁止将含有汞、镉、砷、铬、铅、氰化物、黄磷等的可溶性剧毒废渣向水体排放、倾倒或者直接埋入地下。存放可溶性剧毒废渣的场所,应当采取防水、防渗漏、防流失的措施。禁止在江河、湖泊、运河、渠道、水库最高水位线以下的滩地和岸坡堆放、存贮固体废弃物和其他污染物。

③ 在饮用水水源保护区内,禁止设置排污口。在风景名胜区水体、重要渔业水体和其他具有特殊经济文化价值的水体的保护区内,不得新建排污口。在保护区附近新建排污口,应当保证保护区水体不受污染。

④ 禁止利用渗井、渗坑、裂隙和溶洞排放、倾倒含有毒污染物的废水、含病原体的污水和其他废弃物。禁止利用无防渗漏措施的沟渠,坑塘等输送或者存贮含有毒污染物的废水、含病原体的污水和其他废弃物。

⑤ 兴建地下工程设施或者进行地下勘探、采矿等活动,应当采取防护性措施,防止地下水污染.报废矿井、钻井或者取水井等,应当实施封井或者回填。人工回灌补给地下水,不得恶化地下水质。

8.2.3　施工现场固体废物污染防治的规定

《中华人民共和国固体废物污染环境防治法》(以下简称《固体废物污染环境防治法》)规定,国家倡导简约适度、绿色低碳的生活方式,引导公众积极参与固体废物污染环境防治。固体废物污染环境防治坚持减量化、资源化和无害化的原则。任何单位和个人都应当采取措施,减少固体废物的产生量,促进固体废物的综合利用,降低固体废物的危害性。

固体废物,是指在生产,生活和其他活动中产生的丧失原有利用价值或者虽未丧失利用价值但被抛弃或者放弃的固态、半固态和置于容器中的气态的物品、物质以及法律、行政法规规定纳入固体废物管理的物品、物质。固体废物污染环境,是指固体废物在产生、收集、贮存、运输、利用、处置的过程中产生的危害环境的现象。

1. 建设项目固体废物污染环境的防治

《固体废物污染环境防治法》规定,建设产生、贮存、利用、处置固体废物的项目,应当依法进行环境影响评价,并遵守国家有关建设项目环境保护管理的规定。建设项目的环境影响评价文件确定需要配套建设的固体废物污染环境防治设施,应当与主体工程同时设计、同时施工、同时投入使用。建设项目的初步设计,应当按照环境保护设计规范的要求,将固体废物污染环境防治内容纳入环境影响评价文件,落实防治固体废物污染环境和破坏生态的措施以及固体废物污染环境防治设施投资概算。

在生态保护红线区域、永久基本农田集中区域和其他需要特别保护的区域内,禁止建设工业固体废物、危险废物集中贮存、利用、处置的设施、场所和生活垃圾填埋场。

2. 施工现场固体废物污染环境的防治

施工现场的固体废物主要是建筑垃圾和生活垃圾。这里主要介绍施工现场的建筑垃圾污染防治。

(1) 政府相关部门建筑垃圾污染防治的规定。县级以上地方人民政府应当加强建筑垃圾污染环境的防治,建立建筑垃圾分类处理制度。县级以上地方人民政府应当制定包括源头减量、分类处理、消纳设施和场所布局及建设等在内的建筑垃圾污染环境防治工作规划。国家鼓励采用先进技术、工艺、设备和管理措施,推进建筑垃圾源头减量,建立建筑垃圾回收利用体系。县级以上地方人民政府应当推动建筑垃圾综合利用产品应用。县级以上地方人民政府环境卫生主管部门负责建筑垃圾污染环境防治工作,建立建筑垃圾全过程管理制度,规范建筑垃圾产生、收集、贮存、运输、利用、处置行为,推进综合利用,加强建筑垃圾处置设施、场所建设,保障处置安全,防止污染环境。

(2) 工程施工单位建筑垃圾污染防治的措施。工程施工单位应当编制建筑垃圾处理方案,采取污染防治措施,并报县级以上地方人民政府环境卫生主管部门备案。工程施工单位应当及时清运工程施工过程中产生的建筑垃圾等固体废物,并按照环境卫生主管部门的规定进行利用或者处置。工程施工单位不得擅自倾倒、抛撒或者堆放工程施工过程中产生的建筑垃圾。

课程思政 8－1

助力打赢蓝天保卫战,这个工地不扬尘,怎么做到的?

案例简介:广州南沙新区明珠湾区起步区基础设施建设的全面展开,如何防治建筑工地扬尘污染、推行绿色文明施工成为建设工作的重中之重。相比于尘土飞扬、烂泥满地的工地,走进中交城投横沥项目,整洁、秩序的施工现场映入眼帘,打破了人们以往的"刻板印象"。

经验介绍:"施工现场装配式方钢围蔽长达 7.3 公里;土方作业区域'施工一块、掀起一块',实现裸土 100% 覆盖;铺设约 5.3 公里长的装配式路面,形成区域环岛主要通行道路;24 小时监控场地扬尘;洒水车来回奔跑;车辆冲洗一条龙式管控;基于安全信息化系统的全岛监控网……"横沥项目按照南沙区住建局和明珠湾管理局要求,坚持落实施工现场 100% 围蔽,工地砂土、物料 100% 覆盖,裸土 100% 覆盖,工地路面 100% 硬化,施工作业 100% 洒水,出入车辆 100% 冲洗的"6 个 100%"措施,助力南沙打赢蓝天保卫战。此外,安全信息化管理平台更是助力横沥岛项目的绿色文明施工监管。这一平台围绕工程综合运用物联网、云计算、大数据、移动互联网、人工智能等技术,从人员精准定位、设备日常管理、环境指标监测控制、现场视频监控等方面研发,最终将各应用功能集成于指挥大屏。而利用安全信息化系统,横沥岛项目结合与使用者绑定的智能安全帽、摄像头、设备传感器、环境监测仪等设施,形成对全岛的监控网,在对人员及项目进行有效管理的同时,也对项目现场的施工环境情况进行全面监管。

(来源:广州日报)

思政要点:贯彻绿色发展理念,树立环境保护意识,强化环境保护责任。

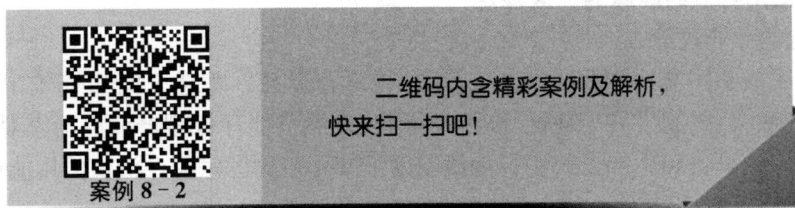

二维码内含精彩案例及解析,
快来扫一扫吧!

案例 8-2

8.3　建设工程施工节约能源制度

工程应用

知识点	工程应用阶段	典型工作事件	主要涉及的施工岗位	要求
施工合理使用与节约能源的规定	工程准备阶段、实施阶段	施工图节能审查	项目经理、项目技术负责人、施工员、安全员等	遵守
施工节能技术进步和激励措施的规定		绿色施工技术		
违反施工节约能源的法律责任		对违反建筑节能的处罚		

学习内容

　　能源是指煤炭、石油、天然气、生物质能和电力、热力以及其他直接或者通过加工、转换而取得有用能的各种资源。节约能源(以下简称节能),是指加强用能管理,采取技术上可行、经济上合理以及环境和社会可以承受的措施,从能源生产到消费的各个环节,降低消耗、减少损失和污染物排放、制止浪费,有效、合理地利用能源。节约资源是我国的基本国策。国家实施节约与开发并举、把节约放在首位的能源发展战略。

8.3.1 施工合理使用与节约能源的规定

在工程建设领域,节约能源主要包括建筑节能和施工节能两个方面。建筑节能是解决建设项目建成后使用过程中的节能问题,如《民用建筑节能条例》规定,"民用建筑节能,是指在保证民用建筑使用功能和室内热环境质量的前提下,降低其使用过程中能源消耗的活动。"施工节能则是要解决施工过程中的节约能源问题,如《绿色施工导则》规定,"绿色施工是指工程建设中,在保证质量、安全等基本要求的前提下,通过科学管理和技术进步,最大限度地节约资源与减少对环境负面影响的施工活动,实现四节一环保(节能、节地、节水、节材和环境保护)。"

1. 合理使用与节约能源的一般规定

(1)节能的产业政策

《中华人民共和国节约能源法》(以下简称《节约能源法》)规定,国家实行有利于节能和环境保护的产业政策,限制发展高耗能、高污染行业,发展节能环保型产业。国家对落后的耗能过高的用能产品、设备和生产工艺实行淘汰制度。禁止使用国家明令淘汰的用能设备、生产工艺。国家鼓励企业制定严于国家标准,行业标准的企业节能标准。

(2)用能单位的法定义务

用能单位应当按照合理用能的原则,加强节能管理,制定并实施节能计划和节能技术措施,降低能源消耗。用能单位应当建立节能目标责任制,对节能工作取得成绩的集体、个人给予奖励。用能单位应当定期开展节能教育和岗位节能培训。

用能单位应当加强能源计量管理,按照规定配备和使用经依法检定合格的能源计量器具。用能单位应当建立能源消费统计和能源利用状况分析制度,对各类能源的消费实行分类计量和统计,并确保能源消费统计数据真实、完整。能源生产经营单位不得向本单位职工无偿提供能源。任何单位不得对能源消费实行包费制。

2. 建筑节能的规定

(1)建筑节能的管理体制

《节约能源法》规定,国务院建设主管部门负责全国建筑节能的监督管理工作。县级以上地方各级人民政府建设主管部门负责本行政区域内建筑节能的监督管理工作。县级以上地方各级人民政府建设主管部门会同同级管理节能工作的部门编制本行政区域内的建筑节能规划。建筑节能规划应当包括既有建筑节能改造计划。

(2)建筑节能的一般规定

建筑工程的建设、设计、施工和监理单位应当遵守建筑节能标准。不符合建筑节能标准的建筑工程,建设主管部门不得批准开工建设;已经开工建设的,应当责令停止施工、限期改正;已经建成的,不得销售或者使用。建设主管部门应当加强对在建建筑工程执行建筑节能标准情况的监督检查。

国家鼓励在新建建筑和既有建筑节能改造中使用新型墙体材料等节能建筑材料和节能设备,安装和使用太阳能等可再生能源利用系统。《民用建筑节能条例》规定,国家鼓励和扶持在新建建筑和既有建筑节能改造中采用太阳能、地热能等可再生能源。在具备太阳能利用条件的地区,有关地方人民政府及其部门应当采取有效措施,鼓励和扶持单位、个人安装使用太阳能热水系统、照明系统、供热系统、采暖制冷系统等太阳能利用系统。

（3）新建建筑节能的规定

国家推广使用民用建筑节能的新技术、新工艺、新材料和新设备，限制使用或者禁止使用能源消耗高的技术、工艺、材料和设备，国家限制进口或者禁止进口能源消耗高的技术、材料和设备。建设单位、设计单位、施工单位不得在建筑活动中使用列入禁止使用目录的技术、工艺、材料和设备。

① 施工图审查机构的节能义务。施工图设计文件审查机构应当按照民用建筑节能强制性标准对施工图设计文件进行审查，经审查不符合民用建筑节能强制性标准的，县级以上地方人民政府建设主管部门不得颁发施工许可证。

② 建设单位的节能义务。建设单位不得明示或者暗示设计单位、施工单位违反民用建筑节能强制性标准进行设计、施工，不得明示或暗示施工单位使用不符合施工图设计文件要求的墙体材料、保温材料、门窗、采暖制冷系统和照明设备。按照合同约定由建设单位采购墙体材料、保温材料、门窗、采暖制冷系统和照明设备的，建设单位应当保证其符合施工图设计文件要求。建设单位组织竣工验收，应当对民用建筑是否符合民用建筑节能强制性标准进行查验；对不符合民用建筑节能强制性标准的，不得出具竣工验收合格报告。

③ 设计单位、施工单位、工程监理单位的节能义务。设计单位、施工单位、工程监理单位及其注册执业人员，应当按照民用建筑节能强制性标准进行设计、施工、监理。施工单位应当对进入施工现场的墙体材料、保温材料、门窗、采暖制冷系统和照明设备进行查验：不符合施工图设计文件要求的，不得使用。工程监理单位发现施工单位不按照民用建筑节能强制性标准施工的，应当要求施工单位改正；施工单位拒不改正的，工程监理单位应当及时报告建设单位，并向有关主管部门报告。墙体、屋面的保温工程施工时，监理工程师应当按照工程监理规范的要求，采取旁站、巡视和平行检验等形式实施监理，未经监理工程师签字，墙体材料、保温材料、门窗、采暖制冷系统和照明设备不得在建筑上使用或者安装，施工单位不得进行下一道工序的施工。

（4）既有建筑节能的规定

既有建筑节能改造，是指对不符合民用建筑节能强制性标准的既有建筑的围护结构、供热系统、采暖制冷系统、照明设备和热水供应设施等实施节能改造的活动。实施既有建筑节能改造，应当符合民用建筑节能强制性标准，优先采用遮阳，改善通风等低成本改造措施。既有建筑围护结构的改造和供热系统的改造应当同步进行。

3. 施工节能的规定

《中华人民共和国循环经济促进法》（以下简称《循环经济促进法》）规定，建筑设计、建设、施工等单位应当按照国家有关规定和标准，对其设计、建设、施工的建筑物及构筑物采用节能、节水、节地、节材的技术工艺和小型、轻型、再生产品。有条件的地区，应当充分利用太阳能、地热能、风能等可再生能源。

（1）节材与材料资源利用

国家鼓励利用无毒无害的固体废物生产建筑材料，鼓励使用散装水泥，推广使用预拌混凝土和预拌砂浆。禁止损毁耕地烧砖。在国务院或者省、自治区、直辖市人民政府规定的期限和区域内，禁止生产、销售和使用粘土砖。

《绿色施工导则》进一步规定，图纸会审时，应审核节材与材料资源利用的相关内容，达到材料损耗率比定额损耗率降低 30%；根据施工进度、库存情况等合理安排材料的采购、进场时间和批次，减少库存；现场材料堆放有序；储存环境适宜，措施得当；保管制度健全，责任落实；

材料运输工具适宜,装卸方法得当,防止损坏和遗洒;根据现场平面布置情况就近卸载,避免和减少二次搬运;采取技术和管理措施提高模板、脚手架等的周转次数;优化安装工程的预留、预埋、管线路径等方案;应就地取材,施工现场 500 公里以内生产的建筑材料用量占建筑材料总重量的 80% 以上。此外,还分别就结构材料、围护材料、装饰装修材料、周转材料提出了明确要求。例如,结构材料节材与材料资源利用的技术要点是:① 推广使用预拌混凝土和商品砂浆。准确计算采购数量、供应频率、施工速度等,在施工过程中动态控制。结构工程使用散装水泥。② 推广使用高强钢筋和高性能混凝土,减少资源消耗。③ 推广钢筋专业化加工和配送。④ 优化钢筋配料和钢构件下料方案。钢筋及钢结构制作前应对下料单及样品进行复核,无误后方可批量下料。⑤ 优化钢结构制作和安装方法。大型钢结构宜采用工厂制作,现场拼装;宜采用分段吊装、整体提升、滑移、顶升等安装方法,减少方案的措施用材量。⑥ 采取数字化技术,对大体积混凝土、大跨度结构等专项施工方案进行优化。

(2) 节水与水资源利用

《循环经济促进法》规定,国家鼓励和支持使用再生水。企业应当发展串联用水系统和循环用水系统,提高水的重复利用率。企业应当采用先进技术、工艺和设备,对生产过程中产生的废水进行再生利用。《绿色施工导则》进一步对提高用水效率、非传统水源利用和安全用水作出规定。

① 提高用水效率。施工中采用先进的节水施工工艺。施工现场喷洒路面、绿化浇灌不宜使用市政自来水。现场搅拌用水、养护用水应采取有效的节水措施,严禁无措施浇水养护混凝土。施工现场供水管网应根据用水量设计布置,管径合理、管路简捷,采取有效措施减少管网和用水器具的漏损。现场机具、设备、车辆冲洗用水必须设立循环用水装置。施工现场办公区、生活区的生活用水采用节水系统和节水器具,提高节水器具配置比率。项目临时用水应使用节水型产品,安装计量装置,采取针对性的节水措施。施工现场建立可再利用水的收集处理系统,使水资源得到梯级循环利用。施工现场分别对生活用水与工程用水确定用水定额指标,并分别计量管理。大型工程的不同单项工程、不同标段、不同分包生活区,凡具备条件的应分别计量用水量。在签订不同标段分包或劳务合同时,将节水定额指标纳入合同条款,进行计量考核。对混凝土搅拌站点等用水集中的区域和工艺点进行专项计量考核。施工现场建立雨水、中水或可再利用水的搜集利用系统。

② 非传统水源利用。优先采用中水搅拌、中水养护,有条件的地区和工程应收集雨水养护。处于基坑降水阶段的工地,宜优先采用地下水作为混凝土搅拌用水、养护用水、冲洗用水和部分生活用水。现场机具、设备、车辆冲洗、喷洒路面、绿化浇灌等用水,优先采用非传统水源,尽量不使用市政自来水。大型施工现场,尤其是雨量充沛地区的大型施工现场建立雨水收集利用系统,充分收集自然降水用于施工和生活中适宜的部位。力争施工中非传统水源和循环水的再利用量大于 30%。

③ 安全用水。在非传统水源和现场循环再利用水的使用过程中,应制定有效的水质检测与卫生保障措施,确保避免对人体健康、工程质量以及周围环境产生不良影响。

(3) 节能与能源利用

《绿色施工导则》对节能措施,机械设备与机具,生产、生活及办公临时设施,施工用电及照明分别作出规定。

① 节能措施。制订合理施工能耗指标,提高施工能源利用率。优先使用国家、行业推荐的节能、高效、环保的施工设备和机具,如选用变频技术的节能施工设备等。施工现场分别设

定生产、生活、办公和施工设备的用电控制指标,定期进行计量、核算,对比分析,并有预防与纠正措施。在施工组织设计中,合理安排施工顺序、工作面,以减少作业区域的机具数量,相邻作业区充分利用共有的机具资源。安排施工工艺时,应优先考虑耗用电能的或其他能耗较少的施工工艺,避免设备额定功率远大于使用功率或超负荷使用设备的现象。根据当地气候和自然资源条件,充分利用太阳能、地热等可再生能源。

② 机械设备与机具。建立施工机械设备管理制度,开展用电、用油计量,完善设备档案,及时做好维修保养工作,使机械设备保持低耗、高效的状态。选择功率与负载相匹配的施工机械设备,避免大功率施工机械设备低负载长时间运行。机电安装可采用节电型机械设备,如逆变式电焊机和能耗低、效率高的手持电动工具等,以利节电。机械设备宜使用节能型油料添加剂,在可能的情况下,考虑回收利用,节约油量。合理安排工序,提高各种机械的使用率和满载率,降低各种设备的单位耗能。

③ 生产、生活及办公临时设施。利用场地自然条件,合理设计生产、生活及办公临时设施的体形、朝向、间距和窗墙面积比,使其获得良好的日照、通风和采光。南方地区可根据需要在其外墙窗设遮阳设施。临时设施宜采用节能材料,墙体、屋面使用隔热性能好的材料,减少夏天空调、冬天取暖设备的使用时间及耗能量。合理配置采暖、空调、风扇数量,规定使用时间,实行分段分时使用,节约用电。

④ 施工用电及照明。临时用电优先选用节能电线和节能灯具,临电线路合理设计、布置,临电设备宜采用自动控制装置。采用声控、光控等节能照明灯具。照明设计以满足最低照度为原则,照度不应超过最低照度的 20%。

(4) 节地与施工用地保护

《绿色施工导则》对临时用地指标,临时用地保护、施工总平面布置分别作出规定。

① 临时用地指标。根据施工规模及现场条件等因素合理确定临时设施,如临时加工厂、现场作业棚及材料堆场、办公生活设施等的占地指标。临时设施的占地面积应按用地指标所需的最低面积设计。要求平面布置合理、紧凑,在满足环境、职业健康与安全及文明施工要求的前提下尽可能减少废弃地和死角,临时设施占地面积有效利用率大于 90%。

② 临时用地保护。应对深基坑施工方案进行优化,减少土方开挖和回填量,最大限度地减少对土地的扰动,保护周边自然生态环境。红线外临时占地应尽量使用荒地、废地,少占用农田和耕地。工程完工后,及时对红线外占地恢复原地形、地貌,使施工活动对周边环境的影响降至最低。利用和保护施工用地范围内原有绿色植被。对于施工周期较长的现场,可按建筑永久绿化的要求,安排场地新建绿化。

③ 施工总平面布置。施工总平面布置应做到科学、合理,充分利用原有建筑物、构筑物、道路、管线为施工服务。施工现场搅拌站、仓库、加工厂、作业棚、材料堆场等布置应尽量靠近已有交通线路或即将修建的正式或临时交通线路,缩短运输距离。临时办公和生活用房应采用经济、美观、占地面积小、对周边地貌环境影响较小,且适合于施工平面布置动态调整的多层轻钢活动板房、钢骨架水泥活动板房等标准化装配式结构。生活区与生产区应分开布置,并设置标准的分隔设施。施工现场围墙可采用连续封闭的轻钢结构预制装配式活动围挡,减少建筑垃圾,保护土地。施工现场道路按照永久道路和临时道路相结合的原则布置。施工现场内形成环形通路,减少道路占用土地。临时设施布置应注意远近结合(本期工程与下期工程),努力减少和避免大量临时建筑拆迁和场地搬迁。

8.3.2　施工节能技术进步和激励措施的规定

1. 节能技术进步

（1）政府政策引导

《节约能源法》规定,国务院管理节能工作的部门会同国务院科技主管部门发布节能技术政策大纲,指导节能技术研究、开发和推广应用。县级以上各级人民政府应当把节能技术研究开发作为政府科技投入的重点领域,支持科研单位和企业开展节能技术应用研究,制定节能标准,开发节能共性和关键技术,促进节能技术创新与成果转化。国务院管理节能工作的部门会同国务院有关部门制定并公布节能技术、节能产品的推广目录,引导用能单位和个人使用先进的节能技术、节能产品。国务院管理节能工作的部门会同国务院有关部门组织实施重大节能科研项目、节能示范项目、重点节能工程。

（2）政府资金扶持

《循环经济促进法》规定,国务院和省、自治区、直辖市人民政府设立发展循环经济的有关专项资金,支持循环经济的科技研究开发、循环经济技术和产品的示范与推广、重大循环经济项目的实施、发展循环经济的信息服务等。

国务院和省、自治区、直辖市人民政府及其有关部门应当将循环经济重大科技攻关项目的自主创新研究、应用示范和产业化发展列入国家或者省级科技发展规划和高技术产业发展规划,并安排财政性资金予以支持。利用财政性资金引进循环经济重大技术、装备的,应当制定消化、吸收和创新方案,报有关主管部门审批并由其监督实施;有关主管部门应当根据实际需要建立协调机制,对重大技术、装备的引进和消化、吸收、创新实行统筹协调,并给予资金支持。

《节约能源法》规定,县级以上各级人民政府应当按照因地制宜、多能互补、综合利用、讲求效益的原则,加强农业和农村节能工作,增加对农业和农村节能技术、节能产品推广应用的资金投入。

2. 节能激励措施

按照《节约能源法》《循环经济促进法》的规定,主要有如下相关的节能激励措施:

（1）财政安排节能专项资金

中央财政和省级地方财政安排节能专项资金,支持节能技术研究开发、节能技术和产品的示范与推广、重点节能工程的实施、节能宣传培训、信息服务和表彰奖励等,国家通过财政补贴支持节能照明器具等节能产品的推广和使用。

（2）税收优惠

国家对生产、使用列入国务院管理节能工作的部门会同国务院有关部门制定并公布的节能技术、节能产品推广目录的需要支持的节能技术、节能产品,实行税收优惠等扶持政策。

国家运用税收等政策,鼓励先进节能技术、设备的进口,控制在生产过程中耗能高、污染重的产品的出口。国家对促进循环经济发展的产业活动给予税收优惠,并运用税收等措施鼓励进口先进的节能、节水、节材等技术、设备和产品,限制在生产过程中耗能高、污染重的产品的出口。企业使用或者生产列入国家清洁生产、资源综合利用等鼓励名录的技术、工艺、设备或者产品的,按照国家有关规定享受税收优惠。

（3）信贷支持

国家引导金融机构增加对节能项目的信贷支持,为符合条件的节能技术研究开发、节能产品生产以及节能技术改造等项目提供优惠贷款。国家推动和引导社会有关方面加大对节能的资金投入,加快节能技术改造。对符合国家产业政策的节能、节水、节地、节材、资源综合利用等项目,金融机构应当给予优先贷款等信贷支持,并积极提供配套金融服务。对生产、进口、销售或者使用列入淘汰名录的技术、工艺、设备、材料或者产品的企业,金融机构不得提供任何形式的授信支持。

(4) 价格政策

国家实行有利于节能的价格政策,引导施工单位和个人节能。国家运用财税、价格等政策,支持推广电力需求侧管理、合同能源管理、节能自愿协议等节能办法。国家实行有利于资源节约和合理利用的价格政策,引导单位和个人节约和合理使用水、电、气等资源性产品。

(5) 表彰奖励

各级人民政府对在节能管理、节能科学技术研究和推广应用中有显著成绩以及检举严重浪费能源行为的单位和个人,给予表彰和奖励。企业事业单位应当对在循环经济发展中作出突出贡献的集体和个人给予表彰和奖励。

8.3.3　违反施工节约能源的法律责任

1. 违反建筑节能标准违法行为应承担的法律责任

《节约能源法》规定,设计单位、施工单位、监理单位违反建筑节能标准的,由建设主管部门责令改正,处 10 万元以上 50 万元以下罚款;情节严重的,由颁发资质证书的部门降低资质等级或者吊销资质证书;造成损失的,依法承担赔偿责任。

《民用建筑节能条例》规定,施工单位未按照民用建筑节能强制性标准进行施工的,由县级以上地方人民政府建设主管部门责令改正,处民用建筑项目合同价款 2% 以上 4% 以下的罚款;情节严重的,由颁发资质证书的部门责令停业整顿,降低资质等级或者吊销资质证书;造成损失的,依法承担赔偿责任。注册执业人员未执行民用建筑节能强制性标准的,由县级以上人民政府建设主管部门责令停止执业 3 个月以上 1 年以下;情节严重的,由颁发资格证书的部门吊销执业资格证书,5 年内不予注册。

2. 使用粘土砖及其他施工节能违法行为应承担的法律责任

《循环经济促进法》规定,在国务院或者省、自治区、直辖市人民政府规定禁止生产、销售、使用粘土砖的期限或者区域内生产、销售或者使用粘土砖的,由县级以上地方人民政府指定的部门责令限期改正;有违法所得的,没收违法所得;逾期继续生产、销售的,由地方人民政府市场监督管理部门依法吊销营业执照。《民用建筑节能条例》规定,施工单位有下列行为之一的,由县级以上地方人民政府建设主管部门责令改正,处 10 万元以上 20 万元以下的罚款;情节严重的,由颁发资质证书的部门责令停业整顿,降低资质等级或者吊销资质证书;造成损失的,依法承担赔偿责任:

(1) 未对进入施工现场的墙体材料、保温材料、门窗、采暖制冷系统和照明设备进行查验的;

(2) 使用不符合施工图设计文件要求的墙体材料、保温材料、门窗、采暖制冷系统和照明设备的;

(3) 使用列入禁止使用目录的技术、工艺、材料和设备的。

3. 用能单位其他违法行为应承担的法律责任

《节约能源法》规定,用能单位未按照规定配备、使用能源计量器具的,由产品质量监督部门责令限期改正;逾期不改正的,处1万元以上5万元以下罚款。瞒报、伪造、篡改能源统计资料或者编造虚假能源统计数据的,依照《中华人民共和国统计法》的规定处罚。无偿向本单位职工提供能源或者对能源消费实行包费制的,由管理节能工作的部门责令限期改正;逾期不改正的,处5万元以上20万元以下罚款。进口列入淘汰名录的设备、材料或者产品的,由海关责令退运,可以处10万元以上100万元以下的罚款。进口者不明的,由承运人承担退运责任,或者承担有关处置费用。

课程思政 8-2

建设工程项目如何落地践行"四节一环保"

专家解读:所谓"四节一环保"是指"节能、节地、节水、节材和环境保护",通过"四节一环保"的措施,将施工对环境造成的影响降低到最低,实现良好的社会效益和经济效益。

环境保护。一是扬尘控制:工程在前期、及土方施工阶段对裸露的土地进行洒水、密网覆盖,严禁现场扬尘高度达到0.5m;在现场主大门处设置洗车池,设置洗车制度,所有施工车辆外出时将泥土清洗干净防止遗撒,所有车辆冲洗完毕经验收合格后方可出现场;主道路两侧设置喷淋系统,定期对道路喷洒,另设置一定数量洒水车和自动扫地车,控制扬尘;对于现场裸露的较小土地进行绿化处理。二是噪声与振动控制:现场尽量使用低噪声、低振动的工具;设置密闭的机械、材料加工棚,电焊和切割尽量选择在封闭加工棚;对于进出施工现场的车辆加强管理,出入做到低速、禁止鸣喇叭;定期对现场噪声进行检测,确保噪声控制在要求范围内。三是水污染控制:在施工现场针对不同的污水,设置沉淀池,将水过滤后用于其它;生活区厕所、食堂等单独设置专用下水管道,并通至化粪池、隔油池等设施处理生活污水,经初步处理之后再排到污水管网禁止将剩饭菜等生活垃圾倒入下水漏斗,以免堵塞。四是垃圾控制:现场设置封闭的建筑垃圾站,分为回收、不可回收垃圾站,然后有专业队伍进行外运;工人生活区设置密闭垃圾站,并在工人生活区设置移动垃圾桶,有专业垃圾队伍集中将现场垃圾清运;项目编制建筑垃圾处理方案、并和有资质的垃圾公司签订合同,办理建筑垃圾消纳许可证;垃圾运输均使用具有准运证的车辆,每次运出的建筑、生活垃圾均有记录,做到有据可查;项目部购置一套粉碎机设备,计划将产生的建筑垃圾(如混凝土块、砖块等)进行粉碎后回填,可以减少大量建筑垃圾,并保护环境。

节能、节地、节水、节材。一是节材与材料利用:工程设计钢筋直径≥18的钢筋连接方式全部使用直螺纹连接技术,节约绑扎搭接长度;工程前期合理策划,在施工道路满足使用的情况下,尽量减少混凝土的硬化,采取绿化或覆盖的措施;做好模板计算工作,防止下料时模板的浪费。二是节水与水资源利用:现场设置沉淀池,过滤后的水用于道路洒水、绿化浇灌等;厕所、洗漱间、淋浴间等全部设置节水器、设备;现场框架柱混凝土养护采取覆盖塑料薄膜方式,底板、顶板采取蓄水的方式,减少用水量;洗车设备水池做防水处理,可使水重复使用。三是节能与能源利用:生活区和办公区全部使用 LED 节能灯,减少电量损耗约 1/3;夜间不施工时所有机械均断电;本工程使用材料的采购 90% 在工程周围 500 km 以内,防止因运距增加油耗。四是节地与施工用地保护:现场办公、宿舍区尽量搭设 2 层,工人生活区允许情况下搭设 3 层,减少用地面积,另工人生活区搭设在原教练场道路上,减少了大量的地面硬化与基础处理;为加强土地保护,对不硬化区域采取绿化措施;基坑开挖方案优化,由 1∶1 大开挖＋土钉墙优化为 1∶0.5 土钉墙＋锚杆减少土地开挖,保护土地;现场布置合理,减少用地及硬化;工人生活区设置在已硬化道路上。

(来源:中铁六局北京铁建长沙地铁项目部)

思政要点:践行绿色发展理念,树立环境保护与资源节约意识,建设美丽中国。

二维码内含精彩案例及解析,
快来扫一扫吧!

案例 8－3

二维码内含本模块"1＋X"证书习题及答案,
快来扫一扫吧!

"1＋X"证书习题 8

模块 9　建设工程纠纷解决的法律制度

学习目标

知识目标：知晓建设工程民事纠纷、行政纠纷的概念及常见种类，熟知建设工程民事纠纷、行政纠纷解决的途径。

能力目标：能依据民事纠纷、行政纠纷解决的有效途径处理好工程建设过程中发生的简单民事、行政纠纷；能协助法律专业人员处理好工程建设过程中发生的民事、行政纠纷。

思政目标：领悟全面依法治国理念，弘扬社会公平正义，培养程序思维和规则意识，践行社会主义核心价值观。

9.1　建设工程纠纷概述

工程应用

知识点	工程应用阶段	典型工作事件	主要涉及的施工岗位	要求
建设工程民事纠纷概述	工程准备阶段、实施阶段	建设合同经济纠纷	企业法人、企业法律顾问、企业合同部门管理人员、企业技术负责人、项目经理等	知晓
建设工程行政纠纷概述		行政许可纠纷		

学习内容

所谓法律纠纷，是指公民、法人、其他组织之间因人身、财产或其他法律关系所发生的对抗冲突（或者争议），主要包括民事纠纷、行政纠纷、刑事纠纷。民事纠纷是平等主体间的有关人身、财产权的纠纷；行政纠纷是行政机关之间或行政机关同公民、法人和其他组织之间由于行政行为而产生的纠纷；刑事纠纷是因犯罪而产生的纠纷。建设工程项目通常具有投资大、建造周期长、技术要求高、协作关系复杂和政府监管严格等特点，因而在建设工程领域里常见的是民事纠纷和行政纠纷。

9.1.1　建设工程民事纠纷概述

1. 建设工程民事纠纷的概念

建设工程民事纠纷，是在建设工程活动中平等主体之间发生的以民事权利义务法律关系为内容的争议。从概念可以看出,民事纠纷主体之间的法律地位平等;民事纠纷的内容是对民事权利义务的争议;民事纠纷的可处分性,这主要是针对有关财产关系的民事纠纷,而有关人身关系的民事纠纷多具有不可处分性。

民事纠纷作为法律纠纷的一种,一般来说,是因为违反了民事法律规范而引起的,民事纠纷可分为两大类:一类是财产关系方面的民事纠纷,如合同纠纷、损害赔偿纠纷等;另一类是人身关系的民事纠纷,如名誉权纠纷、继承权纠纷等。

2. 建设工程民事纠纷的常见种类

在建设工程领域,较为普遍和重要的民事纠纷主要是合同纠纷、侵权纠纷。

(1) 合同纠纷

合同纠纷,是指因合同的生效、解释、履行、变更、终止等行为而引起的合同当事人之间的所有争议。合同纠纷的内容,主要表现在争议主体对于导致合同法律关系产生、变更与消灭的法律事实以及法律关系的内容有着不同的观点与看法。合同纠纷的范围涵盖了一项合同从成立到终止的整个过程。在建设工程领域,合同纠纷主要有工程总承包合同纠纷、工程勘察合同纠纷、工程设计合同纠纷、工程施工合同纠纷、工程监理合同纠纷、工程分包合同纠纷、材料设备采购合同纠纷以及劳动合同纠纷等。发包人和承包人就有关工期、质量、造价等产生的建设工程合同争议,是建设工程领域最常见的民事纠纷。

(2) 侵权纠纷

侵权纠纷,是指一方当事人对另一方侵权而产生的纠纷。在建设工程领域也易发生侵权纠纷,如施工单位在施工中未采取相应防范措施造成对他方损害而产生的侵权纠纷,未经许可使用他方的专利、工法等而造成的知识产权侵权纠纷等。

9.1.2　建设工程行政纠纷概述

1. 建设工程行政纠纷的概念

建设工程行政纠纷,是在建设工程活动中行政机关之间或行政机关同公民、法人和其他组织之间由于行政行为而引起的纠纷,包括行政争议和行政案件。在行政法律关系中,行政机关对公民、法人和其他组织行使行政管理职权,应当依法行政;公民、法人和其他组织也应当依法约束自己的行为,做到自觉守法。在各种行政纠纷中,既有因行政机关超越职权、滥用职权、行政不作为、违反法定程序、事实认定错误、适用法律错误,所引起的纠纷,也有公民、法人或其他组织逃避监督管理、非法抗拒监督管理或误解法律规定等而产生的纠纷。

2. 行政行为的特征

(1) 行政行为是执行法律的行为。任何行政行为均须有法律根据,具有从属法律性,没有法律的明确规定或授权,行政主体不得作出任何行政行为。

(2) 行政行为具有一定的裁量性。这是由立法技术本身的局限性和行政管理的广泛性、变动性、应变性所决定的。

(3) 行政主体在实施行政行为时其有单方意志性,不必与行政相对方协商或征得其同意,便可依法自主做出。

(4) 行政行为是以国家强制力保障实施的,带有强制性。行政相对方必须服从并配合行政行为,否则行政主体将予以制裁或强制执行。

(5) 行政行为以无偿为原则,以有偿为例外。只有当特定行政相对人承担了特别公共负担,或者分享了特殊公共利益时,方可为有偿的。

3. 引发行政纠纷的常见具体行政行为

在建设工程领域,行政机关易引发行政纠纷的具体行政行为主要有如下几种:

(1) 行政许可,即行政机关根据公民、法人或者其他组织的申请,经依法审查,准予其从事特定活动的行政管理行为,如施工许可、专业人员执业资格注册、企业资质等级核准、安全生产许可等。行政许可易引发的行政纠纷通常是行政机关的行政不作为、违反法定程序等。

(2) 行政处罚,即行政机关或其他行政主体依照法定职权、程序对于违法但尚未构成犯罪的相对人给予行政制裁的具体行政行为。常见的行政处罚为警告、罚款、没收违法所得、取消投标资格、责令停止施工、责令停业整顿、降低资质等级、吊销资质证书等。行政处罚易导致的行政纠纷,通常是行政处罚超越职权、滥用职权、违反法定程序、事实认定错误、适用法律错误等。

(3) 行政奖励,即行政机关依照条件和程序,对为国家、社会和建设事业作出重大贡献的单位和个人,给予物质或精神鼓励的具体行政行为,如表彰建设系统先进集体、劳动模范和先进工作者等。行政奖励易引发的行政纠纷,通常是违反程序、滥用职权、行政不作为等。

(4) 行政裁决,即行政机关或法定授权的组织,依照法律授权,对平等主体之间发生的与行政管理活动密切相关的、特定的民事纠纷(争议)进行审查,并作出裁决的具体行政行为,如对特定的侵权纠纷、损害赔偿纠纷、权属纠纷、国有资产产权纠纷以及劳动工资、经济补偿纠纷等的裁决。行政裁决易引发的行政纠纷,通常是行政裁决违反法定程序、事实认定错误、适用法律错误等。

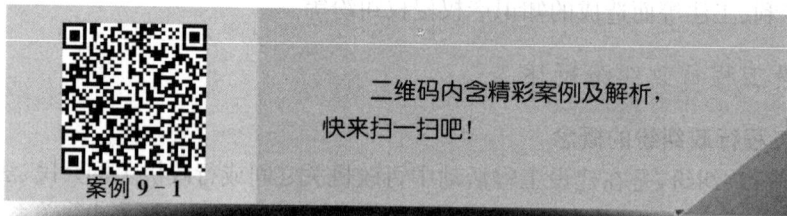

二维码内含精彩案例及解析,
快来扫一扫吧!
案例 9-1

9.2　建设工程民事纠纷的法律解决途径

工程应用

知识点	工程应用阶段	典型工作事件	主要涉及的施工岗位	要求
和解	工程实施阶段	工程建设合同纠纷及处理	企业法人、企业技术负责人、项目经理、项目技术负责人等	运用
调解				
仲裁				
民事诉讼				

学习内容

《民法典》规定,处理民事纠纷,应当依照法律;法律没有规定的,可以适用习惯,但是不得违背公序良俗;物权受到侵害的,权利人可以通过和解、调解、仲裁、诉讼等途径解决。

9.2.1　和解

和解是民事纠纷的当事人在自愿互谅的基础上,就已经发生的争议进行协商、妥协与让步并达成协议,自行(无第三方参与劝说)解决争议的一种方式。和解应以合法、自愿、平等为原则。

1. 和解的类型

(1)诉讼前的和解

诉讼前的和解是指发生诉讼以前,双方当事人互相协商达成协议,解决双方的争执。这是一种民事法律行为,是当事人依法处分自己民事实体权利的表现。

(2)诉讼中的和解

诉讼中的和解是当事人在诉讼进行中互相协商,达成协议,解决双方的争执。《民事诉讼法》规定:双方当事人可以自行和解。这种和解在法院作出判决前,当事人都可以进行,当事人可以就整个诉讼标的达成协议,也可以就诉讼的个别问题达成协议。

(3)执行中的和解

执行中的和解是在发生法律效力的民事判决、裁定后,法院在执行中,当事人互相协商,达成协议,解决双方的争执。

(4)仲裁中的和解

《仲裁法》规定,当事人申请仲裁后,可以自行和解。

2. 和解的效力

和解达成的协议不具有强制约束力,如果一方当事人不按照和解协议执行,另一方当事人不可以请求人民法院强制执行,但可以向法院提起诉讼,也可以根据约定申请仲裁。

9.2.2　调解

调解是指双方当事人以外的第三方应纠纷当事人的请求,以法律、法规和政策或合同约定以及社会公德为依据,对纠纷双方进行疏导、劝说,促使他们相互谅解,进行协商,自愿达成协议,解决纠纷的活动。

1. 人民调解

人民调解,是指人民调解委员会通过说服、疏导等方式,促使当事人在平等协商基础上,自愿达成调解协议,解决民间纠纷的活动。人民调解制度作为一种司法辅助制度,是人民群众自己解决纠纷的法律制度,也是一种具有中国特色的司法制度。

经人民调解委员会调解达成调解协议的,可以制作调解协议书。当事人认为无需制作调解协议的,可以采取口头协议的方式,人民调解员应当记录协议内容。经人民调解委员会调解达成的调解协议具有法律约束力,当事人应当按照约定履行。当事人就调解协议的履行或者调解协议的内容发生争议的,一方当事人可以向法院提起诉讼。经人民调解委员会调解达成调解协议后,双方当事人认为有必要的,可以自调解协议生效之日起 30 日内共同向人民法院申请司法确认。人民法院依法确认调解协议有效,一方当事人拒绝履行或者未全部履行的,对方当事人可以向人民法院申请强制执行。

2. 行政调解

行政调解是指国家行政机关应纠纷当事人的请求,依据法律、法规、政策,对属于其职权管辖范围内的纠纷,通过耐心的说服教育,使纠纷的双方当事人互相谅解,在平等协商的基础上达成一致协议,促成当事人解决纠纷。行政调解分为两种:

(1)基层人民政府,即乡、镇人民政府对一般民间纠纷的调解。

(2)国家行政机关依照法律规定对某些特定民事纠纷或经济纠纷或劳动纠纷等进行的调解。行政调解属于诉讼外调解。行政调解达成的协议也不具有强制约束力。

3. 仲裁调解

仲裁调解是仲裁机构对受理的仲裁案件进行的调解。仲裁庭在作出裁决前,可以先行调解。当事人自愿调解的,仲裁庭应当调解。调解不成的,应当及时作出裁决。调解达成协议的,仲裁庭应当制作调解书或者根据协议的结果制作裁决书。调解书与裁决书具有同等法律效力。调解书经双方当事人签收后,即发生法律效力。在调解书签收前当事人反悔的,仲裁庭应当及时作出裁决。

4. 法院调解

《民事诉讼法》规定,人民法院审理民事案件,根据当事人自愿的原则,在事实清楚的基础上,分清是非,进行调解。法院调解是人民法院对受理的民事案件、经济纠纷案件和轻微刑事案件在双方当事人自愿的基础上进行的调解,是诉讼内调解。法院调解书经双方当事人签收后,即具有法律效力,效力与判决书相同。

5. 专业机构调解

专业机构调解是当事人在发生争议前或争议后,协议约定由指定的具有独立调解规则的机构按照其调解规则进行调解。专业调解机构进行调解达成的调解协议对当事人双方均有约束力。

9.2.3 仲裁

仲裁是指发生争议的双方当事人,根据其在争议发生前或争议发生后所达成的协议,自愿将该争议提交中立的第三者进行裁判的争议解决制度和方式。婚姻、收养、监护、扶养、继承纠纷,依法应当由行政机关处理的行政争议不能仲裁。

1. 仲裁协议的规定

仲裁协议,是指双方当事人在自愿、协商、平等互利的基础之上将他们之间已经发生或者可能发生的争议提交仲裁解决的书面文件,是申请仲裁的必备材料。

(1)仲裁协议的内容

《仲裁法》规定,仲裁协议包括合同中订立的仲裁条款和以其他书面方式在纠纷发生前或者纠纷发生后达成的请求仲裁的协议。仲裁协议应当具有下列内容:① 请求仲裁的意思表示;② 仲裁事项;③ 选定的仲裁委员会。

(2)仲裁协议无效的情形

《仲裁法》规定,有下列情形之一的,仲裁协议无效:① 约定的仲裁事项超出法律规定的仲裁范围的;② 无民事行为能力人或者限制民事行为能力人订立的仲裁协议;③ 一方采取胁迫手段,迫使对方订立仲裁协议的。

(3) 仲裁协议的效力

仲裁协议对仲裁事项或者仲裁委员会没有约定或者约定不明确的,当事人可以补充协议;达不成补充协议的,仲裁协议无效。仲裁协议独立存在,合同的变更、解除、终止或者无效,不影响仲裁协议的效力。当事人对仲裁协议的效力有异议的,可以请求仲裁委员会作出决定或者请求人民法院作出裁定。一方请求仲裁委员会作出决定,另一方请求人民法院作出裁定的,由人民法院裁定。当事人对仲裁协议的效力有异议,应当在仲裁庭首次开庭前提出。

2. 仲裁的申请和受理

(1) 仲裁的申请

① 申请仲裁的条件

《仲裁法》规定,当事人申请仲裁应当符合下列条件:有仲裁协议;有具体的仲裁请求和事实、理由;属于仲裁委员会的受理范围。当事人申请仲裁,应当向仲裁委员会递交仲裁协议、仲裁申请书及副本。

② 仲裁申请书的内容

《仲裁法》规定,仲裁申请书应当载明下列事项:当事人的姓名、性别、年龄、职业、工作单位和住所,法人或者其他组织的名称、住所和法定代表人或者主要负责人的姓名、职务;仲裁请求和所根据的事实、理由;证据和证据来源、证人姓名和住所。

(2) 仲裁的受理

仲裁委员会收到仲裁申请书之日起五日内,认为符合受理条件的,应当受理,并通知当事人;认为不符合受理条件的,应当书面通知当事人不予受理,并说明理由。

3. 仲裁的开庭和裁决

(1) 仲裁庭的组成

仲裁庭可以由三名仲裁员或者一名仲裁员组成。由三名仲裁员组成的,设首席仲裁员。当事人约定由三名仲裁员组成仲裁庭的,应当各自选定或者各自委托仲裁委员会主任指定一名仲裁员,第三名仲裁员由当事人共同选定或者共同委托仲裁委员会主任指定。第三名仲裁员是首席仲裁员。当事人约定由一名仲裁员成立仲裁庭的,应当由当事人共同选定或者共同委托仲裁委员会主任指定仲裁员。

仲裁员有下列情形之一的,必须回避,当事人也有权提出回避申请:① 是本案当事人或者当事人、代理人的近亲属;② 与本案有利害关系;③ 与本案当事人、代理人有其他关系,可能影响公正仲裁的;④ 私自会见当事人、代理人,或者接受当事人、代理人的请客送礼的。仲裁员是否回避,由仲裁委员会主任决定;仲裁委员会主任担任仲裁员时,由仲裁委员会集体决定。

(2) 仲裁的开庭

仲裁应当开庭进行。当事人协议不开庭的,仲裁庭可以根据仲裁申请书、答辩书以及其他材料作出裁决。仲裁不公开进行。当事人协议公开的,可以公开进行,但涉及国家秘密的除外。仲裁委员会应当在仲裁规则规定的期限内将开庭日期通知双方当事人。当事人有正当理由的,可以在仲裁规则规定的期限内请求延期开庭。是否延期,由仲裁庭决定。

(3) 仲裁的裁决

裁决应当按照多数仲裁员的意见作出,少数仲裁员的不同意见可以记入笔录。仲裁庭不能形成多数意见时,裁决应当按照首席仲裁员的意见作出。

裁决书应当写明仲裁请求、争议事实、裁决理由、裁决结果、仲裁费用的负担和裁决日期。当事人协议不愿写明争议事实和裁决理由的,可以不写。裁决书由仲裁员签名,加盖仲裁委员会印章。对裁决持不同意见的仲裁员,可以签名,也可以不签名。仲裁庭仲裁纠纷时,其中一部分事实已经清楚,可以就该部分先行裁决。裁决书自作出之日起发生法律效力。

(4) 申请撤销裁决

当事人提出证据证明裁决有下列情形之一的,可以向仲裁委员会所在地的中级人民法院申请撤销裁决:① 没有仲裁协议的;② 裁决的事项不属于仲裁协议的范围或者仲裁委员会无权仲裁的;③ 仲裁庭的组成或者仲裁的程序违反法定程序的;④ 裁决所根据的证据是伪造的;⑤ 对方当事人隐瞒了足以影响公正裁决的证据的;⑥ 仲裁员在仲裁该案时有索贿受贿,徇私舞弊,枉法裁决行为的。当事人申请撤销裁决的,应当自收到裁决书之日起六个月内提出。人民法院应当在受理撤销裁决申请之日起两个月内作出撤销裁决或者驳回申请的裁定。

4. 仲裁裁决的执行

当事人应当履行裁决。一方当事人不履行的,另一方当事人可以依照民事诉讼法的有关规定向人民法院申请执行。受申请的人民法院应当执行。一方当事人申请执行裁决,另一方当事人申请撤销裁决的,人民法院应当裁定中止执行。人民法院裁定撤销裁决的,应当裁定终结执行。撤销裁决的申请被裁定驳回的,人民法院应当裁定恢复执行。

9.2.4 诉讼

民事诉讼是指公民之间、法人之间、其他组织之间以及他们相互之间因财产关系和人身关系提起的诉讼。或者说,民事诉讼是指人民法院、当事人和其他诉讼参与人,在审理民事案件的过程中,所进行的各种诉讼活动,以及由这些活动所产生的各种关系的总和。

1. 民事诉讼的基本制度

人民法院审理民事案件,依照法律规定实行合议、回避、公开审判和两审终审制度。

(1) 合议制度

合议制度是相对于独任制度而言的。独任制度指的是由 1 名审判员独任审理案件的制度。合议制度是指 3 名以上审判人员组成审判组织,代表法院行使审判权,对案件进行审理并作出裁判的制度。合议庭的成员人数必须是单数。人民法院审理第一审民事案件,由审判员、陪审员共同组成合议庭或者由审判员组成合议庭。人民法院审理第二审民事案件,由审判员组成合议庭。合议庭的审判长由院长或者庭长指定审判员一人担任;院长或者庭长参加审判的,由院长或者庭长担任。合议庭评议案件,实行少数服从多数的原则。评议应当制作笔录,由合议庭成员签名。评议中的不同意见,必须如实记入笔录。

(2) 回避制度

回避制度适用于审判人员、书记员、翻译人员、鉴定人、勘验人。这些人有下列情形之一的,应当自行回避,当事人有权用口头或者书面方式申请他们回避:① 是本案当事人或者当事人、诉讼代理人近亲属的;② 与本案有利害关系的;③ 与本案当事人、诉讼代理人有其他关系,可能影响对案件公正审理的。审判人员接受当事人、诉讼代理人请客送礼,或者违反规定会见当事人、诉讼代理人的,当事人有权要求他们回避。

当事人提出回避申请,应当说明理由,在案件开始审理时提出;回避事由在案件开始审理后知道的,也可以在法庭辩论终结前提出。被申请回避的人员在人民法院作出是否回避的决定前,应当暂停参与本案的工作,但案件需要采取紧急措施的除外。

院长担任审判长时的回避,由审判委员会决定;审判人员的回避,由院长决定;其他人员的回避,由审判长决定。人民法院对当事人提出的回避申请,应当在申请提出的 3 日内,以口头或者书面形式作出决定。申请人对决定不服的,可以在接到决定时申请复议一次。复议期间,被申请回避的人员,不停止参与本案的工作。人民法院对复议申请,应当在 3 日内作出复议决定,并通知复议申请人。

(3) 公开审判制度

人民法院审理民事案件,除涉及国家秘密、个人隐私或者法律另有规定的以外,应当公开进行。离婚案件,涉及商业秘密的案件,当事人申请不公开审理的,可以不公开审理。人民法院对公开审理或者不公开审理的案件,一律公开宣告判决。

(4) 两审终审制度

我国法院分为四级:最高人民法院、高级人民法院、中级人民法院、基层人民法院。除最高人民法院外,其他各级人民法院都有自己的上一级人民法院。按照两审终审制,一个案件经第一审人民法院审判后,当事人如果不服,有权在法定期限内向上一级人民法院提起上诉,由该上一级人民法院进行第二审。二审人民法院的判决、裁定是终审的判决、裁定。按照特别程序、督促程序、公示催告程序和破产还债程序、小额诉讼程序审理的案件,实行一审终审。最高人民法院所作的一审判决、裁定,为终审判决、裁定。

2. 民事诉讼的法院管辖规定

(1) 级别管辖

① 基层人民法院管辖第一审民事案件,但《民事诉讼法》另有规定的除外。

② 中级人民法院管辖下列第一审民事案件:重大涉外案件;在本辖区有重大影响的案件;最高人民法院确定由中级人民法院管辖的案件。

③ 高级人民法院管辖在本辖区有重大影响的第一审民事案件。

④ 最高人民法院管辖下列第一审民事案件:在全国有重大影响的案件;认为应当由本院审理的案件。

(2) 地域管辖

① 对公民提起的民事诉讼,由被告住所地人民法院管辖;被告住所地与经常居住地不一致的,由经常居住地人民法院管辖。对法人或者其他组织提起的民事诉讼,由被告住所地人民法院管辖。同一诉讼的几个被告住所地、经常居住地在两个以上人民法院辖区的,各该人民法院都有管辖权。

② 下列民事诉讼,由原告住所地人民法院管辖;原告住所地与经常居住地不一致的,由原告经常居住地人民法院管辖:对不在中华人民共和国领域内居住的人提起的有关身份关系的诉讼;对下落不明或者宣告失踪的人提起的有关身份关系的诉讼;对被采取强制性教育措施的人提起的诉讼;对被监禁的人提起的诉讼。

③ 因同纠纷提起的诉讼,由被告住所地或者合同履行地人民法院管辖。

④ 因保险合同纠纷提起的诉讼,由被告住所地或者保险标的物所在地人民法院管辖。

⑤ 因票据纠纷提起的诉讼,由票据支付地或者被告住所地人民法院管辖。

⑥ 因公司设立、确认股东资格、分配利润、解散等纠纷提起的诉讼,由公司住所地人民法院管辖。

⑦ 因铁路、公路、水上、航空运输和联合运输合同纠纷提起的诉讼,由运输始发地、目的地或者被告住所地人民法院管辖。

⑧ 因侵权行为提起的诉讼,由侵权行为地或者被告住所地人民法院管辖。

⑨ 因铁路、公路、水上和航空事故请求损害赔偿提起的诉讼,由事故发生地或者车辆、船舶最先到达地、航空器最先降落地或者被告住所地人民法院管辖。

⑩ 因船舶碰撞或者其他海事损害事故请求损害赔偿提起的诉讼,由碰撞发生地、碰撞船舶最先到达地、加害船舶被扣留地或者被告住所地人民法院管辖。

⑪ 因海难救助费用提起的诉讼,由救助地或者被救助船舶最先到达地人民法院管辖。

⑫ 因共同海损提起的诉讼,由船舶最先到达地、共同海损理算地或者航程终止地的人民法院管辖。

⑬ 因不动产纠纷提起的诉讼,由不动产所在地人民法院管辖;

⑭ 因港口作业中发生纠纷提起的诉讼,由港口所在地人民法院管辖;

⑮ 因继承遗产纠纷提起的诉讼,由被继承人死亡时住所地或者主要遗产所在地人民法院管辖。

⑯ 合同或者其他财产权益纠纷的当事人可以书面协议选择被告住所地、合同履行地、合同签订地、原告住所地、标的物所在地等与争议有实际联系的地点的人民法院管辖,但不得违反《民事诉讼法》对级别管辖和专属管辖的规定。

⑰ 两个以上人民法院都有管辖权的诉讼,原告可以向其中一个人民法院起诉;原告向两个以上有管辖权的人民法院起诉的,由最先立案的人民法院管辖。

(3) 移送管辖

人民法院发现受理的案件不属于本院管辖的,应当移送有管辖权的人民法院,受移送的人民法院应当受理。受移送的人民法院认为受移送的案件依照规定不属于本院管辖的,应当报请上级人民法院指定管辖,不得再自行移送。

(4) 指定管辖

有管辖权的人民法院由于特殊原因,不能行使管辖权的,由上级人民法院指定管辖。人民法院之间因管辖权发生争议,由争议双方协商解决;协商解决不了的,报请它们的共同上级人民法院指定管辖。

3. 民事诉讼的当事人和代理人的规定

(1) 当事人

《民事诉讼法》规定,公民、法人和其他组织可以作为民事诉讼的当事人。法人由其法定代表人进行诉讼。其他组织由其主要负责人进行诉讼。当事人在第一审程序中称为原告和被告,在第二审程序中称为上诉人和被上诉人,在执行程序中称为申请执行人和被执行人。当事人有权委托代理人,提出回避申请,收集、提供证据,进行辩论,请求调解,提起上诉,申请执行。当事人可以查阅本案有关材料,并可以复制本案有关材料和法律文书。当事人必须依法行使诉讼权利,遵守诉讼秩序,履行发生法律效力的判决书、裁定书和调解书。

(2) 诉讼代理人

诉讼代理人,是指根据法律规定或当事人的委托,代理当事人,以被代理人的名义进行民事诉讼活动的人。无诉讼行为能力人由他的监护人作为法定代理人代为诉讼。法定代理人之间互相推诿代理责任的,由人民法院指定其中一人代为诉讼。当事人、法定代理人可以委托一至二人作为诉讼代理人。下列人员可以被委托为诉讼代理人:① 律师、基层法律服务工作者;

② 当事人的近亲属或者工作人员；③ 当事人所在社区、单位以及有关社会团体推荐的公民。

委托他人代为诉讼，必须向人民法院提交由委托人签名或者盖章的授权委托书。授权委托书必须记明委托事项和权限。诉讼代理人代为承认、放弃、变更诉讼请求，进行和解，提起反诉或者上诉，必须有委托人的特别授权。

4. 民事诉讼证据的种类、保全和应用的规定

（1）民事诉讼证据的种类

《民事诉讼法》规定，证据包括：① 当事人的陈述；② 书证；③ 物证；④ 视听资料；⑤ 电子数据；⑥ 证人证言；⑦ 鉴定意见；⑧ 勘验笔录。证据必须查证属实，才能作为认定事实的根据。

（2）民事诉讼证据的保全

在证据可能灭失或者以后难以取得的情况下，当事人可以在诉讼过程中向人民法院申请保全证据，人民法院也可以主动采取保全措施。因情况紧急，在证据可能灭失或者以后难以取得的情况下，利害关系人可以在提起诉讼或者申请仲裁前向证据所在地、被申请人住所地或者对案件有管辖权的人民法院申请保全证据。

人民法院进行证据保全，可以要求当事人或者诉讼代理人到场。根据当事人的申请和具体情况，人民法院可以采取查封、扣押、录音、录像、复制、鉴定、勘验等方法进行证据保全，并制作笔录。

（3）民事诉讼证据的应用

① 举证时限

举证期限可以由当事人协商，并经人民法院准许。人民法院指定举证期限的，适用第一审普通程序审理的案件不得少于十五日，当事人提供新的证据的第二审案件不得少于十日。适用简易程序审理的案件不得超过十五日，小额诉讼案件的举证期限一般不得超过七日。

② 证据交换

人民法院对受理的案件，需要开庭审理的，通过要求当事人交换证据等方式，明确争议焦点。证据交换应当在审判人员的主持下进行。在证据交换的过程中，审判人员对当事人无异议的事实、证据应当记录在卷；对有异议的证据，按照需要证明的事实分类记录在卷，并记载异议的理由。通过证据交换，确定双方当事人争议的主要问题。当事人收到对方的证据后有反驳证据需要提交的，人民法院应当再次组织证据交换。通过组织证据交换进行审理前准备的，证据交换之日举证期限届满。

③ 质证

证据应当在法庭上出示，并由当事人互相质证。对涉及国家秘密、商业秘密和个人隐私的证据应当保密，需要在法庭出示的，不得在公开开庭时出示。未经质证的证据，不能作为认定案件事实的依据。

对书证、物证、视听资料进行质证时，当事人应当出示证据的原件或者原物。但有下列情形之一的除外：出示原件或者原物确有困难并经人民法院准许出示复制件或者复制品的；原件或者原物已不存在，但有证据证明复制件、复制品与原件或者原物一致的。

经人民法院通知，证人应当出庭作证。有下列情形之一的，经人民法院许可，可以通过书面证言、视听传输技术或者视听资料等方式作证：因健康原因不能出庭的；因路途遥远，交通不便不能出庭的；因自然灾害等不可抗力不能出庭的；其他有正当理由不能出庭的。审判人员和当事人可以对证人进行询问。证人不得旁听法庭审理；询问证人时，其他证人不得在场。法院认为有必要的，可以让证人进行对质。

当事人可以就查明事实的专门性问题向人民法院申请鉴定。鉴定人应当提出书面鉴定意见，在鉴定书上签名或者盖章。当事人对鉴定意见有异议或者人民法院认为鉴定人有必要出庭的，鉴定人应当出庭作证。经人民法院通知，鉴定人拒不出庭作证的，鉴定意见不得作为认定事实的根据；支付鉴定费用的当事人可以要求返还鉴定费用。

④ 证据的审核认定

人民法院应当以证据能够证明的案件事实为根据依法作出裁判。审判人员应当依照法定程序，全面、客观地审核证据，依据法律的规定，遵循法官职业道德，运用逻辑推理和日常生活经验，对证据有无证明力和证明力大小独立进行判断，并公开判断的理由和结果。

审判人员对单一证据可以从下列方面进行审核认定：证据是否为原件、原物，复制件、复制品与原件、原物是否相符；证据与本案事实是否相关；证据的形式、来源是否符合法律规定；证据的内容是否真实；证人或者提供证据的人与当事人有无利害关系。

下列证据不能单独作为认定案件事实的根据：当事人的陈述；无民事行为能力人或者限制民事行为能力人所作的与其年龄、智力状况或者精神健康状况不相当的证言；与一方当事人或者其代理人有利害关系的证人陈述的证言；存有疑点的视听资料、电子数据；无法与原件、原物核对的复制件、复制品。

5. 民事诉讼的审判程序

（1）第一审普通程序

① 起诉和受理

《民事诉讼法》规定，起诉必须符合下列条件：原告是与本案有直接利害关系的公民、法人和其他组织；有明确的被告；有具体的诉讼请求和事实、理由；属于人民法院受理民事诉讼的范围和受诉人民法院管辖。

起诉应当向人民法院递交起诉状，并按照被告人数提出副本。书写起诉状确有困难的，可以口头起诉，由人民法院记入笔录，并告知对方当事人。

人民法院应当保障当事人依照法律规定享有的起诉权利。对符合上述条件的起诉，必须受理。符合起诉条件的，应当在7日内立案，并通知当事人；不符合起诉条件的，应当在7日内作出裁定书，不予受理；原告对裁定不服的，可以提起上诉。

② 审理前的准备

人民法院应当在立案之日起5日内将起诉状副本发送被告，被告在收到之日起15日内提出答辩状。被告提出答辩状的，人民法院应当在收到之日起5日内将答辩状副本发送原告。被告不提出答辩状的，不影响人民法院审理。

③ 开庭审理

开庭审理主要包括以下环节：庭前准备。开庭审理前，书记员应当查明当事人和其他诉讼参与人是否到庭，宣布法庭纪律。开庭审理时，由审判长核对当事人，宣布案由，宣布审判人员、书记员名单，告知当事人有关的诉讼权利义务，询问当事人是否提出回避申请。法庭调查。法庭调查顺序如下：当事人陈述；

告知证人的权利义务，证人作证，宣读未到庭的证人证言；出示书证、物证、视听资料和电子数据；宣读鉴定意见；宣读勘验笔录。法庭辩论。法庭辩论顺序如下：原告及其诉讼代理人发言；被告及其诉讼代理人答辩；第三人及其诉讼代理人发言或者答辩；互相辩论。法庭辩论终结，由审判长按照原告、被告、第三人的先后顺序征询各方最后意见。评议与宣判。法庭辩论终结，应当依法作出判决。判决前能够调解的,还可以进行调解;调解不成的,应当及时判决。

人民法院适用普通程序审理的案件,应当在立案之日起 6 个月内审结。有特殊情况需要延长的,由本院院长批准,可以延长 6 个月;还需要延长的,报请上级人民法院批准。

④ 诉讼中止

《民事诉讼法》规定,有下列情形之一的,中止诉讼:一方当事人死亡,需要等待继承人表明是否参加诉讼的;一方当事人丧失诉讼行为能力,尚未确定法定代理人的;作为一方当事人的法人或者其他组织终止,尚未确定权利义务承受人的;一方当事人因不可抗拒的事由,不能参加诉讼的;本案必须以另一案的审理结果为依据,而另一案尚未审结的;其他应当中止诉讼的情形。

中止诉讼的原因消除后,恢复诉讼。

⑤ 诉讼终结

《民事诉讼法》规定,有下列情形之一的,终结诉讼:原告死亡,没有继承人,或者继承人放弃诉讼权利的;被告死亡,没有遗产,也没有应当承担义务的人的;离婚案件一方当事人死亡的;追索赡养费、扶养费、抚育费以及解除收养关系案件的一方当事人死亡的。

⑥ 判决

《民事诉讼法》规定,判决书应当写明判决结果和作出该判决的理由。判决书内容包括:案由、诉讼请求、争议的事实和理由;判决认定的事实和理由、适用的法律和理由;判决结果和诉讼费用的负担;上诉期间和上诉的法院。判决书由审判人员、书记员署名,加盖人民法院印章。人民法院审理案件,其中一部分事实已经清楚,可以就该部分先行判决。

⑦ 裁定

《民事诉讼法》规定,裁定适用于下列范围:不予受理;对管辖权有异议的;驳回起诉;保全和先予执行;准许或者不准许撤诉;中止或者终结诉讼;补正判决书中的笔误;中止或者终结执行;撤销或者不予执行仲裁裁决;不予执行公证机关赋予强制执行效力的债权文书以及其他需要裁定解决的事项。裁定书应当写明裁定结果和作出该裁定的理由。裁定书由审判人员、书记员署名,加盖人民法院印章。口头裁定的,记入笔录。

最高人民法院的判决、裁定,以及依法不准上诉或者超过上诉期没有上诉的判决、裁定,是发生法律效力的判决、裁定。公众可以查阅发生法律效力的判决书、裁定书,但涉及国家秘密、商业秘密和个人隐私的内容除外。

(2) 简易程序

简易程序是指基层人民法院及其派出的人民法庭,审理简单民事案件所适用的既独立又简便易行的诉讼程序。简易程序适用于事实清楚、权利义务关系明确、争议不大的简单的民事案件,应当在立案之日起 3 个月内审结。人民法院在审理过程中,发现案件不宜适用简易程序的,应当裁定转为普通程序。

(3) 第二审程序

① 上诉期限

当事人不服地方人民法院第一审判决的,有权在判决书送达之日起 15 日内向上一级人民法院提起上诉。当事人不服地方人民法院第一审裁定的,有权在裁定书送达之日起 10 日内向上一级人民法院提起上诉。

② 审理方式

第二审人民法院应当对上诉请求的有关事实和适用法律进行审查。二审人民法院对上诉案件,应当组成合议庭,开庭审理。经过阅卷、调查和询问当事人,对没有提出新的事实、证据或者理由,合议庭认为不需要开庭审理的,可以不开庭审理。

③ 审理期限

人民法院审理对判决的上诉案件,应当在第二审立案之日起 3 个月内审结。有特殊情况需要延长的,由本院院长批准。人民法院审理对裁定的上诉案件,应当在第二审立案之日起 30 日内作出终审裁定。

④ 第二审人民法院对上诉案件的处理

第二审人民法院对上诉案件,经过审理,按照下列情形,分别处理:原判决、裁定认定事实清楚,适用法律正确的,以判决、裁定方式驳回上诉,维持原判决、裁定;原判决、裁定认定事实错误或者适用法律错误的,以判决、裁定方式依法改判、撤销或者变更;原判决认定基本事实不清的,裁定撤销原判决,发回原审人民法院重审,或者查清事实后改判;原判决遗漏当事人或者违法缺席判决等严重违反法定程序的,裁定撤销原判决,发回原审人民法院重审。原审人民法院对发回重审的案件作出判决后,当事人提起上诉的,第二审人民法院不得再次发回重审。第二审人民法院对不服第一审人民法院裁定的上诉案件的处理,一律使用裁定。

(4) 审判监督程序

审判监督程序,又称再审程序,是指对已经发生法律效力的判决、裁定、调解书,人民法院认为确有错误,对案件再次审理的程序。各级人民法院院长对本院已经发生法律效力的判决、裁定、调解书,发现确有错误,认为需要再审的,应当提交审判委员会讨论决定。当事人对已经发生法律效力的判决、裁定,认为有错误的,可以向上一级人民法院申请再审;当事人一方人数众多或者当事人双方为公民的案件,也可以向原审人民法院申请再审。最高人民检察院对各级人民法院已经发生法律效力的判决、裁定,上级人民检察院对下级人民法院已经发生法律效力的判决、裁定,发现确有错误的,应当提出抗诉。

人民法院按照审判监督程序再审的案件,发生法律效力的判决、裁定是由第一审法院作出的,按照第一审程序审理,所作的判决、裁定,当事人可以上诉;发生法律效力的判决、裁定是由第二审法院作出的,按照第二审程序审理,所作的判决、裁定,是发生法律效力的判决、裁定;上级人民法院按照审判监督程序提审的,按照第二审程序审理,所作的判决、裁定是发生法律效力的判决、裁定。人民法院审理再审案件,应当另行组成合议庭。

(5) 特别程序

特别程序,是指人民法院审理特定类型的民事非讼案件和选民资格案件所适用的程序。非讼案件包括:宣告失踪或者宣告死亡案件、认定公民无民事行为能力或者限制民事行为能力案件、认定财产无主案件、确认调解协议案件和实现担保物权案件。适用特别程序的案件,实行一审终审,即不能上诉。选民资格案件或者重大、疑难的案件,由审判员组成合议庭审理;其他案件由审判员一人独任审理。人民法院适用特别程序审理的案件,应当在立案之日起 30 内或者公告期满后 30 日内审结。有特殊情况需要延长的,由本院院长批准。

(6) 督促程序

督促程序,是指人民法院根据债权人的申请,向债务人发出支付令,催促债务人在法定期限内履行给付金钱、有价证券的程序。支付令的申请必须符合以下条件:① 债权人与债务人没有其他债务纠纷的;② 支付令能够送达债务人的。人民法院受理申请后,经审查债权人提供的事实、证据,对债权债务关系明确、合法的,应当在受理之日起 15 日内向债务人发出支付令;申请不成立的,裁定予以驳回。债务人应当自收到支付令之日起 15 日内清偿债务,或者向人民法院提出书面异议。债务人既不提出异议又不履行支付令的,债权人可以向人民法院申请执行。

(7) 公示催告程序

公示催告程序,是指在票据持有人的票据被盗、遗失或者灭失的情况下,人民法院根据当事人的申请,以公示方式告知并催促利害关系人在法定期间内申报权利,如逾期无人申报,根据当事人的申请,依法作出除权判决的程序。公示催告程序的管辖法院是票据支付地的基层人民法院,公示催告的期间不得少于 60 日。人民法院决定受理申请,应当同时通知支付人停止支付,支付人收到人民法院停止支付的通知,应当停止支付,至公示催告程序终结。公示催告期间,转让票据权利的行为无效。

6. 民事诉讼的执行

发生法律效力的民事判决、裁定,以及刑事判决、裁定中的财产部分,由第一审人民法院或者与第一审人民法院同级的被执行的财产所在地人民法院执行。法律规定由人民法院执行的其他法律文书,由被执行人住所地或者被执行的财产所在地人民法院执行。

(1) 申请

发生法律效力的民事判决、裁定,当事人必须履行。一方拒绝履行的,对方当事人可以向人民法院申请执行,也可以由审判员移送执行员执行。调解书和其他应当由人民法院执行的法律文书,当事人必须履行。一方拒绝履行的,对方当事人可以向人民法院申请执行。对依法设立的仲裁机构的裁决,一方当事人不履行的,对方当事人可以向有管辖权的人民法院申请执行。受申请的人民法院应当执行。对公证机关依法赋予强制执行效力的债权文书,一方当事人不履行的,对方当事人可以向有管辖权的人民法院申请执行,受申请的人民法院应当执行。申请执行的期间为二年。申请执行时效的中止、中断,适用法律有关诉讼时效中止、中断的规定。

人民法院自收到申请执行书之日起超过六个月未执行的,申请执行人可以向上一级人民法院申请执行。上一级人民法院经审查,可以责令原人民法院在一定期限内执行,也可以决定由本院执行或者指令其他人民法院执行。

(2) 执行措施

执行员接到申请执行书或者移交执行书,应当向被执行人发出执行通知,并可以立即采取强制执行措施。

① 被执行人未按执行通知履行法律文书确定的义务,应当报告当前以及收到执行通知之日前一年的财产情况。被执行人拒绝报告或者虚假报告的,人民法院可以根据情节轻重对被执行人或者其法定代理人、有关单位的主要负责人或者直接责任人员予以罚款、拘留。

② 被执行人未按执行通知履行法律文书确定的义务,人民法院有权向有关单位查询被执行人的存款、债券、股票、基金份额等财产情况。人民法院有权根据不同情形扣押、冻结、划拨、变价被执行人的财产。人民法院查询、扣押、冻结、划拨、变价的财产不得超出被执行人应当履行义务的范围。人民法院决定扣押、冻结、划拨、变价财产,应当作出裁定,并发出协助执行通知书,有关单位必须办理。

③ 被执行人未按执行通知履行法律文书确定的义务,人民法院有权扣留、提取被执行人应当履行义务部分的收入。但应当保留被执行人及其所扶养家属的生活必需费用。人民法院扣留、提取收入时,应当作出裁定,并发出协助执行通知书,被执行人所在单位、银行、信用合作社和其他有储蓄业务的单位必须办理。

④ 被执行人未按执行通知履行法律文书确定的义务,人民法院有权查封、扣押、冻结、拍卖、变卖被执行人应当履行义务部分的财产。但应当保留被执行人及其所扶养家属的生活必需品。

⑤ 被执行人不履行法律文书确定的义务,并隐匿财产的,人民法院有权发出搜查令,对被执行人及其住所或者财产隐匿地进行搜查。搜查令由院长签发。

⑥ 法律文书指定交付的财物或者票证,由执行员传唤双方当事人当面交付,或者由执行员转交,并由被交付人签收。

⑦ 强制迁出房屋或者强制退出土地,由院长签发公告,责令被执行人在指定期间履行。被执行人逾期不履行的,由执行员强制执行。在执行中,需要办理有关财产权证照转移手续的,人民法院可以向有关单位发出协助执行通知书,有关单位必须办理。

⑧ 对判决、裁定和其他法律文书指定的行为,被执行人未按执行通知履行的,人民法院可以强制执行或者委托有关单位或者其他人完成,费用由被执行人承担。

⑨ 被执行人未按判决、裁定和其他法律文书指定的期间履行给付金钱义务的,应当加倍支付迟延履行期间的债务利息。被执行人未按判决、裁定和其他法律文书指定的期间履行其他义务的,应当支付迟延履行金。

⑩ 人民法院采取执行措施后,被执行人仍不能偿还债务的,应当继续履行义务。债权人发现被执行人有其他财产的,可以随时请求人民法院执行。

⑪ 被执行人不履行法律文书确定的义务的,人民法院可以对其采取或者通知有关单位协助采取限制出境,在征信系统记录、通过媒体公布不履行义务信息以及法律规定的其他措施。

采取强制执行措施时,执行员应当出示证件。执行完毕后,应当将执行情况制作笔录,由在场的有关人员签名或者盖章。

(3) 执行中止和终结

① 执行中止。《民事诉讼法》规定,有下列情形之一的,人民法院应当裁定中止执行:申请人表示可以延期执行的;案外人对执行标的提出确有理由的异议的;作为一方当事人的公民死亡,需要等待继承人继承权利或者承担义务的;作为一方当事人的法人或者其他组织终止,尚未确定权利义务承受人的;人民法院认为应当中止执行的其他情形。中止的情形消失后,恢复执行。

② 执行终结。《民事诉讼法》规定,有下列情形之一的,人民法院裁定终结执行:申请人撤销申请的;据以执行的法律文书被撤销的;作为被执行人的公民死亡,无遗产可供执行,又无义务承担人的;追索赡养费、扶养费、抚育费案件的权利人死亡的;作为被执行人的公民因生活困难无力偿还借款,无收入来源,又丧失劳动能力的;人民法院认为应当终结执行的其他情形。中止和终结执行的裁定,送达当事人后立即生效。

课程思政 9-1

阴阳合同均被认定无效后,依据什么进行工程结算?

案例简介:A房地产开发公司将其开发的某小区住宅楼工程进行公开招标,招投标前A房地产开发公司与B建筑工程公司先行就合同的实质性内容进行了谈判,2014年3月,双方就谈判内容订立了《某小区住宅楼建设工程施工合同》。后 B 建筑工程公司在公开招标中中标,并于 2014 年 8 月与 A 房地产开发公司订立了中标合同,该中标合同对工程项目性质、工程工期、工程质量、工程价款、支付方式及违约责任均作了详细的约定,并将中标合同向相关建设行政主管部门进行了备案。2015 年底该工程竣工并验收合格。但双方对于用哪一份合同作为工程款结算的依据存在争议,2016 年 3 月,B 建筑工程公司诉至法院。本案审理过程中,A 房地产开发公司认为,应按标前合同支付工程款,理由是标前合同是双方真实意思表示,且已经实际履行,而中标合同只是作为备案用途,不能用于工程结算。而 B 建筑工程公司认为,应按中标合同支付工程款,理由是中标合同是按照招投标文件的规定签订的,且已向有关部门备案,应作为结算依据。法院认定,因 A 房地产开发公司与 B 建筑工程公司违反招投标法的强制性规定,涉嫌串标,故标前合同和中标合同均认定无效,双方当事人应按实际履行的合同结算工程款。

法官点评:

在建设工程领域中,存在大量的"阴阳合同",又称"黑白合同",是指当事人就同一标的工程签订二份或二份以上实质性内容相异的合同,通常"阳合同"是指发包方与承包方按照《招标投标法》的规定,依据招投标文件签订的在建设工程管理部门备案的建设工程施工合同。"阴合同"则是承包方与发包方为规避政府管理,私下签订的建设工程施工合同,未履行规定的招投标程序,且该合同未在建设工程行政管理部门备案。本案中,B 建筑工程公司认为,中标合同已向有关部门备案,应作为结算依据。根据最高人民法院《关于审理建设工程施工合同纠纷案件适用法律问题的解释》第二十一条规定,"当事人就同一建设工程另行订立的建设工程施工合同与经过备案的中标合同实质性内容不一致的,应当以备案的中标合同作为结算工程价款的根据。"但适用本条规定的前提是备案的中标合同为有效合同。而本案中,A 房地产开发公司与 B 建筑工程公司在招投标前已经对招投标项目的实质性内容达成一致,构成恶意串标,并且签订了标前合同(阴合同),后又违法进行招投标并另行订立中标合同(阳合同),这一行为违反了《中华人民共和国招投标法》的强制性规定,因此中标无效,从而必然导致因此签订的标前合同和中标合同均无效。故本案并不适用《关于审理建设工程施工合同纠纷案件适用法律问题的解释》第二十一条规定。因此,标前合同(阴合同)与备案的中标合同(阳合同)均因违反法律、行政法规的强制性规定被认定为无效时,应按照当事人实际履行的建设工程合同结算工程价款。

(来源:青岛中院)

思政要点:牢固树立法治观念,坚持公平公正原则,培育和践行社会主义核心价值观。

二维码内含精彩案例及解析,
快来扫一扫吧!

案例 9 - 2

9.3　建设工程行政纠纷的法律解决途径

工程应用

知识点	工程应用阶段	典型工作事件	主要涉及的施工岗位	要求
行政复议	工程准备阶段、工程实施阶段	工程建设行政纠纷处理	企业法人、企业法律顾问、企业技术负责人等	运用
行政诉讼				

学习内容

行政纠纷的法律解决途径主要有两种,即行政复议和行政诉讼。

9.3.1　行政复议

行政复议,是指行政机关根据上级行政机关对下级行政机关的监督权,在当事人的申请和参加下,按照行政复议程序对具体行政行为进行合法性和适当性审查,并作出决定以解决行政侵权争议的活动。这是公民,法人或其他组织通过行政救济途径解决行政争议的一种方法。

1. 行政复议的范围

(1) 可以申请行政复议的事项

《行政复议法》规定,有下列情形之一的,公民、法人或者其他组织可以依照本法申请行政复议:① 对行政机关作出的警告、罚款、没收违法所得、没收非法财物、责令停产停业、暂扣或者吊销许可证、暂扣或者吊销执照、行政拘留等行政处罚决定不服的;② 对行政机关作出的限制人身自由或者查封、扣押、冻结财产等行政强制措施决定不服的;③ 对行政机关作出的有关许可证、执照、资质证、资格证等证书变更、中止、撤销的决定不服的;④ 对行政机关作出的关于确认土地、矿藏、水流、森林、山岭、草原、荒地、滩涂、海域等自然资源的所有权或者使用权的决定不服的;⑤ 认为行政机关侵犯合法的经营自主权的;⑥ 认为行政机关变更或者废止农业承包合同,侵犯其合法权益的;⑦ 认为行政机关违法集资、征收财物、摊派费用或者违法要求履行其他义务的;⑧ 认为符合法定条件,申请行政机关颁发许可证、执照、资质证、资格证等证书,或者申请行政机关审批、登记有关事项,行政机关没有依法办理的;⑨ 申请行政机关履行保护人身权利、财产权利、受教育权利的法定职责,行政机关没有依法履行的;⑩ 申请行政机关依法发放抚恤金、社会保险金或者最低生活保障费,行政机关没有依法发放的;⑪ 认为行政机关的其他具体行政行为侵犯其合法权益的。

(2) 不可以提起行政复议的事项

① 不服行政机关作出的行政处分或者其他人事处理决定的,依照有关法律、行政法规的规定提出申诉;② 不服行政机关对民事纠纷作出的调解或者其他处理,依法申请仲裁或者向人民法院提起诉讼。

2. 行政复议的申请

（1）行政复议的申请人与被申请人

① 申请人

依照《行政诉讼法》申请行政复议的公民、法人或者其他组织是申请人。例外情况如下：有权申请行政复议的公民死亡的，其近亲属可以申请行政复议；有权申请行政复议的公民为无民事行为能力人或者限制民事行为能力人的，其法定代理人可以代为申请行政复议；有权申请行政复议的法人或者其他组织终止的，承受其权利的法人或者其他组织可以申请行政复议。同申请行政复议的具体行政行为有利害关系的其他公民、法人或者其他组织，可以作为第三人参加行政复议。

② 被申请人

公民、法人或者其他组织对行政机关的具体行政行为不服申请行政复议的，作出具体行政行为的行政机关是被申请人。对县级以上地方各级人民政府工作部门的具体行政行为不服的，由申请人选择，可以向该部门的本级人民政府申请行政复议，也可以向上一级主管部门申请行政复议；对海关、金融、国税、外汇管理等实行垂直领导的行政机关和国家安全机关的具体行政行为不服的，向上一级主管部门申请行政复议；对地方各级人民政府的具体行政行为不服的，向上一级地方人民政府申请行政复议；对省、自治区人民政府依法设立的派出机关所属的县级地方人民政府的具体行政行为不服的，向该派出机关申请行政复议；对国务院部门或者省、自治区、直辖市人民政府的具体行政行为不服的，向作出该具体行政行为的国务院部门或者省、自治区、直辖市人民政府申请行政复议；对县级以上地方人民政府依法设立的派出机关的具体行政行为不服的，向设立该派出机关的人民政府申请行政复议；对政府工作部门依法设立的派出机构依照法律、法规或者规章规定，以自己的名义作出的具体行政行为不服的，向设立该派出机构的部门或者该部门的本级地方人民政府申请行政复议；对法律、法规授权的组织的具体行政行为不服的，分别向直接管理该组织的地方人民政府、地方人民政府工作部门或者国务院部门申请行政复议；对两个或者两个以上行政机关以共同的名义作出的具体行政行为不服的，向其共同上一级行政机关申请行政复议；对被撤销的行政机关在撤销前所作出的具体行政行为不服的，向继续行使其职权的行政机关的上一级行政机关申请行政复议。

（2）行政复议的申请期限

① 公民、法人或者其他组织认为具体行政行为侵犯其合法权益的，可以自知道该具体行政行为之日起六十日内提出行政复议申请；但是法律规定的申请期限超过六十日的除外。

② 因不可抗力或者其他正当理由耽误法定申请期限的，申请期限自障碍消除之日起继续计算。

3. 行政复议的受理

（1）行政复议受理的情形

① 行政复议机关收到行政复议申请后，应当在五日内进行审查，对符合《行政复议法》规定的行政复议申请，决定予以受理。

② 公民、法人或者其他组织依法提出行政复议申请，行政复议机关无正当理由不予受理的，上级行政机关应当责令其受理；必要时，上级行政机关也可以直接受理。行政复议申请自行政复议机关负责法制工作的机构收到之日起即为受理。

（2）行政复议不予受理的情形

行政复议机关收到行政复议申请后,应当在五日内进行审查,对不符合本法规定的行政复议申请,决定不予受理,并书面告知申请人;对符合本法规定,但是不属于本机关受理的行政复议申请,应当告知申请人向有关行政复议机关提出。

（3）行政复议期间具体行政行为停止执行的情形

行政复议期间具体行政行为不停止执行;但是,有下列情形之一的,可以停止执行:① 被申请人认为需要停止执行的;② 行政复议机关认为需要停止执行的;③ 申请人申请停止执行,行政复议机关认为其要求合理,决定停止执行的;④ 法律规定停止执行的。

4. 行政复议的决定

（1）行政复议的审查

行政复议原则上采取书面审查的办法,但是申请人提出要求或者行政复议机关负责法制工作的机构认为有必要时,可以向有关组织和人员调查情况,听取申请人、被申请人和第三人的意见。

（2）行政复议决定的作出

行政复议机关负责法制工作的机构应当对被申请人作出的具体行政行为进行审查,提出意见,经行政复议机关的负责人同意或者集体讨论通过后,按照下列规定作出行政复议决定:

① 具体行政行为认定事实清楚,证据确凿,适用依据正确,程序合法,内容适当的,决定维持;

② 被申请人不履行法定职责的,决定其在一定期限内履行;

③ 具体行政行为有下列情形之一的,决定撤销、变更或者确认该具体行政行为违法;决定撤销或者确认该具体行政行为违法的,可以责令被申请人在一定期限内重新作出具体行政行为:主要事实不清、证据不足的;适用依据错误的;违反法定程序的;超越或者滥用职权的;具体行政行为明显不当的;

④ 被申请人不按照规定提出书面答复、提交当初作出具体行政行为的证据、依据和其他有关材料的,视为该具体行政行为没有证据、依据,决定撤销该具体行政行为。行政复议机关责令被申请人重新作出具体行政行为的,被申请人不得以同一的事实和理由作出与原具体行政行为相同或者基本相同的具体行政行为。

（3）行政复议决定作出的期限

行政复议机关应当自受理申请之日起六十日内作出行政复议决定;但是法律规定的行政复议期限少于六十日的除外。情况复杂,不能在规定期限内作出行政复议决定的,经行政复议机关的负责人批准,可以适当延长,并告知申请人和被申请人;但是延长期限最多不超过三十日。

（4）行政复议决定的效力

行政复议机关作出行政复议决定,应当制作行政复议决定书,并加盖印章。行政复议决定书一经送达,即发生法律效力。

① 被申请人应当履行行政复议决定。被申请人不履行或者无正当理由拖延履行行政复议决定的,行政复议机关或者有关上级行政机关应当责令其限期履行。

② 申请人逾期不起诉又不履行行政复议决定的,或者不履行最终裁决的行政复议决定的,按照下列规定分别处理:维持具体行政行为的行政复议决定,由作出具体行政行为的行政

机关依法强制执行,或者申请人民法院强制执行;变更具体行政行为的行政复议决定,由行政复议机关依法强制执行,或者申请人民法院强制执行。

9.3.2　行政诉讼

行政诉讼,是指人民法院应当事人的请求,通过审查具体行政行为合法性的方式,解决特定范围内行政争议的活动,是公民、法人或其他组织依法请求法院对行政机关具体行政行为的合法性进行审查并依法裁判的法律制度。

1. 行政诉讼的法院管辖

（1）级别管辖

级别管辖是指按照法院的组织系统来划分上下级人民法院之间受理第一审案件的分工和权限。① 基层人民法院管辖第一审行政案件。② 中级人民法院管辖下列第一审行政案件:对国务院部门或者县级以上地方人民政府所作的行政行为提起诉讼的案件;海关处理的案件;本辖区内重大、复杂的案件;其他法律规定由中级人民法院管辖的案件。③ 高级人民法院管辖本辖区内重大、复杂的第一审行政案件。④ 最高人民法院管辖全国范围内重大、复杂的第一审行政案件。

（2）地域管辖

地域管辖又称区域管辖,是指同级法院之间在各自辖区内受理第一审案件的分工和权限。① 一般地域管辖:行政案件由最初作出行政行为的行政机关所在地人民法院管辖。经复议的案件,也可以由复议机关所在地人民法院管辖。② 特殊地域管辖:对限制人身自由的行政强制措施不服提起的诉讼,由被告所在地或者原告所在地人民法院管辖;因不动产提起的行政诉讼,由不动产所在地人民法院管辖。③ 共同地域管辖:两个以上人民法院都有管辖权的案件,原告可以选择其中一个人民法院提起诉讼。原告向两个以上有管辖权的人民法院提起诉讼的,由最先立案的人民法院管辖。

（3）移送管辖

人民法院发现受理的案件不属于本院管辖的,应当移送有管辖权的人民法院,受移送的人民法院应当受理。受移送的人民法院认为受移送的案件按照规定不属于本院管辖的,应当报请上级人民法院指定管辖,不得再自行移送。

（4）指定管辖

有管辖权的人民法院由于特殊原因不能行使管辖权的,由上级人民法院指定管辖。人民法院对管辖权发生争议,由争议双方协商解决。协商不成的,报它们的共同上级人民法院指定管辖。

2. 行政诉讼的起诉

（1）起诉条件

《行政诉讼法》规定,提起诉讼应当符合下列条件:① 原告是符合本法第二十五条规定的公民、法人或者其他组织;② 有明确的被告;③ 有具体的诉讼请求和事实根据;④ 属于人民法院受案范围和受诉人民法院管辖。

（2）行政诉讼时效

公民、法人或者其他组织不服复议决定的,可以在收到复议决定书之日起十五日内向人民法院提起诉讼。复议机关逾期不作决定的,申请人可以在复议期满之日起十五日内向人民法院提起诉讼。法律另有规定的除外。

公民、法人或者其他组织直接向人民法院提起诉讼的,应当自知道或者应当知道作出行政行为之日起六个月内提出。法律另有规定的除外。因不动产提起诉讼的案件自行政行为作出之日起超过二十年,其他案件自行政行为作出之日起超过五年提起诉讼的,人民法院不予受理。

3. 行政诉讼的受理

(1) 行政诉讼的受案范围

① 对行政拘留、暂扣或者吊销许可证和执照、责令停产停业、没收违法所得、没收非法财物、罚款、警告等行政处罚不服的;② 对限制人身自由或者对财产的查封、扣押、冻结等行政强制措施和行政强制执行不服的;③ 申请行政许可,行政机关拒绝或者在法定期限内不予答复,或者对行政机关作出的有关行政许可的其他决定不服的;④ 对行政机关作出的关于确认土地、矿藏、水流、森林、山岭、草原、荒地、滩涂、海域等自然资源的所有权或者使用权的决定不服的;⑤ 对征收、征用决定及其补偿决定不服的;⑥ 申请行政机关履行保护人身权、财产权等合法权益的法定职责,行政机关拒绝履行或者不予答复的;⑦ 认为行政机关侵犯其经营自主权或者农村土地承包经营权、农村土地经营权的;⑧ 认为行政机关滥用行政权力排除或者限制竞争的;⑨ 认为行政机关违法集资、摊派费用或者违法要求履行其他义务的;⑩ 认为行政机关没有依法支付抚恤金、最低生活保障待遇或者社会保险待遇的;⑪ 认为行政机关不依法履行、未按照约定履行或者违法变更、解除政府特许经营协议、土地房屋征收补偿协议等协议的;⑫ 认为行政机关侵犯其他人身权、财产权等合法权益的。⑬ 人民法院受理法律、法规规定可以提起诉讼的其他行政案件。

(2) 不予受理的情形

① 国防、外交等国家行为;② 行政法规、规章或者行政机关制定、发布的具有普遍约束力的决定、命令;③ 行政机关对行政机关工作人员的奖惩、任免等决定;④ 法律规定由行政机关最终裁决的行政行为。

(3) 行政诉讼的立案受理

① 人民法院在接到起诉状时对符合《行政诉讼法》规定的起诉条件的,应当登记立案;② 对当场不能判定是否符合法律规定的起诉条件的,应当接收起诉状,出具注明收到日期的书面凭证,并在七日内决定是否立案;③ 不符合起诉条件的,作出不予立案的裁定,裁定书应当载明不予立案的理由,原告对裁定不服的,可以提起上诉;④ 起诉状内容欠缺或者有其他错误的,应当给予指导和释明,并一次性告知当事人需要补正的内容,不得未经指导和释明即以起诉不符合条件为由不接收起诉状;⑤ 对于不接收起诉状、接收起诉状后不出具书面凭证,以及不一次性告知当事人需要补正的起诉状内容的,当事人可以向上级人民法院投诉,上级人民法院应当责令改正,并对直接负责的主管人员和其他直接责任人员依法给予处分;⑥ 人民法院既不立案,又不作出不予立案裁定的,当事人可以向上一级人民法院起诉,上一级人民法院认为符合起诉条件的,应当立案、审理,也可以指定其他下级人民法院立案、审理。

4. 行政诉讼的审判程序

(1) 第一审普通程序

① 审理前的准备

人民法院应当在立案之日起 5 日内,将起诉状副本发送被告。被告应当在收到起诉状副本之日起 15 日内向人民法院提交作出行政行为的证据和所依据的规范性文件,并提出答辩状。人民法院应当在收到答辩状之日起 5 日内,将答辩状副本发送原告。被告不提出答辩状的,不影响人民法院审理。

② 开庭审理

人民法院审理行政案件,由审判员组成合议庭,或者由审判员、陪审员组成合议庭。合议庭的成员,应当是三人以上的单数。审理程序参照民事诉讼审理程序。

③ 判决

行政行为证据确凿,适用法律、法规正确,符合法定程序的,或者原告申请被告履行法定职责或者给付义务理由不成立的,人民法院判决驳回原告的诉讼请求。行政行为有下列情形之一的,人民法院判决撤销或者部分撤销,并可以判决被告重新作出行政行为:主要证据不足的;适用法律、法规错误的;违反法定程序的;超越职权的;滥用职权的;明显不当的。人民法院判决被告重新作出行政行为的,被告不得以同一的事实和理由作出与原行政行为基本相同的行政行为。人民法院经过审理,查明被告不履行法定职责的,判决被告在一定期限内履行。

人民法院经过审理,查明被告依法负有给付义务的,判决被告履行给付义务。行政行为有下列情形之一的,人民法院判决确认违法,但不撤销行政行为:行政行为依法应当撤销,但撤销会给国家利益、社会公共利益造成重大损害的;行政行为程序轻微违法,但对原告权利不产生实际影响的。

行政行为有下列情形之一,不需要撤销或者判决履行的,人民法院判决确认违法:行政行为违法,但不具有可撤销内容的;被告改变原违法行政行为,原告仍要求确认原行政行为违法的;被告不履行或者拖延履行法定职责,判决履行没有意义的。

行政行为有实施主体不具有行政主体资格或者没有依据等重大且明显违法情形,原告申请确认行政行为无效的,人民法院判决确认无效。人民法院判决确认违法或者无效的,可以同时判决责令被告采取补救措施;给原告造成损失的,依法判决被告承担赔偿责任。行政处罚明显不当,或者其他行政行为涉及对款额的确定、认定确有错误的,人民法院可以判决变更。人民法院判决变更,不得加重原告的义务或者减损原告的权益。但利害关系人同为原告,且诉讼请求相反的除外。

被告不依法履行、未按照约定履行或者违法变更、解除《民事诉讼法》第十二条第一款第十一项规定的协议的,人民法院判决被告承担继续履行、采取补救措施或者赔偿损失等责任。被告变更、解除《民事诉讼法》第十二条第一款第十一项规定的协议合法,但未依法给予补偿的,人民法院判决给予补偿。

复议机关与作出原行政行为的行政机关为共同被告的案件,人民法院应当对复议决定和原行政行为一并作出裁判。人民法院对公开审理和不公开审理的案件,一律公开宣告判决。当庭宣判的,应当在 10 日内发送判决书;定期宣判的,宣判后立即发给判决书。宣告判决时,必须告知当事人上诉权利、上诉期限和上诉的人民法院。人民法院应当在立案之日起 6 个月内作出第一审判决。有特殊情况需要延长的,由高级人民法院批准,高级人民法院审理第一审案件需要延长的,由最高人民法院批准。

(2) 简易程序

① 人民法院审理下列第一审行政案件,认为事实清楚、权利义务关系明确、争议不大的,

可以适用简易程序：被诉行政行为是依法当场作出的；案件涉及款额二千元以下的；属于政府信息公开案件的。除上述规定以外的第一审行政案件，当事人各方同意适用简易程序的，可以适用简易程序。发回重审、按照审判监督程序再审的案件不适用简易程序。

②适用简易程序审理的行政案件，由审判员一人独任审理，并应当在立案之日起四十五日内审结。

③人民法院在审理过程中，发现案件不宜适用简易程序的，裁定转为普通程序。

（3）第二审程序

①当事人不服人民法院第一审判决的，有权在判决书送达之日起15日内向上一级人民法院提起上诉。当事人不服人民法院第一审裁定的，有权在裁定书送达之日起10日内向上一级人民法院提起上诉。逾期不提起上诉的，人民法院的第一审判决或者裁定发生法律效力。

②人民法院对上诉案件，应当组成合议庭，开庭审理。经过阅卷、调查和询问当事人，对没有提出新的事实、证据或者理由，合议庭认为不需要开庭审理的，也可以不开庭审理。

③人民法院审理上诉案件，应当对原审人民法院的判决、裁定和被诉行政行为进行全面审查。

④人民法院审理上诉案件，应当在收到上诉状之日起3个月内作出终审判决。有特殊情况需要延长的，由高级人民法院批准，高级人民法院审理上诉案件需要延长的，由最高人民法院批准。

⑤人民法院审理上诉案件，按照下列情形，分别处理：原判决、裁定认定事实清楚，适用法律、法规正确的，判决或者裁定驳回上诉，维持原判决、裁定；原判决、裁定认定事实错误或者适用法律、法规错误的，依法改判、撤销或者变更；原判决认定基本事实不清、证据不足的，发回原审人民法院重审，或者查清事实后改判；原判决遗漏当事人或者违法缺席判决等严重违反法定程序的，裁定撤销原判决，发回原审人民法院重审。

⑥原审人民法院对发回重审的案件作出判决后，当事人提起上诉的，第二审人民法院不得再次发回重审。人民法院审理上诉案件，需要改变原审判决的，应当同时对被诉行政行为作出判决。

（4）审判监督程序

①当事人对已经发生法律效力的判决、裁定，认为确有错误的，可以向上一级人民法院申请再审，但判决、裁定不停止执行。

②当事人的申请符合下列情形之一的，人民法院应当再审：不予立案或者驳回起诉确有错误的；有新的证据，足以推翻原判决、裁定的；原判决、裁定认定事实的主要证据不足、未经质证或者系伪造的；原判决、裁定适用法律、法规确有错误的；违反法律规定的诉讼程序，可能影响公正审判的；原判决、裁定遗漏诉讼请求的；据以作出原判决、裁定的法律文书被撤销或者变更的；审判人员在审理该案件时有贪污受贿、徇私舞弊、枉法裁判行为的。

5. 行政诉讼的执行

（1）当事人必须履行人民法院发生法律效力的判决、裁定、调解书。

（2）公民、法人或者其他组织拒绝履行判决、裁定、调解书的，行政机关或者第三人可以向第一审人民法院申请强制执行，或者由行政机关依法强制执行。

（3）行政机关拒绝履行判决、裁定、调解书的，第一审人民法院可以采取下列措施：① 对应当归还的罚款或者应当给付的款额，通知银行从该行政机关的账户内划拨；② 在规定期限内不履行的，从期满之日起，对该行政机关负责人按日处五十元至一百元的罚款；③ 将行政机关拒绝履行的情况予以公告；④ 向监察机关或者该行政机关的上一级行政机关提出司法建议。接受司法建议的机关，根据有关规定进行处理，并将处理情况告知人民法院；⑤ 拒不履行判决、裁定、调解书，社会影响恶劣的，可以对该行政机关直接负责的主管人员和其他直接责任人员予以拘留；情节严重，构成犯罪的，依法追究刑事责任。

（4）公民、法人或者其他组织对行政行为在法定期限内不提起诉讼又不履行的，行政机关可以申请人民法院强制执行，或者依法强制执行。

课程思政 9－2

最高法判例：不予赔偿处理决定是否属于行政诉讼受案范围？

案例简介：申某家在××市××城区邙××镇苗北村有宅基地一处，其上建有房屋。2013 年 10 月 11 日，该房屋被强制拆除。（2017）××03 行初 251 号行政判决认定老城区政府为实际的强拆主体，判决确认老城区政府对申某家房屋拆除的行为违法。2018 年 9 月 5 日，申某通过邮寄方式向老城区政府提出恢复原状申请。老城区政府 9 月 20 日作出被诉《回复函》，并以邮寄方式向申某送达。申某认为该《回复函》侵犯其合法权益，于 2018 年 10 月 22 日提起行政诉讼要求撤销该《回复函》，依法判令老城区政府对其被毁灭的房屋恢复原状或折价赔偿。

一审法院认为，老城区政府拆除申某家房屋的行为，已被（2017）××03 行初 251 号行政判决确认违法，申某就老城区政府违法拆除房屋行为申请国家赔偿符合法律规定，但应依法进行。关于申某要求撤销被诉《回复函》及恢复被拆房屋原状的起诉。由于申某申请恢复原状的宅基地位于××市××城区邙××镇苗北村，该地已经根据××政土〔2008〕205 号文件批准征收，申某要求恢复原状已不现实，老城区政府作出被诉《回复函》并无不当。申某起诉要求撤销被诉《回复函》，其实质仍是申请行政赔偿，该《回复函》属于老城区政府先行处理申某行政赔偿请求的程序性行为，不具有独立可诉性，故申某要求撤销被诉《回复函》及恢复被拆房屋原状的起诉应予驳回。关于申某要求老城区政府折价赔偿拆除其房屋所造成的损失问题，按照《中华人民共和国行政诉讼法》第四十九条、《最高人民法院关于审理行政赔偿案件若干问题的规定》第二十一条之规定，原告提起行政诉讼应当有具体的诉讼请求和事实依据，对要求行政赔偿的，应当有具体的赔偿项目、数额、受损害的事实依据，并由赔偿义务机关先行处理。在本案诉讼中，申某要求老城区政府折价赔偿被拆房屋损失，但没有具体的赔偿项目、数额、受损害的事实依据，亦未经赔偿义务机关先行处理，故其起诉应予驳回。综上，依照《最高人民法院关于适用〈中华人民共和国行政诉讼法〉的解释》第六十九条第一款第一项之规定，裁定驳回申某的起诉。

申某不服一审裁定,向××省高级人民法院提起上诉。二审裁定驳回上诉,维持一审裁定。申某申请再审,经审查后,最高人民法院于2020年7月22日作出(2020)最高法行申4653号行政裁定,决定提审本案。本案中,申某向老城区政府提出恢复房屋原状的请求,老城区政府作出被诉《回复函》,以包括申某宅基地在内的集体土地已被转用并征收为城市建设用地为由对其请求不予支持。该《回复函》实际系老城区政府对申某提出的行政赔偿请求作出的不予赔偿处理决定,对申某的权益产生影响,应当属于行政诉讼的受案范围。另外,申某在起诉《回复函》的同时,一并提出了恢复原状或者折价赔偿的诉讼请求,根据《中华人民共和国国家赔偿法》第九条第二款的规定,人民法院应当一并予以审理。一、二审法院适用法律、法规不当,依法应予纠正。依照《中华人民共和国行政诉讼法》第八十九条第一款第二项、《最高人民法院关于适用〈中华人民共和国行政诉讼法〉的解释》第一百零九条第一款、第一百一十九条第一款、第一百二十三条第三项之规定,裁定如下:一、撤销××省高级人民法院(2019)××行终1573号行政裁定;二、撤销××省××市中级人民法院(2018)××03行初289号行政裁定;三、指令××省××市中级人民法院继续审理本案。

专家解读:当事人向行政机关提出恢复房屋原状的请求,行政机关作出被诉《回复函》,以其宅基地已被转用并征收为城市建设用地为由对其请求不予支持。该《回复函》实际系行政机关对当事人提出的行政赔偿请求作出的不予赔偿处理决定,对当事人的权益产生影响,应当属于行政诉讼的受案范围。另外,当事人在起诉《回复函》的同时,一并提出了恢复原状或者折价赔偿的诉讼请求,根据《中华人民共和国国家赔偿法》第九条第二款的规定,人民法院应当一并予以审理。

(来源:中国裁判文书网)

思政要点:弘扬社会公平正义,培养程序思维,培育和践行社会主义核心价值观。

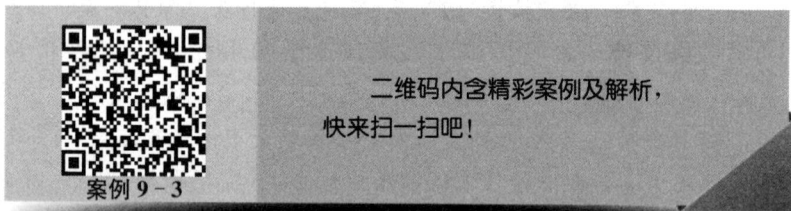

二维码内含精彩案例及解析,快来扫一扫吧!

案例9-3

二维码内含本模块"1+X"证书习题及答案,快来扫一扫吧!

"1+X"证书习题9

模块 10 建设工程相关的其他法律制度

学习目标

知识目标：知晓建设用地管理法规、城乡规划法规、国有土地上房屋征收与补偿法规、工程建设标准法规，熟知劳动合同与劳动者权益保护法规，解释清楚建设工程消防设计审查验收管理规定。

能力目标：能解决或者协助法律职业者解决工程建设过程中发生的有关建设用地、城乡规划、国有土地上房屋征收与补偿、工程建设标准、劳动合同与劳动者权益保护、建设工程消防设计审查验收等方面的纠纷。

思政目标：领悟建设工程相关法规的法治精神，全面推行依法治国，树立规则、劳动、环保、消防安全意识，培育和践行社会主义核心价值观。

10.1 建设用地管理法规

工程应用

知识点	项目应用阶段	典型工作事件	主要涉及的岗位	要求
建设用地的概念	项目前期决策	建设用地的选址、建设用地的规划	建设方项目主管	知晓
建设用地使用权的取得	项目前期决策	建设征地的程序	建设方项目主管、报建员	熟知
建设用地使用权的收回	项目前期决策	土地使用权的取得	建设方项目主管、报建员	熟知
法律责任	项目前期决策	违反《土地管理法》的处罚	建设方项目主管	解释

学习内容

10.1.1 建设用地的概念

建设用地按照《土地管理法》第 4 条规定，是指建造建筑物、构筑物的土地，包括城乡住宅和公共设施用地、工矿用地、交通水利设施用地、旅游用地、军事设施用地等。建设用地按其使用土地性质的不同，可分为农业建设用地和非农业建设用地；按其土地权属、建设内容不同，又分为国家建设用地、乡（镇）建设用地、外商投资企业用地和其他建设用地；按其工程投资和用地规模不同，还分为大型建设项目用地、中型建设项目用地和小型建设项目用地。

10.1.2 建设用地使用权的取得

1. 农用地转为建设用地的审批

建设占用土地，涉及农用地转为建设用地的，应当办理农用地转用审批手续。

（1）永久基本农田转为建设用地的，由国务院批准。

（2）在土地利用总体规划确定的城市和村庄、集镇建设用地规模范围内，为实施该规划而将永久基本农田以外的农用地转为建设用地的，按土地利用年度计划分批次按照国务院规定由原批准土地利用总体规划的机关或者其授权的机关批准。在已批准的农用地转用范围内，具体建设项目用地可以由市、县人民政府批准。在土地利用总体规划确定的城市和村庄、集镇建设用地规模范围外，将永久基本农田以外的农用地转为建设用地的，由国务院或者国务院授权的省、自治区、直辖市人民政府批准。

2. 以征收的方式取得农民集体所有的土地使用权

（1）征收土地的范围

《土地管理法》第45条规定，为了公共利益的需要，有下列情形之一，确需征收农民集体所有的土地的，可以依法实施征收：① 军事和外交需要用地的；② 由政府组织实施的能源、交通、水利、通信、邮政等基础设施建设需要用地的；③ 由政府组织实施的科技、教育、文化、卫生、体育、生态环境和资源保护、防灾减灾、文物保护、社区综合服务、社会福利、市政公用、优抚安置、英烈保护等公共事业需要用地的；④ 由政府组织实施的扶贫搬迁、保障性安居工程建设需要用地的；⑤ 在土地利用总体规划确定的城镇建设用地范围内，经省级以上人民政府批准由县级以上地方人民政府组织实施的成片开发建设需要用地的；⑥ 法律规定为公共利益需要可以征收农民集体所有的土地的其他情形。上述规定的建设活动，应当符合国民经济和社会发展规划、土地利用总体规划、城乡规划和专项规划；第④项、第⑤项规定的建设活动，还应当纳入国民经济和社会发展年度计划；第⑤项规定的成片开发并应当符合国务院自然资源主管部门规定的标准。

（2）征收土地的审批

征收下列土地的，由国务院批准：① 永久基本农田；② 永久基本农田以外的耕地超过三十五公顷的；③ 其他土地超过七十公顷的。征收上述规定以外的土地的，由省、自治区、直辖市人民政府批准。

（3）征收土地的程序

① 国家征收土地的，依照法定程序批准后，由县级以上地方人民政府予以公告并组织实施。② 县级以上地方人民政府拟申请征收土地的，应当开展拟征收土地现状调查和社会稳定风险评估，并将征收范围、土地现状、征收目的、补偿标准、安置方式和社会保障等在拟征收土地所在的乡（镇）和村、村民小组范围内公告至少30日，听取被征地的农村集体经济组织及其成员、村民委员会和其他利害关系人的意见。③ 多数被征地的农村集体经济组织成员认为征地补偿安置方案不符合法律、法规规定的，县级以上地方人民政府应当组织召开听证会，并根据法律、法规的规定和听证会情况修改方案。④ 拟征收土地的所有权人、使用权人应当在公告规定期限内，持不动产权属证明材料办理补偿登记。⑤ 县级以上地方人民政府应当组织有

关部门测算并落实有关费用,保证足额到位,与拟征收土地的所有权人、使用权人就补偿、安置等签订协议;个别确实难以达成协议的,应当在申请征收土地时如实说明。相关前期工作完成后,县级以上地方人民政府方可申请征收土地。

(4) 征收土地的补偿

① 征收土地应当给予公平、合理的补偿,保障被征地农民原有生活水平不降低、长远生计有保障。征收土地应当依法及时足额支付土地补偿费、安置补助费以及农村村民住宅、其他地上附着物和青苗等的补偿费用,并安排被征地农民的社会保障费用。② 征收农用地的土地补偿费、安置补助费标准由省、自治区、直辖市通过制定公布区片综合地价确定。制定区片综合地价应当综合考虑土地原用途、土地资源条件、土地产值、土地区位、土地供求关系、人口以及经济社会发展水平等因素,并至少每 3 年调整或者重新公布一次。③ 征收农用地以外的其他土地、地上附着物和青苗等的补偿标准,由省、自治区、直辖市制定。对其中的农村村民住宅,应当按照先补偿后搬迁、居住条件有改善的原则,尊重农村村民意愿,采取重新安排宅基地建房、提供安置房或者货币补偿等方式给予公平、合理的补偿,并对因征收造成的搬迁、临时安置等费用予以补偿,保障农村村民居住的权利和合法的住房财产权益。④ 县级以上地方人民政府应当将被征地农民纳入相应的养老等社会保障体系。被征地农民的社会保障费用主要用于符合条件的被征地农民的养老保险等社会保险缴费补贴。被征地农民社会保障费用的筹集、管理和使用办法,由省、自治区、直辖市制定。⑤ 被征地的农村集体经济组织应当将征收土地的补偿费用的收支状况向本集体经济组织的成员公布,接受监督。禁止侵占、挪用被征收土地单位的征地补偿费用和其他有关费用。

3. 以划拨方式取得建设用地使用权

《土地管理法》第 54 条规定,下列建设用地,经县级以上人民政府依法批准,可以以划拨方式取得:(1) 国家机关用地和军事用地;(2) 城市基础设施用地和公益事业用地;(3) 国家重点扶持的能源、交通、水利等基础设施用地;(4) 法律、行政法规规定的其他用地。

4. 以出让等有偿使用方式取得国有土地使用权

土地使用权出让是指国家以土地所有者的身份将土地使用权在一定年限内让与土地使用者,并由土地使用者向国家支付土地使用权出让金的行为。土地使用权出让应当签订出让合同。土地使用权的出让,由市、县人民政府负责,有计划、有步骤地进行。土地使用权出让合同应当按照平等、自愿、有偿的原则,由市、县人民政府土地管理部门(以下简称出让方)与土地使用者签订。土地使用权出让最高年限按下列用途确定:(1) 居住用地七十年;(2) 工业用地五十年;(3) 教育、科技、文化、卫生、体育用地五十年;(4) 商业、旅游、娱乐用地四十年;(5) 综合或者其他用地五十年。土地使用权出让可以采取下列方式:协议;招标;拍卖。

以出让等有偿使用方式取得国有土地使用权的建设单位,按照国务院规定的标准和办法,缴纳土地使用权出让金等土地有偿使用费和其他费用后,方可使用土地。新增建设用地的土地有偿使用费,百分之三十上缴中央财政,百分之七十留给有关地方人民政府。

建设单位使用国有土地的,应当按照土地使用权出让等有偿使用合同的约定或者土地使用权划拨批准文件的规定使用土地;确需改变该幅土地建设用途的,应当经有关人民政府自然资源主管部门同意,报原批准用地的人民政府批准。其中,在城市规划区内改变土地用途的,在报批前,应当先经有关城市规划行政主管部门同意。

5. 临时用地使用权的取得

建设项目施工和地质勘查需要临时使用国有土地或者农民集体所有的土地的,由县级以上人民政府自然资源主管部门批准。其中,在城市规划区内的临时用地,在报批前,应当先经有关城市规划行政主管部门同意。土地使用者应当根据土地权属,与有关自然资源主管部门或者农村集体经济组织、村民委员会签订临时使用土地合同,并按照合同的约定支付临时使用土地补偿费。

临时使用土地的使用者应当按照临时使用土地合同约定的用途使用土地,并不得修建永久性建筑物。临时使用土地期限一般不超过2年。

10.1.3 土地使用权的收回

1. 国有土地使用权的收回

有下列情形之一的,由有关人民政府自然资源主管部门报经原批准用地的人民政府或者有批准权的人民政府批准,可以收回国有土地使用权:(1)为实施城市规划进行旧城区改建以及其他公共利益需要,确需使用土地的;(2)土地出让等有偿使用合同约定的使用期限届满,土地使用者未申请续期或者申请续期未获批准的;(3)因单位撤销、迁移等原因,停止使用原划拨的国有土地的;(4)公路、铁路、机场、矿场等经核准报废的。依照上述第(1)项的规定收回国有土地使用权的,对土地使用权人应当给予适当补偿。

2. 农民集体所有土地使用权的收回

有下列情形之一的,农村集体经济组织报经原批准用地的人民政府批准,可以收回土地使用权:(1)为乡(镇)村公共设施和公益事业建设,需要使用土地的;(2)不按照批准的用途使用土地的;(3)因撤销、迁移等原因而停止使用土地的。依照前款第(1)项规定收回农民集体所有的土地的,对土地使用权人应当给予适当补偿。

10.1.4 法律责任

1. 非法转让、非法使用土地的法律责任

(1)买卖或者以其他形式非法转让土地的,由县级以上人民政府自然资源主管部门没收违法所得;对违反土地利用总体规划擅自将农用地改为建设用地的,限期拆除在非法转让的土地上新建的建筑物和其他设施,恢复土地原状,对符合土地利用总体规划的,没收在非法转让的土地上新建的建筑物和其他设施;可以并处罚款;对直接负责的主管人员和其他直接责任人员,依法给予处分;构成犯罪的,依法追究刑事责任。

(2)违反《土地管理法》规定,占用耕地建窑、建坟或者擅自在耕地上建房、挖砂、采石、采矿、取土等,破坏种植条件的,或者因开发土地造成土地荒漠化、盐渍化的,由县级以上人民政府自然资源主管部门、农业农村主管部门等按照职责责令限期改正或者治理,可以并处罚款;构成犯罪的,依法追究刑事责任。

(3)违反《土地管理法》规定,拒不履行土地复垦义务的,由县级以上人民政府自然资源主管部门责令限期改正;逾期不改正的,责令缴纳复垦费,专项用于土地复垦,可以处以罚款。

2. 非法占用土地的法律责任

(1)未经批准或者采取欺骗手段骗取批准,非法占用土地的,由县级以上人民政府自然资源主管部门责令退还非法占用的土地,对违反土地利用总体规划擅自将农用地改为建设用地的,限期拆除在非法占用的土地上新建的建筑物和其他设施,恢复土地原状,对符合土地利用总体规划的,没收在非法占用的土地上新建的建筑物和其他设施,可以并处罚款;对非法占用土地单位的直接负责的主管人员和其他直接责任人员,依法给予处分;构成犯罪的,依法追究刑事责任。超过批准的数量占用土地,多占的土地以非法占用土地论处。

(2) 农村村民未经批准或者采取欺骗手段骗取批准,非法占用土地建住宅的,由县级以上人民政府农业农村主管部门责令退还非法占用的土地,限期拆除在非法占用的土地上新建的房屋。超过省、自治区、直辖市规定的标准,多占的土地以非法占用土地论处。

(3) 无权批准征收、使用土地的单位或者个人非法批准占用土地的,超越批准权限非法批准占用土地的,不按照土地利用总体规划确定的用途批准用地的,或者违反法律规定的程序批准占用、征收土地的,其批准文件无效,对非法批准征收、使用土地的直接负责的主管人员和其他直接责任人员,依法给予处分;构成犯罪的,依法追究刑事责任。非法批准、使用的土地应当收回,有关当事人拒不归还的,以非法占用土地论处。非法批准征收、使用土地,对当事人造成损失的,依法应当承担赔偿责任。

3. 侵占、挪用被征收土地单位的征地补偿费用和其他有关费用的法律责任

侵占、挪用被征收土地单位的征地补偿费用和其他有关费用,构成犯罪的,依法追究刑事责任;尚不构成犯罪的,依法给予处分。

4. 其他法律责任

(1) 依法收回国有土地使用权当事人拒不交出土地的,临时使用土地期满拒不归还的,或者不按照批准的用途使用国有土地的,由县级以上人民政府自然资源主管部门责令交还土地,处以罚款。

(2) 擅自将农民集体所有的土地通过出让、转让使用权或者出租等方式用于非农业建设,或者违反《土地管理法》规定,将集体经营性建设用地通过出让、出租等方式交由单位或者个人使用的,由县级以上人民政府自然资源主管部门责令限期改正,没收违法所得,并处罚款。

(3) 依照《土地管理法》规定,责令限期拆除在非法占用的土地上新建的建筑物和其他设施的,建设单位或者个人必须立即停止施工,自行拆除;对继续施工的,作出处罚决定的机关有权制止。建设单位或者个人对责令限期拆除的行政处罚决定不服的,可以在接到责令限期拆除决定之日起 15 日内,向人民法院起诉;期满不起诉又不自行拆除的,由作出处罚决定的机关依法申请人民法院强制执行,费用由违法者承担。

(4) 自然资源主管部门、农业农村主管部门的工作人员玩忽职守、滥用职权、徇私舞弊,构成犯罪的,依法追究刑事责任;尚不构成犯罪的,依法给予处分。

课程思政 10－1

为什么要严格控制农用地转建设用地?

专家解读:联合国的研究报告发出预警,2020 年共有 25 个国家面临严重饥饿风险,世界濒临至少 50 年来最严重的粮食危机。而在新冠肺炎疫情和洪涝灾害的双重影响下,中国人也把目光投向了"米袋子"。要维护粮食安全,首先要保证耕地。《民法典》第 244

条规定,国家对耕地实行特殊保护,严格限制农用地转为建设用地,控制建设用地总量。不得违反法律规定的权限和程序征收集体所有的土地。本条是关于保护耕地、禁止违法征地的规定。我国地少人多,耕地是宝贵的资源,且后备资源贫乏,如何保护我国宝贵的耕地资源,并合理利用,关系中华民族的生存。根据土地管理法等法律、行政法规的有关规定,有关耕地保护的基本政策是:1. 严格控制耕地转为非耕地。2. 国家实行占用耕地补偿制度。3. 永久基本农田保护制度。4. 其他。例如:(1) 保证耕地质量。(2) 非农业建设的用地原则是,必须节约使用土地,可以利用荒地的,不得占用耕地;可以利用劣地的,不得占用好地。(3) 禁止闲置、荒芜耕地。(4) 开发未利用土地。(5) 土地复垦。

　　依照宪法、土地管理法等有关法律规定,征收土地的条件与程序是:1. 征收土地必须是为了公共利益的需要。2. 征地是一种政府行为,是政府的专有权利,其他任何单位和个人都没有征地权。3. 必须依法获得批准。4. 必须予以公告并听取相关主体的意见。5. 必须依法对被征地单位进行补偿。6. 征地补偿费用的情况要向集体组织成员公布,接受监督。因此,法律、行政法规对于保护耕地、征收土地都有明确的规定。

(来源:中国建设报)

　　思政要点:贯彻保护耕地的基本国策,保护农民利益,保障社会安定和经济的可持续发展。

二维码内含精彩案例及解析,快来扫一扫吧!

案例 10-1

10.2　城乡规划法规

工程应用

知识点	项目应用阶段	典型工作事件	主要涉及的岗位	要求
城乡规划的制定	项目选址、建筑设计	建设项目选址确定	建设方项目主管、设计方项目负责人	知晓
城乡规划的实施	项目选址、建筑设计	建设项目选址确定	建设方项目主管、设计方项目负责人	熟知
城乡规划的修改	项目选址、建筑设计	建设项目平面定位	建设方项目主管、设计方项目负责人	熟知
法律责任	项目选址、建筑设计	对未取得规划许可证的处罚等	建设方项目主管	解释

学习内容

10.2.1　城乡规划的制定

城乡规划是指为了实现一定时期内城市、村庄和集镇的经济和社会发展目标,确定城市、村庄和集镇的性质、规模和发展方向,合理利用城乡土地,协调城乡空间布局和各项建设的综合部署和具体安排。

1. 城乡规划的种类

《城乡规划法》所称的城乡规划,包括城镇体系规划、城市规划、镇规划、乡规划和村庄规划。城市规划、镇规划分为总体规划和详细规划。详细规划分为控制性详细规划和修建性详细规划。

《城乡规划法》所称规划区,是指城市、镇和村庄的建成区以及因城乡建设和发展需要,必须实行规划控制的区域。规划区的具体范围由有关人民政府在组织编制的城市总体规划、镇总体规划、乡规划和村庄规划中,根据城乡经济社会发展水平和统筹城乡发展的需要划定。

2. 城乡规划的编制和审批

(1)全国城镇体系规划的编制和审批

国务院城乡规划主管部门会同国务院有关部门组织编制全国城镇体系规划,用于指导省域城镇体系规划、城市总体规划的编制。全国城镇体系规划由国务院城乡规划主管部门报国务院审批。

(2)省域城镇体系规划的编制和审批

省、自治区人民政府组织编制省域城镇体系规划,报国务院审批。省域城镇体系规划的内容应当包括:城镇空间布局和规模控制,重大基础设施的布局,为保护生态环境、资源等需要严格控制的区域。

(3)城市总体规划、镇总体规划的编制和审批

① 城市总体规划的编制和审批。城市人民政府组织编制城市总体规划。直辖市的城市总体规划由直辖市人民政府报国务院审批。省、自治区人民政府所在地的城市以及国务院确定的城市的总体规划,由省、自治区人民政府审查同意后,报国务院审批。其他城市的总体规划,由城市人民政府报省、自治区人民政府审批。

② 镇总体规划的编制和审批。县人民政府组织编制县人民政府所在地镇的总体规划,报上一级人民政府审批。其他镇的总体规划由镇人民政府组织编制,报上一级人民政府审批。

③ 城市总体规划、镇总体规划的内容。城市总体规划、镇总体规划的内容应当包括:城市、镇的发展布局,功能分区,用地布局,综合交通体系,禁止、限制和适宜建设的地域范围,各类专项规划等。城市总体规划、镇总体规划的规划期限一般为二十年。城市总体规划还应当对城市更长远的发展作出预测性安排。

(4)乡规划、村庄规划的编制和审批

乡、镇人民政府组织编制乡规划、村庄规划,报上一级人民政府审批。村庄规划在报送审批前,应当经村民会议或者村民代表会议讨论同意。乡规划、村庄规划应当从农村实际出发,尊重村民意愿,体现地方和农村特色。乡规划、村庄规划的内容应当包括:规划区范围,住宅、

道路、供水、排水、供电、垃圾收集、畜禽养殖场所等农村生产、生活服务设施、公益事业等各项建设的用地布局、建设要求,以及对耕地等自然资源和历史文化遗产保护、防灾减灾等的具体安排。乡规划还应当包括本行政区域内的村庄发展布局。

10.2.2　城乡规划的实施

地方各级人民政府应当根据当地经济社会发展水平,量力而行,尊重群众意愿,有计划、分步骤地组织实施城乡规划。城市的建设和发展,应当优先安排基础设施以及公共服务设施的建设,妥善处理新区开发与旧区改建的关系,统筹兼顾进城务工人员生活和周边农村经济社会发展、村民生产与生活的需要。镇的建设和发展,应当结合农村经济社会发展和产业结构调整,优先安排供水、排水、供电、供气、道路、通信、广播电视等基础设施和学校、卫生院、文化站、幼儿园、福利院等公共服务设施的建设,为周边农村提供服务。乡、村庄的建设和发展,应当因地制宜、节约用地,发挥村民自治组织的作用,引导村民合理进行建设,改善农村生产、生活条件。

1. 建设项目选址意见书

按照国家规定需要有关部门批准或者核准的建设项目,以划拨方式提供国有土地使用权的,建设单位在报送有关部门批准或者核准前,应当向城乡规划主管部门申请核发选址意见书。前款规定以外的建设项目不需要申请选址意见书。

2. 建设用地规划许可证

在城市、镇规划区内以划拨方式提供国有土地使用权的建设项目,经有关部门批准、核准、备案后,建设单位应当向城市、县人民政府城乡规划主管部门提出建设用地规划许可申请,由城市、县人民政府城乡规划主管部门依据控制性详细规划核定建设用地的位置、面积、允许建设的范围,核发建设用地规划许可证。

建设单位在取得建设用地规划许可证后,方可向县级以上地方人民政府土地主管部门申请用地,经县级以上人民政府审批后,由土地主管部门划拨土地。

以出让方式取得国有土地使用权的建设项目,建设单位在取得建设项目的批准、核准、备案文件和签订国有土地使用权出让合同后,向城市、县人民政府城乡规划主管部门领取建设用地规划许可证。城市、县人民政府城乡规划主管部门不得在建设用地规划许可证中,擅自改变作为国有土地使用权出让合同组成部分的规划条件。

3. 建设工程规划许可证

在城市、镇规划区内进行建筑物、构筑物、道路、管线和其他工程建设的,建设单位或者个人应当向城市、县人民政府城乡规划主管部门或者省、自治区、直辖市人民政府确定的镇人民政府申请办理建设工程规划许可证。

申请办理建设工程规划许可证,应当提交使用土地的有关证明文件、建设工程设计方案等材料。需要建设单位编制修建性详细规划的建设项目,还应当提交修建性详细规划。对符合控制性详细规划和规划条件的,由城市、县人民政府城乡规划主管部门或者省、自治区、直辖市人民政府确定的镇人民政府核发建设工程规划许可证。

城市、县人民政府城乡规划主管部门或者省、自治区、直辖市人民政府确定的镇人民政府应当依法将经审定的修建性详细规划、建设工程设计方案的总平面图予以公布。

4. 乡村建设规划许可证

在乡、村庄规划区内进行乡镇企业、乡村公共设施和公益事业建设的,建设单位或者个人应当向乡、镇人民政府提出申请,由乡、镇人民政府报城市、县人民政府城乡规划主管部门核发乡村建设规划许可证。

在乡、村庄规划区内进行乡镇企业、乡村公共设施和公益事业建设以及农村村民住宅建设,不得占用农用地;确需占用农用地的,应当依照《中华人民共和国土地管理法》有关规定办理农用地转用审批手续后,由城市、县人民政府城乡规划主管部门核发乡村建设规划许可证。建设单位或者个人在取得乡村建设规划许可证后,方可办理用地审批手续。

5. 城乡规划的核实

县级以上地方人民政府城乡规划主管部门按照国务院规定对建设工程是否符合规划条件予以核实。未经核实或者经核实不符合规划条件的,建设单位不得组织竣工验收。建设单位应当在竣工验收后六个月内向城乡规划主管部门报送有关竣工验收资料。

10.2.3　城乡规划的修改

1. 城乡规划修改的情形

有下列情形之一的,组织编制机关方可按照规定的权限和程序修改省域城镇体系规划、城市总体规划、镇总体规划:

(1) 上级人民政府制定的城乡规划发生变更,提出修改规划要求的;

(2) 行政区划调整确需修改规划的;

(3) 因国务院批准重大建设工程确需修改规划的;

(4) 经评估确需修改规划的;

(5) 城乡规划的审批机关认为应当修改规划的其他情形。

2. 城乡规划修改后的相关规定

(1) 修改后的省域城镇体系规划、城市总体规划、镇总体规划、乡规划、村庄规划,应当依照《城乡规划法》规定的审批程序报批。

(2) 在选址意见书、建设用地规划许可证、建设工程规划许可证或者乡村建设规划许可证发放后,因依法修改城乡规划给被许可人合法权益造成损失的,应当依法给予补偿。

(3) 经依法审定的修建性详细规划、建设工程设计方案的总平面图不得随意修改;确需修改的,城乡规划主管部门应当采取听证会等形式,听取利害关系人的意见;因修改给利害关系人合法权益造成损失的,应当依法给予补偿。

10.2.4　法律责任

1. 未取得建设工程规划许可证、乡村建设规划许可证或未按上述许可证建设的法律责任

(1) 未取得建设工程规划许可证或者未按照建设工程规划许可证的规定进行建设的,由县级以上地方人民政府城乡规划主管部门责令停止建设;尚可采取改正措施消除对规划实施的影响的,限期改正,处建设工程造价百分之五以上百分之十以下的罚款;无法采取改正措施消除影响的,限期拆除,不能拆除的,没收实物或者违法收入,可以并处建设工程造价百分之十以下的罚款。

(2) 在乡、村庄规划区内未依法取得乡村建设规划许可证或者未按照乡村建设规划许可证的规定进行建设的,由乡、镇人民政府责令停止建设、限期改正;逾期不改正的,可以拆除。

2. 建设单位违法行为承担的法律责任

(1)建设单位或者个人有下列行为之一的,由所在地城市、县人民政府城乡规划主管部门责令限期拆除,可以并处临时建设工程造价一倍以下的罚款:① 未经批准进行临时建设的;② 未按照批准内容进行临时建设的;③ 临时建筑物、构筑物超过批准期限不拆除的。

(2)建设单位未在建设工程竣工验收后六个月内向城乡规划主管部门报送有关竣工验收资料的,由所在地城市、县人民政府城乡规划主管部门责令限期补报;逾期不补报的,处一万元以上五万元以下的罚款。

此外,城乡规划主管部门作出责令停止建设或者限期拆除的决定后,当事人不停止建设或者逾期不拆除的,建设工程所在地县级以上地方人民政府可以责成有关部门采取查封施工现场、强制拆除等措施。违反《城乡规划法》规定,构成犯罪的,依法追究刑事责任。

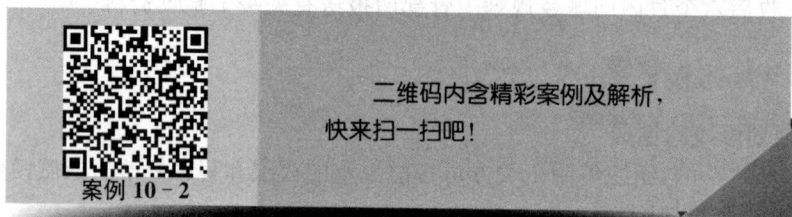

二维码内含精彩案例及解析,
快来扫一扫吧!

案例 10 - 2

10.3　国有土地上房屋征收与补偿法规

工程应用

知识点	项目应用阶段	典型工作事件	主要涉及的岗位	要求
国有土地上房屋征收法规	项目选址	房屋征收的范围与规定	建设方项目主管	熟知
国有土地上房屋补偿法规	项目选址	房屋补偿的范围与形式	建设方项目主管	熟知
违反《国有土地上房屋征收与补偿条例》的法律责任	项目选址	对非法征收的处罚	建设方项目主管	举例

学习内容

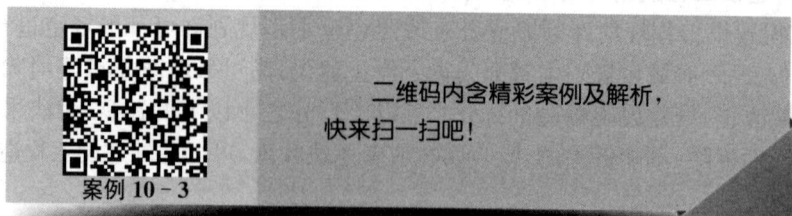

二维码内含精彩案例及解析,
快来扫一扫吧!

案例 10 - 3

10.3.1　国有土地上房屋征收法规

1. 征收范围

根据《国有土地上房屋征收与补偿条例》第 8 条的规定,有下列情形之一,确需征收房屋的,由市、县级人民政府做出房屋征收决定:

(1) 国防和外交的需要;

(2) 由政府组织实施的能源、交通、水利等基础设施建设的需要;

(3) 由政府组织实施的科技、教育、文化、卫生、体育、环境和资源保护、防灾减灾、文物保护、社会福利、市政公用等公共事业的需要;

(4) 由政府组织实施的保障性安居工程建设的需要;

(5) 由政府依照城乡规划法有关规定组织实施的对危房集中、基础设施落后等地段进行旧城区改建的需要;

(6) 法律、行政法规规定的其他公共利益的需要。

2. 征收的其他规定

(1) 确需征收房屋的各项建设活动,应当符合国民经济和社会发展规划、土地利用总体规划、城乡规划和专项规划。

(2) 保障性安居工程建设、旧城区改建,应当纳入市、县级国民经济和社会发展年度计划。

(3) 扩大公众参与程度,征收补偿方案要征求公众意见,因旧城区改建需要征收房屋,多数被征收人认为征收补偿方案不符合本条例规定的,还要组织听证会并修改方案,政府做出房屋征收决定前,应当进行社会稳定风险评估。

(4) 做出房屋征收决定前,征收补偿费用应当足额到位、专户存储、专款专用。

10.3.2　国有土地上房屋补偿法规

1. 补偿的范围

根据《国有土地上房屋征收与补偿条例》第 17 条的规定,做出房屋征收决定的市、县级人民政府对被征收人给予的补偿包括:被征收房屋价值的补偿;因征收房屋造成的搬迁、临时安置的补偿;因征收房屋造成的停产停业损失的补偿。

2. 补偿的形式

被征收人可以选择货币补偿,也可以选择房屋产权调换。

货币补偿是指做出房屋征收决定的市、县级人民政府对被征收房屋,按其价值,以付给货币的方式对被征收人的经济损失进行补偿。

产权调换是指做出房屋征收决定的市、县级人民政府以其他的或再建的房屋与被征收人的被征收房屋相交换,使被征收人对做出房屋征收决定的市、县级人民政府提供的房屋拥有所有权。

被征收人选择房屋产权调换的,市、县级人民政府应当提供用于产权调换的房屋,并与被征收人计算、结清被征收房屋价值与用于产权调换房屋价值的差价。因旧城区改建征收个人住宅,被征收人选择在改建地段进行房屋产权调换的,做出房屋征收决定的市、县级人民政府应当提供改建地段或者就近地段的房屋。

选择房屋产权调换的,产权调换房屋交付前,房屋征收部门应当向被征收人支付临时安置费或者提供周转用房。

3. 补偿的其他规定

(1) 做出房屋征收决定的市、县级人民政府对被征收人给予补偿后,被征收人应当在补偿协议约定或者补偿决定确定的搬迁期限内完成搬迁。

(2) 房屋征收部门与被征收人在征收补偿方案确定的签约期限内达不成补偿协议,或者被征收房屋所有权人不明确的,由房屋征收部门报请做出房屋征收决定的市、县级人民政府依照本条例的规定,按照征收补偿方案做出补偿决定,并在房屋征收范围内予以公告。

(3) 任何单位和个人不得采取暴力、威胁或者违反规定中断供水、供热、供气、供电和道路通行等非法方式迫使被征收人搬迁。

(4) 禁止建设单位参与搬迁活动。

(5) 被征收人对补偿决定不服的,可以依法申请行政复议,也可以依法提起行政诉讼。

10.3.3 法律责任

1. 相关工作人员违法行为的法律责任

市、县级人民政府及房屋征收部门的工作人员在房屋征收与补偿工作中不履行本条例规定的职责,或者滥用职权、玩忽职守、徇私舞弊的,由上级人民政府或者本级人民政府责令改正,通报批评;造成损失的,依法承担赔偿责任;对直接负责的主管人员和其他直接责任人员,依法给予处分;构成犯罪的,依法追究刑事责任。

2. 采取非法方式迫使被征收人搬迁的法律责任

采取暴力、威胁或者违反规定中断供水、供热、供气、供电和道路通行等非法方式迫使被征收人搬迁,造成损失的,依法承担赔偿责任;对直接负责的主管人员和其他直接责任人员,构成犯罪的,依法追究刑事责任;尚不构成犯罪的,依法给予处分;构成违反治安管理行为的,依法给予治安管理处罚。

3. 非法阻碍依法进行的房屋征收与补偿工作的法律责任

采取暴力、威胁等方法阻碍依法进行的房屋征收与补偿工作,构成犯罪的,依法追究刑事责任;构成违反治安管理行为的,依法给予治安管理处罚。

4. 贪污、挪用、私分、截留、拖欠征收补偿费用的法律责任

贪污、挪用、私分、截留、拖欠征收补偿费用的,责令改正,追回有关款项,限期退还违法所得,对有关责任单位通报批评、给予警告;造成损失的,依法承担赔偿责任;对直接负责的主管人员和其他直接责任人员,构成犯罪的,依法追究刑事责任;尚不构成犯罪的,依法给予处分。

5. 房地产价格评估机构或者房地产估价师违法行为的法律责任

房地产价格评估机构或者房地产估价师出具虚假或者有重大差错的评估报告的,由发证机关责令限期改正,给予警告,对房地产价格评估机构并处 5 万元以上 20 万元以下罚款,对房地产估价师并处 1 万元以上 3 万元以下罚款,并记入信用档案;情节严重的,吊销资质证书、注册证书;造成损失的,依法承担赔偿责任;构成犯罪的,依法追究刑事责任。

10.4　工程建设标准化法规

工程应用

知识点	项目应用阶段	典型工作事件	主要涉及的岗位	要求
工程建设标准化的概念	施工准备	编制施工组织设计	项目技术负责人	知晓
工程建设标准的级别	施工准备	编制施工组织设计	项目技术负责人	熟知
工程建设标准的管理体制	施工准备	工程标准化实施检查	项目技术负责人、施工员、质量员、安全员等	理解
法律责任	施工实施	工程标准化实施检查与处罚	项目技术负责人	举例

学习内容

10.4.1　工程建设标准化的概念

1. 标准的概念

标准,就是衡量各种事物和概念客观准则。"不以规矩,不能成方圆",表述了我国古代朴素的标准化概念。标准的本质属性是一种"统一规定"。这种统一规定是作为有关各方"共同遵守的准则和依据"。根据《标准化法》规定,标准(含标准样品),是指农业、工业、服务业以及社会事业等领域需要统一的技术要求。

标准包括国家标准、行业标准、地方标准和团体标准、企业标准。国家标准分为强制性标准、推荐性标准,行业标准、地方标准是推荐性标准。强制性标准必须执行。国家鼓励采用推荐性标准。

2. 工程建设标准的概念

工程建设标准,指在工程建设范围内,对建设活动或其结果规定共同的和重复使用的规则、导则或特性的文件。工程建设标准包括标准、规范、规程。规范、规程是标准的形式之一,如建筑规范。其内容一般指:

(1) 工程建设勘察、设计、施工及验收等的质量要求和方法;

(2) 与工程建设有关安全、卫生、环境保护的技术要求;

(3) 工程建设的术语、符号、代号、量与单位、建筑模数和制图方法;

(4) 工程建设的试验、检验和评定方法;

(5) 工程建设的信息技术要求。

按照这五个方面技术要求制定的标准,我们习惯简称为:质量标准,安全、卫生、环境保护标准,基础标准,试验、质量评定方法标准和信息技术标准。

3. 工程建设标准化的概念

"标准化"这一术语,是随着现代化生产的发展和社会的进步而逐渐形成的。在我国,这一术语的广泛应用还只是在 20 世纪 70 年代末开始的。

《标准化工作指南 第 1 部分:标准化和相关活动的通用术语》(GB/T 200001—2014)规定的定义是:为了在既定范围内获得最佳秩序,促进共同效益,对现实问题或潜在问题确立共同使用和重复使用的条款以及编制、发布和应用文件的活动。标准化工作的任务是制定标准、组织实施标准和对标准的实施进行监督。

10.4.2　工程建设标准的级别

依据《中华人民共和国标准化法》的规定,我国的标准分为五级,即国家标准、行业标准、地方标准和企业标准。各层次之间有一定的依从关系和内在联系,形成一个覆盖全国又层次分明的标准体系。

1. 国家标准

国家标准是对需要在全国范围内统一的技术要求,应当制定国家标准。国家标准由国务院标准化行政主管部门制定,并统一审批、编号、发布。国家标准的代号为"GB"。

2. 行业标准

行业标准是对没有国家标准又需要在全国某个行业范围内统一的技术要求,可以制定行业标准。行业标准由国务院有关行政主管部门制定,并报国务院标准化行政主管部门备案,在公布国家标准之后,该项行业标准即行废止。

3. 地方标准

地方标准是对没有国家标准和行业标准而又需要在省、自治区、直辖市范围内统一的下列要求,可以制定地方标准。地方标准由省、自治区、直辖市标准化行政主管部门制定,并报国务院标准化行政主管部门和国务院有关行政主管部门备案,在公布国家标准或者行业标准之后,该项地方标准即行废止。

4. 团体标准

团体标准是依法成立的社会团体为满足市场和创新需要,协调相关市场主体共同制定的标准。团体标准的技术要求不得低于强制性标准的相关技术要求。国家鼓励社会团体制定高于推荐性标准相关技术要求的团体标准;鼓励制定具有国际领先水平的团体标准。制定团体标准的一般程序包括:提案、立项、起草、征求意见、技术审查、批准、编号、发布、复审。

5. 企业标准

企业标准是对企业范围内需要协调、统一的技术要求,管理要求和工作要求所制定的标准。企业的产品标准须报当地政府标准化行政主管部门和有关行政主管部门备案。已有国家标准或者行业标准的,国家鼓励企业制定严于国家标准或者行业标准的企业标准,在企业内部适用。

10.4.3　工程建设标准的管理体制

国务院标准化行政主管部门统一管理全国标准化工作。国务院有关行政主管部门分工管理本部门、本行业的标准化工作。县级以上地方人民政府标准化行政主管部门统一管理本行政区域内的标准化工作。县级以上地方人民政府有关行政主管部门分工管理本行政区域内本部门、本行业的标准化工作。

工程建设标准化,由国务院建设行政主管部门分工负责;住房与城乡建设部履行全国工程建设标准化工作的综合管理职能。国务院各有关部门履行本行业工程建设标准化工作的管理职能。各地建设行政主管部门履行本行政区域工程建设标准化工作的管理职能。本行业和本行政区域内也实行统分结合的管理体制。工程建设标准化管理机构如图所示:

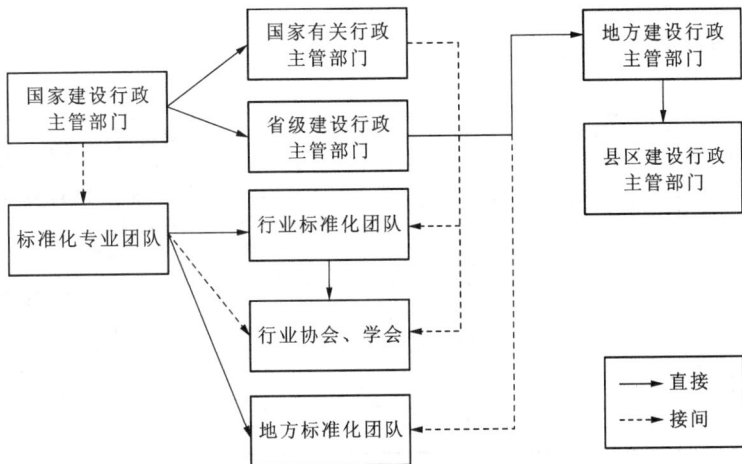

10.4.4　法律责任

1. 建设单位违反工程建设强制性标准的法律责任

建设单位有下列行为之一的,责令改正,并处以 20 万元以上 50 万元以下的罚款:(1) 明示或者暗示施工单位使用不合格的建筑材料、建筑构配件和设备的。(2) 明示或者暗示设计单位或者施工单位违反工程建设强制性标准,降低工程质量的

2. 勘察设计单位违反工程建设强制性标准的法律责任

勘察设计单位违反工程建设强制性标准进行勘察、设计的,责令改正,并处于 10 万元以上 30 万元以下的罚款。有前款行为,造成工程质量事故的,责令停业整顿,降低资质等级;情节严重的,吊销资质证书;造成损失的,依法承担赔偿责任。

3. 施工单位违反工程建设强制性标准的法律责任

施工单位违反工程建设强制性标准的,责令改正,处工程合同价款 2% 以上 4% 以下的罚款;造成建设工程质量不符合规定的质量标准的,负责返工、修理并赔偿因此造成的损失;情节严重的,责令停业整顿,降低资质等级或者吊销资质证书。

4. 工程监理单位违反强制性标准的法律责任

工程监理单位违反强制性标准规定,将不合格的建设工程以及建筑材料、建筑构配件和设备按照合格签字的,责令改正,处以 50 万元以上 100 万元以下的罚款,降低资质等级或者吊销资质证书;有违法所得的,予以没收;造成损失的,承担连带责任。

二维码内含精彩案例及解析,快来扫一扫吧!

案例 10 - 4

10.5　劳动法

工程应用

知识点	项目应用阶段	典型工作事件	主要涉及的岗位	要求
劳动合同	项目人员招聘	劳动合同签订	企业人事部门主管与干事、普通劳动者	熟知
劳动者权益保护	项目实施	劳动合同签订、劳动安全卫生条件、女职工和未成年工特殊保护	企业人事部门主管与干事、普通劳动者	牢记
法律责任	项目全过程	违法用工的处罚	企业人事部门主管与干事、普通劳动者	牢记

学习内容

10.5.1　劳动合同

劳动合同是劳动者与用人单位确立劳动关系、明确双方权利和义务的协议。建立劳动关系应当订立劳动合同。

1. 劳动合同的订立

用人单位自用工之日起即与劳动者建立劳动关系。用人单位应当建立职工名册备查。

（1）用人单位招用劳动者时的义务

用人单位招用劳动者时，应当如实告知劳动者工作内容、工作条件、工作地点、职业危害、安全生产状况、劳动报酬，以及劳动者要求了解的其他情况；用人单位有权了解劳动者与劳动合同直接相关的基本情况，劳动者应当如实说明。用人单位招用劳动者，不得扣押劳动者的居民身份证和其他证件，不得要求劳动者提供担保或者以其他名义向劳动者收取财物。

（2）劳动合同的形式

建立劳动关系，应当订立书面劳动合同。已建立劳动关系，未同时订立书面劳动合同的，应当自用工之日起一个月内订立书面劳动合同。劳动合同由用人单位与劳动者协商一致，并经用人单位与劳动者在劳动合同文本上签字或者盖章生效。劳动合同文本由用人单位和劳动者各执一份。

（3）劳动合同的种类

劳动合同分为固定期限劳动合同、无固定期限劳动合同和以完成一定工作任务为期限的劳动合同。

① 固定期限劳动合同。固定期限劳动合同，是指用人单位与劳动者约定合同终止时间的劳动合同。用人单位与劳动者协商一致，可以订立固定期限劳动合同。

　　② 无固定期限劳动合同。无固定期限劳动合同,是指用人单位与劳动者约定无确定终止时间的劳动合同。用人单位与劳动者协商一致,可以订立无固定期限劳动合同。有下列情形之一,劳动者提出或者同意续订、订立劳动合同的,除劳动者提出订立固定期限劳动合同外,应当订立无固定期限劳动合同:劳动者在该用人单位连续工作满十年的;用人单位初次实行劳动合同制度或者国有企业改制重新订立劳动合同时,劳动者在该用人单位连续工作满十年且距法定退休年龄不足十年的;连续订立二次固定期限劳动合同,且劳动者没有《劳动合同法》第39条和第40条第一项、第二项规定的情形,续订劳动合同的。用人单位自用工之日起满一年不与劳动者订立书面劳动合同的,视为用人单位与劳动者已订立无固定期限劳动合同。

　　③ 以完成一定工作任务为期限的劳动合同。以完成一定工作任务为期限的劳动合同,是指用人单位与劳动者约定以某项工作的完成为合同期限的劳动合同。用人单位与劳动者协商一致,可以订立以完成一定工作任务为期限的劳动合同。

　　(4) 劳动合同的内容

　　《劳动合同法》第十七条规定,劳动合同应当具备以下条款:① 用人单位的名称、住所和法定代表人或者主要负责人;② 劳动者的姓名、住址和居民身份证或者其他有效身份证件号码;③ 劳动合同期限;④ 工作内容和工作地点;⑤ 工作时间和休息休假;⑥ 劳动报酬;⑦ 社会保险;⑧ 劳动保护、劳动条件和职业危害防护;⑨ 法律、法规规定应当纳入劳动合同的其他事项。劳动合同除上述规定的必备条款外,用人单位与劳动者可以约定试用期、培训、保守秘密、补充保险和福利待遇等其他事项。

　　(5) 劳动合同无效或者部分无效的情形

　　① 以欺诈、胁迫的手段或者乘人之危,使对方在违背真实意思的情况下订立或者变更劳动合同的;② 用人单位免除自己的法定责任、排除劳动者权利的;③ 违反法律、行政法规强制性规定的。对劳动合同的无效或者部分无效有争议的,由劳动争议仲裁机构或者人民法院确认。劳动合同被确认无效,劳动者已付出劳动的,用人单位应当向劳动者支付劳动报酬。劳动报酬的数额,参照本单位相同或者相近岗位劳动者的劳动报酬确定。

2. 劳动合同的履行和变更

　　(1) 劳动合同的履行

　　用人单位与劳动者应当按照劳动合同的约定,全面履行各自的义务。

　　① 用人单位的义务。用人单位应当按照劳动合同约定和国家规定,向劳动者及时足额支付劳动报酬。用人单位拖欠或者未足额支付劳动报酬的,劳动者可以依法向当地人民法院申请支付令,人民法院应当依法发出支付令。用人单位应当严格执行劳动定额标准,不得强迫或者变相强迫劳动者加班。用人单位安排加班的,应当按照国家有关规定向劳动者支付加班费。

　　② 劳动者的权利。劳动者拒绝用人单位管理人员违章指挥、强令冒险作业的,不视为违反劳动合同。劳动者对危害生命安全和身体健康的劳动条件,有权对用人单位提出批评、检举和控告。

　　(2) 劳动合同的变更

　　用人单位变更名称、法定代表人、主要负责人或者投资人等事项,不影响劳动合同的履行。用人单位发生合并或者分立等情况,原劳动合同继续有效,劳动合同由承继其权利和义务的用人单位继续履行。用人单位与劳动者协商一致,可以变更劳动合同约定的内容。变更劳动合同,应当采用书面形式。变更后的劳动合同文本由用人单位和劳动者各执一份。

3. 劳动合同的解除和终止

（1）劳动合同的解除

用人单位与劳动者协商一致，可以解除劳动合同。

① 劳动者有权解除劳动合同的情形。《劳动合同法》第 38 条规定，用人单位有下列情形之一的，劳动者可以解除劳动合同：未按照劳动合同约定提供劳动保护或者劳动条件的；未及时足额支付劳动报酬的；未依法为劳动者缴纳社会保险费的；用人单位的规章制度违反法律、法规的规定，损害劳动者权益的；因《劳动合同法》第 26 条第一款规定的情形致使劳动合同无效的；法律、行政法规规定劳动者可以解除劳动合同的其他情形。

用人单位以暴力、威胁或者非法限制人身自由的手段强迫劳动者劳动的，或者用人单位违章指挥、强令冒险作业危及劳动者人身安全的，劳动者可以立即解除劳动合同，不需事先告知用人单位。劳动者提前 30 日以书面形式通知用人单位，可以解除劳动合同。劳动者在试用期内提前 3 日通知用人单位，可以解除劳动合同。

② 用人单位有权解除劳动合同的情形。《劳动合同法》第 39 条规定，劳动者有下列情形之一的，用人单位可以解除劳动合同：在试用期间被证明不符合录用条件的；严重违反用人单位的规章制度的；严重失职，营私舞弊，给用人单位造成重大损害的；劳动者同时与其他用人单位建立劳动关系，对完成本单位的工作任务造成严重影响，或者经用人单位提出，拒不改正的；因《劳动合同法》第 26 条第一款第一项规定的情形致使劳动合同无效的；被依法追究刑事责任的。

用人单位单方解除劳动合同，应当事先将理由通知工会。用人单位违反法律、行政法规规定或者劳动合同约定的，工会有权要求用人单位纠正。用人单位应当研究工会的意见，并将处理结果书面通知工会。

（2）劳动合同的终止

《劳动合同法》第 44 条规定，有下列情形之一的，劳动合同终止：① 劳动合同期满的；② 劳动者开始依法享受基本养老保险待遇的；③ 劳动者死亡，或者被人民法院宣告死亡或者宣告失踪的；④ 用人单位被依法宣告破产的；⑤ 用人单位被吊销营业执照、责令关闭、撤销或者用人单位决定提前解散的；⑥ 法律、行政法规规定的其他情形。

4. 劳务派遣

劳动合同用工是我国的企业基本用工形式。劳务派遣用工是补充形式，只能在临时性、辅助性或者替代性的工作岗位上实施。临时性工作岗位是指存续时间不超过六个月的岗位；辅助性工作岗位是指为主营业务岗位提供服务的非主营业务岗位；替代性工作岗位是指用工单位的劳动者因脱产学习、休假等原因无法工作的一定期间内，可以由其他劳动者替代工作的岗位。用工单位应当严格控制劳务派遣用工数量，不得超过其用工总量的一定比例，具体比例由国务院劳动行政部门规定。

（1）劳务派遣单位应与被派遣劳动者订立劳动合同

劳务派遣单位（用人单位），应当履行用人单位对劳动者的义务。劳务派遣单位与被派遣劳动者订立的劳动合同，除应当载明劳动合同应当具备的条款外，还应当载明被派遣劳动者的用工单位以及派遣期限、工作岗位等情况。劳务派遣单位应当与被派遣劳动者订立 2 年以上的固定期限劳动合同，按月支付劳动报酬；被派遣劳动者在无工作期间，劳务派遣单位应当按照所在地人民政府规定的最低工资标准，向其按月支付报酬。

（2）劳务派遣协议

劳务派遣单位派遣劳动者应当与接受以劳务派遣形式用工的单位（以下称用工单位）订立劳务派遣协议。劳务派遣协议应当约定派遣岗位和人员数量、派遣期限、劳动报酬和社会保险费的数额与支付方式以及违反协议的责任。用工单位应当根据工作岗位的实际需要与劳务派遣单位确定派遣期限，不得将连续用工期限分割订立数个短期劳务派遣协议。

劳务派遣单位应当将劳务派遣协议的内容告知被派遣劳动者。劳务派遣单位不得克扣用工单位按照劳务派遣协议支付给被派遣劳动者的劳动报酬。劳务派遣单位和用工单位不得向被派遣劳动者收取费用。劳务派遣单位跨地区派遣劳动者的，被派遣劳动者享有的劳动报酬和劳动条件，按照用工单位所在地的标准执行。

（3）用工单位的义务

用工单位应当履行下列义务：① 执行国家劳动标准，提供相应的劳动条件和劳动保护；② 告知被派遣劳动者的工作要求和劳动报酬；③ 支付加班费、绩效奖金，提供与工作岗位相关的福利待遇；④ 对在岗被派遣劳动者进行工作岗位所必需的培训；⑤ 连续用工的，实行正常的工资调整机制。用工单位不得将被派遣劳动者再派遣到其他用人单位。

（4）被派遣劳动者的权利

① 被派遣劳动者享有与用工单位的劳动者同工同酬的权利。用工单位应当按照同工同酬原则，对被派遣劳动者与本单位同类岗位的劳动者实行相同的劳动报酬分配办法。用工单位无同类岗位劳动者的，参照用工单位所在地相同或者相近岗位劳动者的劳动报酬确定。劳务派遣单位与被派遣劳动者订立的劳动合同和与用工单位订立的劳务派遣协议，载明或者约定的向被派遣劳动者支付的劳动报酬应当符合上述规定。② 被派遣劳动者有权在劳务派遣单位或者用工单位依法参加或者组织工会，维护自身的合法权益。③ 被派遣劳动者可以依照《劳动合同法》第 36 条、第 38 条的规定与劳务派遣单位解除劳动合同。

此外，被派遣劳动者有《劳动合同法》第 39 条和第 40 条第一项、第二项规定情形的，用工单位可以将劳动者退回劳务派遣单位，劳务派遣单位依照本法有关规定，可以与劳动者解除劳动合同。

10.5.2　劳动者权益保护

1. 劳动保护的规定

（1）劳动安全卫生的规定

劳动安全卫生规程是指国家为了保护职工在生产和工作过程中的健康，防止、消除职业病和各种职业危害而制定的各种法律规范。其主要内容：防止粉尘危害的规定；防止有毒有害物质危害的规定；防止噪音和强光的规定；防暑降温和防寒的规定；通风照明的规定；个人防护用品的规定；职工健康管理的规定。劳动安全卫生规程的主要内容如下：

① 用人单位必须建立、健全劳动安全卫生制度，严格执行国家劳动安全卫生规程和标准，对劳动者进行劳动安全卫生教育，防止劳动过程中的事故，减少职业危害。② 劳动安全卫生设施必须符合国家规定的标准。新建、改建、扩建工程的劳动安全卫生设施必须与主体工程同时设计、同时施工、同时投入生产和使用。③ 用人单位必须为劳动者提供符合国家规定的劳动安全卫生条件和必要的劳动防护用品，对从事有职业危害作业的劳动者应当定期进行健康检查。④ 从事特种作业的劳动者必须经过专门培训并取得特种作业资格。⑤ 劳动者在劳动过程中必须严格遵守安全操作规程。劳动者对用人单位管理人员违章指挥、强令冒险作业，有权拒

绝执行；对危害生命安全和身体健康的行为，有权提出批评、检举和控告。⑥ 国家建立伤亡事故和职业病统计报告和处理制度。县级以上各级人民政府劳动行政部门、有关部门和用人单位应当依法对劳动者在劳动过程中发生的伤亡事故和劳动者的职业病状况，进行统计、报告和处理。

（2）女职工特殊保护的规定

国家对女职工实行特殊劳动保护。妇女在生理上与男子有不同的特点和差别，妇女有月经、怀孕、生育、哺乳等生理特点。如果在劳动中对妇女的这些特点不研究、不保护，使其从事劳动强度过大或有毒害劳动，就会损伤女工的生理机能，不仅会影响女职工本身的安全和健康，而且还会影响到下一代的正常发育。

① 禁止安排女职工从事矿山井下、国家规定的第四级体力劳动强度的劳动和其他禁忌从事的劳动；② 不得安排女职工在经期从事高处、低温、冷水作业和国家规定的第三级体力劳动强度的劳动；③ 不得安排女职工在怀孕期间从事国家规定的第三级体力劳动强度的劳动和孕期禁忌从事的劳动；④ 对怀孕七个月以上的女职工，不得安排其延长工作时间和夜班劳动；⑤ 女职工生育享受不少于九十天的产假；⑥ 不得安排女职工在哺乳未满一周岁的婴儿期间从事国家规定的第三级体力劳动强度的劳动和哺乳期禁忌从事的其他劳动，不得安排其延长工作时间和夜班劳动。

（3）未成年工特殊保护的规定

国家对未成年工实行特殊劳动保护。未成年工是指年满十六周岁未满十八周岁的劳动者。由于他们正在长身体，发育尚未完全定型，因此，在劳动过程中也必须给予特殊保护。① 不得安排未成年工从事矿山井下、有毒有害、国家规定的第四级体力劳动强度的劳动和其他禁忌从事的劳动；② 用人单位应当对未成年工定期进行健康检查。

2. 劳动争议的解决

用人单位与劳动者发生劳动争议，当事人可以依法申请调解、仲裁、提起诉讼，也可以协商解决。

（1）调解

劳动争议发生后，当事人可以向本单位劳动争议调解委员会申请调解；劳动争议经调解达成协议的，当事人应当履行。调解原则适用于仲裁和诉讼程序。

在用人单位内，可以设立劳动争议调解委员会。劳动争议调解委员会由职工代表、用人单位代表和工会代表组成。劳动争议调解委员会主任由工会代表担任。

（2）仲裁

调解不成，当事人一方要求仲裁的，可以向劳动争议仲裁委员会申请仲裁。当事人一方也可以直接向劳动争议仲裁委员会申请仲裁。

劳动争议仲裁委员会由劳动行政部门代表、同级工会代表、用人单位方面的代表组成。劳动争议仲裁委员会主任由劳动行政部门代表担任。

提出仲裁要求的一方应当自劳动争议发生之日起六十日内向劳动争议仲裁委员会提出书面申请。仲裁裁决一般应在收到仲裁申请的六十日内作出。对仲裁裁决无异议的，当事人必须履行。一方当事人在法定期限内不起诉又不履行仲裁裁决的，另一方当事人可以申请人民法院强制执行。

（3）诉讼

劳动争议当事人对仲裁裁决不服的，可以自收到仲裁裁决书之日起十五日内向人民法院提起诉讼。

10.5.3　法律责任

1. 用人单位违法行为的法律责任

(1) 用人单位制定的劳动规章制度违反法律、法规规定的,由劳动行政部门给予警告,责令改正;对劳动者造成损害的,应当承担赔偿责任。用人单位违反《劳动合同法》规定,延长劳动者工作时间的,由劳动行政部门给予警告,责令改正,并可以处以罚款。

(2) 用人单位有下列侵害劳动者合法权益情形之一的,由劳动行政部门责令支付劳动者的工资报酬、经济补偿,并可以责令支付赔偿金:克扣或者无故拖欠劳动者工资的;拒不支付劳动者延长工作时间工资报酬的;低于当地最低工资标准支付劳动者工资的;解除劳动合同后,未依照《劳动合同法》规定给予劳动者经济补偿的。

(3) 用人单位的劳动安全设施和劳动卫生条件不符合国家规定或者未向劳动者提供必要的劳动防护用品和劳动保护设施的,由劳动行政部门或者有关部门责令改正,可以处以罚款;情节严重的,提请县级以上人民政府决定责令停产整顿;对事故隐患不采取措施,致使发生重大事故,造成劳动者生命和财产损失的,对责任人员比照刑法第一百八十七条的规定追究刑事责任。

(4) 用人单位强令劳动者违章冒险作业,发生重大伤亡事故,造成严重后果的,对责任人员依法追究刑事责任。

(5) 用人单位非法招用未满十六周岁的未成年人的,由劳动行政部门责令改正,处以罚款;情节严重的,由工商行政管理部门吊销营业执照。用人单位违反《劳动合同法》对女职工和未成年工的保护规定,侵害其合法权益的,由劳动行政部门责令改正,处以罚款;对女职工或者未成年工造成损害的,应当承担赔偿责任。

(6) 用人单位有下列行为之一,由公安机关对责任人员处以十五日以下拘留、罚款或者警告;构成犯罪的,对责任人员依法追究刑事责任:以暴力、威胁或者非法限制人身自由的手段强迫劳动的;侮辱、体罚、殴打、非法搜查和拘禁劳动者的。

(7) 由于用人单位的原因订立的无效合同,对劳动者造成损害的,应当承担赔偿责任。用人单位违反《劳动合同法》规定的条件解除劳动合同或者故意拖延不订立劳动合同的,由劳动行政部门责令改正;对劳动者造成损害的,应当承担赔偿责任。用人单位招用尚未解除劳动合同的劳动者,对原用人单位造成经济损失的,该用人单位应当依法承担连带赔偿责任。

(8) 用人单位无故不缴纳社会保险费的,由劳动行政部门责令其限期缴纳,逾期不缴的,可以加收滞纳金。用人单位无理阻挠劳动行政部门、有关部门及其工作人员行使监督检查权,打击报复举报人员的,由劳动行政部门或者有关部门处以罚款;构成犯罪的,对责任人员依法追究刑事责任。

2. 劳动者违法行为的法律责任

劳动者违反《劳动合同法》规定的条件解除劳动合同或者违反劳动合同中约定的保密事项,对用人单位造成经济损失的,应当依法承担赔偿责任。

3. 其他违法行为的法律责任

(1) 劳动行政部门或者有关部门的工作人员滥用职权、玩忽职守、徇私舞弊,构成犯罪的,依法追究刑事责任;不构成犯罪的,给予行政处分。

(2) 国家工作人员和社会保险基金经办机构的工作人员挪用社会保险基金,构成犯罪的,依法追究刑事责任。

（3）违反《劳动合同法》规定侵害劳动者合法权益，其他法律、法规已规定处罚的，依照该法律、行政法规的规定处罚。

课程思政 10 - 2

三期女职工被违法解除劳动合同后，如何对其进行特殊保护？

案例简介： 阙某 2018 年 7 月 18 日入职某公司担任出纳，2019 年 6 月 4 日生育一女。阙某生产前，某公司另行招聘潘某担任出纳。阙某产假结束回到单位后，主要从事辅助出纳工作。2020 年 1 月 14 日，某公司以阙某行为严重违反单位规章制度为由，向阙某送达解除合同通知书。阙某不服，申请劳动仲裁，要求继续履行劳动合同。仲裁委终结审理后，阙某诉至法院，要求继续履行劳动合同，并愿意就职人事行政空缺岗位。经查，某公司无行政人事职位空缺。经法院释明，阙某称如双方无法继续履行劳动合同，要求公司赔偿自 2020 年 1 月 14 日起至法院判决之日止的劳动收入损失及支付违法解除劳动合同赔偿金。

法院认为，根据查明事实，阙某工作确有拖延及不周之处，但远谈不上严重，某公司以阙某严重违反公司规章制度为由解除劳动关系缺乏明确的事实依据，系违法解除劳动关系。考虑到公司无适合阙某的空缺岗位及双方已丧失信任基础，劳动合同已经现实不能继续履行，故确认双方劳动关系于 2020 年 1 月 14 日解除。根据阙某工资标准和工作年限，某公司应当向阙某支付违法解除劳动合同赔偿金 16 400.01 元。根据《女职工劳动保护特别规定》第十五条的规定，用人单位违反本规定，侵害女职工合法权益，造成女职工损害的，依法给予赔偿。某公司应赔偿因其违法解除劳动关系导致阙某在哺乳期无法获得工资收入造成的损失，法院酌情按照阙某每月基本工资的 80% 计算其 2020 年 1 月 14 日至 2020 年 6 月 3 日哺乳期间的工资损失 18 946.67 元。

专家解读： 三期指的是女职工的孕期、产期和哺乳期。考虑到女职工在三期身体的特殊情况，法律对女职工三期权益给予特殊保护。《中华人民共和国妇女权益保障法》《女职工劳动保护特别规定》等均规定，任何单位不得因结婚怀孕、产假、哺乳等情形，降低女职工的工资，辞退女职工，单方解除劳动（聘用）合同或者服务协议。本案用人单位与三期女职工解除劳动合同违反法律规定，依据《中华人民共和国劳动合同法》第四十八条的规定，三期女职工可以要求继续履行劳动合同，但如果劳动合同不具有继续履行的现实可能性或不要求继续履行劳动合同，可以要求用人单位给予赔偿。如果三期女职工工作年限较短，其获得的赔偿金极少，远不足以支持其在三期内的生活、医疗及社保等费用支出时，还可以根据《女职工劳动保护特别规定》第十五条的规定，要求用人单位支付三期工资、医疗费等，以维护三期女职工的合法权益，保障其基本生活。

（来源：常州市武进区人民法院）

思政要点： 体现了党和国家关心爱护女职工，确保女职工平等就业、职业安全和生命健康，构建和谐劳动关系。

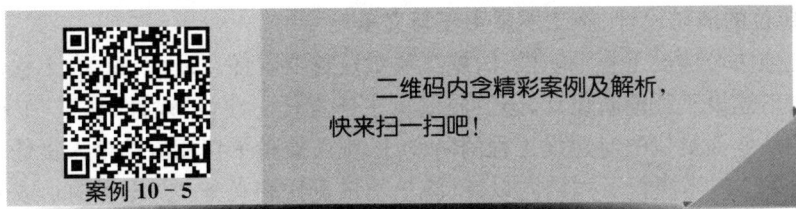

二维码内含精彩案例及解析，
快来扫一扫吧！

案例 10-5

10.6　建设工程消防设计审查验收管理规定

工程应用

知识点	项目应用阶段	典型工作事件	主要涉及的岗位	要求
特殊建设工程的消防设计审查、消防验收	项目设计阶段、项目施工实施阶段	建筑消防设计、消防工程验收	建设方项目主管、设计方项目负责人	熟知
其他建设工程的消防设计、备案与抽查	项目施工实施阶段、项目竣工阶段	消防工程验收	施工项目经理、项目技术负责人	知晓

学习内容

10.6.1　特殊建设工程的消防设计审查、消防验收

1. 特殊建设工程的界定

《建设工程消防设计审查验收管理暂行规定》第 14 条规定，具有下列情形之一的建设工程是特殊建设工程：(1) 总建筑面积大于二万平方米的体育场馆、会堂，公共展览馆、博物馆的展示厅；(2) 总建筑面积大于一万五千平方米的民用机场航站楼、客运车站候车室、客运码头候船厅；(3) 总建筑面积大于一万平方米的宾馆、饭店、商场、市场；(4) 总建筑面积大于二千五百平方米的影剧院，公共图书馆的阅览室，营业性室内健身、休闲场馆，医院的门诊楼，大学的教学楼、图书馆、食堂，劳动密集型企业的生产加工车间，寺庙、教堂；(5) 总建筑面积大于一千平方米的托儿所、幼儿园的儿童用房，儿童游乐厅等室内儿童活动场所，养老院、福利院，医院、疗养院的病房楼，中小学校的教学楼、图书馆、食堂，学校的集体宿舍，劳动密集型企业的员工集体宿舍；(6) 总建筑面积大于五百平方米的歌舞厅、录像厅、放映厅、卡拉 OK 厅、夜总会、游艺厅、桑拿浴室、网吧、酒吧，具有娱乐功能的餐馆、茶馆、咖啡厅；(7) 国家工程建设消防技术标准规定的一类高层住宅建筑；(8) 城市轨道交通、隧道工程，大型发电、变配电工程；(9) 生产、储存、装卸易燃易爆危险物品的工厂、仓库和专用车站、码头，易燃易爆气体和液体的充装站、供应站、调压站；(10) 国家机关办公楼、电力调度楼、电信楼、邮政楼、防灾指挥调度楼、广播电视楼、档案楼；(11) 设有本条第 1 项至第 6 项所列情形的建设工程；(12) 本条第 10 项、第 11 项规定以外的单体建筑面积大于四万平方米或者建筑高度超过五十米的公共建筑。

2. 有关单位的消防设计、施工质量责任与义务

建设单位依法对建设工程消防设计、施工质量负首要责任。设计、施工、工程监理、技术服务等单位依法对建设工程消防设计、施工质量负主体责任。建设、设计、施工、工程监理、技术服务等单位的从业人员依法对建设工程消防设计、施工质量承担相应的个人责任。

（1）建设单位应当履行下列消防设计、施工质量责任和义务：① 不得明示或者暗示设计、施工、工程监理、技术服务等单位及其从业人员违反建设工程法律法规和国家工程建设消防技术标准，降低建设工程消防设计、施工质量；② 依法申请建设工程消防设计审查、消防验收，办理备案并接受抽查；③ 实行工程监理的建设工程，依法将消防施工质量委托监理；④ 委托具有相应资质的设计、施工、工程监理单位；⑤ 按照工程消防设计要求和合同约定，选用合格的消防产品和满足防火性能要求的建筑材料、建筑构配件和设备；⑥ 组织有关单位进行建设工程竣工验收时，对建设工程是否符合消防要求进行查验；⑦ 依法及时向档案管理机构移交建设工程消防有关档案。

（2）设计单位应当履行下列消防设计、施工质量责任和义务：① 按照建设工程法律法规和国家工程建设消防技术标准进行设计，编制符合要求的消防设计文件，不得违反国家工程建设消防技术标准强制性条文；② 在设计文件中选用的消防产品和具有防火性能要求的建筑材料、建筑构配件和设备，应当注明规格、性能等技术指标，符合国家规定的标准；③ 参加建设单位组织的建设工程竣工验收，对建设工程消防设计实施情况签章确认，并对建设工程消防设计质量负责。

（3）施工单位应当履行下列消防设计、施工质量责任和义务：① 按照建设工程法律法规、国家工程建设消防技术标准，以及经消防设计审查合格或者满足工程需要的消防设计文件组织施工，不得擅自改变消防设计进行施工，降低消防施工质量；② 按照消防设计要求、施工技术标准和合同约定检验消防产品和具有防火性能要求的建筑材料、建筑构配件和设备的质量，使用合格产品，保证消防施工质量；③ 参加建设单位组织的建设工程竣工验收，对建设工程消防施工质量签章确认，并对建设工程消防施工质量负责。

（4）工程监理单位应当履行下列消防设计、施工质量责任和义务：① 按照建设工程法律法规、国家工程建设消防技术标准，以及经消防设计审查合格或者满足工程需要的消防设计文件实施工程监理；② 在消防产品和具有防火性能要求的建筑材料、建筑构配件和设备使用、安装前，核查产品质量证明文件，不得同意使用或者安装不合格的消防产品和防火性能不符合要求的建筑材料、建筑构配件和设备；③ 参加建设单位组织的建设工程竣工验收，对建设工程消防施工质量签章确认，并对建设工程消防施工质量承担监理责任。

此外，提供建设工程消防设计图纸技术审查、消防设施检测或者建设工程消防验收现场评定等服务的技术服务机构，应当按照建设工程法律法规、国家工程建设消防技术标准和国家有关规定提供服务，并对出具的意见或者报告负责。

3. 特殊建设工程的消防设计审查

对特殊建设工程实行消防设计审查制度。特殊建设工程的建设单位应当向消防设计审查验收主管部门申请消防设计审查，消防设计审查验收主管部门依法对审查的结果负责。特殊建设工程未经消防设计审查或者审查不合格的，建设单位、施工单位不得施工。

（1）特殊建设工程的消防设计审查应提交的材料

建设单位申请消防设计审查，应当提交下列材料：① 消防设计审查申请表；② 消防设计文件;③ 依法需要办理建设工程规划许可的,应当提交建设工程规划许可文件;④ 依法需要批准的临时性建筑,应当提交批准文件。特殊建设工程具有下列情形之一的,建设单位除提交上述所列材料外,还应当同时提交特殊消防设计技术资料:国家工程建设消防技术标准没有规定,必须采用国际标准或者境外工程建设消防技术标准的;消防设计文件拟采用的新技术、新工艺、新材料不符合国家工程建设消防技术标准规定的。特殊消防设计技术资料,应当包括特殊消防设计文件,设计采用的国际标准、境外工程建设消防技术标准的中文文本,以及有关的应用实例、产品说明等资料。

(2) 特殊建设工程的消防设计审查程序

① 消防设计审查验收主管部门收到建设单位提交的消防设计审查申请后,对申请材料齐全的,应当出具受理凭证;申请材料不齐全的,应当一次性告知需要补正的全部内容。对同时提交特殊消防设计技术资料的建设工程,消防设计审查验收主管部门应当自受理消防设计审查申请之日起 5 个工作日内,将申请材料报送省、自治区、直辖市人民政府住房和城乡建设主管部门组织专家评审。

② 省、自治区、直辖市人民政府住房和城乡建设主管部门应当在收到申请材料之日起 10 个工作日内组织召开专家评审会,对建设单位提交的特殊消防设计技术资料进行评审。省、自治区、直辖市人民政府住房和城乡建设主管部门应当建立由具有工程消防、建筑等专业高级技术职称人员组成的专家库,制定专家库管理制度。评审专家从专家库随机抽取,对于技术复杂、专业性强或者国家有特殊要求的项目,可以直接邀请相应专业的中国科学院院士、中国工程院院士、全国工程勘察设计大师以及境外具有相应资历的专家参加评审;与特殊建设工程设计单位有利害关系的专家不得参加评审。评审专家应当符合相关专业要求,总数不得少于 7 人,且独立出具评审意见。特殊消防设计技术资料经四分之三以上评审专家同意即为评审通过,评审专家有不同意见的,应当注明。省、自治区、直辖市人民政府住房和城乡建设主管部门应当将专家评审意见,书面通知报请评审的消防设计审查验收主管部门,同时报国务院住房和城乡建设主管部门备案。

③ 消防设计审查验收主管部门应当自受理消防设计审查申请之日起 15 个工作日内出具书面审查意见。依照规定需要组织专家评审的,专家评审时间不超过 20 个工作日。

④ 对符合下列条件的,消防设计审查验收主管部门应当出具消防设计审查合格意见:申请材料齐全、符合法定形式;设计单位具有相应资质;消防设计文件符合国家工程建设消防技术标准。对不符合前款规定条件的,消防设计审查验收主管部门应当出具消防设计审查不合格意见,并说明理由。

实行施工图设计文件联合审查的,应当将建设工程消防设计的技术审查并入联合审查。建设、设计、施工单位不得擅自修改经审查合格的消防设计文件。确需修改的,建设单位应当依照本规定重新申请消防设计审查。

4. 特殊建设工程的消防验收

对特殊建设工程实行消防验收制度。特殊建设工程竣工验收后,建设单位应当向消防设计审查验收主管部门申请消防验收;未经消防验收或者消防验收不合格的,禁止投入使用。

(1) 建设工程竣工验收的实质性内容

建设单位组织竣工验收时,应当对建设工程是否符合下列要求进行查验:① 完成工程消防设计和合同约定的消防各项内容;② 有完整的工程消防技术档案和施工管理资料(含涉及消防的建筑材料、建筑构配件和设备的进场试验报告）；③ 建设单位对工程涉及消防的各分部分项工程验收合格；施工、设计、工程监理、技术服务等单位确认工程消防质量符合有关标准；④ 消防设施性能、系统功能联调联试等内容检测合格。经查验不符合上述规定的建设工程，建设单位不得编制工程竣工验收报告。

（2）建设单位申请消防验收应提交的材料

建设单位申请消防验收，应当提交下列材料：① 消防验收申请表；② 工程竣工验收报告；③ 涉及消防的建设工程竣工图纸。消防设计审查验收主管部门收到建设单位提交的消防验收申请后，对申请材料齐全的，应当出具受理凭证；申请材料不齐全的，应当一次性告知需要补正的全部内容。

（3）特殊建设工程的消防现场验收

① 消防设计审查验收主管部门受理消防验收申请后，应当按照国家有关规定，对特殊建设工程进行现场评定。现场评定包括对建筑物防（灭）火设施的外观进行现场抽样查看；通过专业仪器设备对涉及距离、高度、宽度、长度、面积、厚度等可测量的指标进行现场抽样测量；对消防设施的功能进行抽样测试、联调联试消防设施的系统功能等内容。

② 消防设计审查验收主管部门应当自受理消防验收申请之日起15日内出具消防验收意见。对符合下列条件的，应当出具消防验收合格意见：申请材料齐全、符合法定形式；工程竣工验收报告内容完备；涉及消防的建设工程竣工图纸与经审查合格的消防设计文件相符；现场评定结论合格。对不符合上述规定条件的，消防设计审查验收主管部门应当出具消防验收不合格意见，并说明理由。

实行规划、土地、消防、人防、档案等事项联合验收的建设工程，消防验收意见由地方人民政府指定的部门统一出具。

10.6.2 其他建设工程的消防设计、备案与抽查

1. 其他建设工程的界定

其他建设工程，是指特殊建设工程以外的其他按照国家工程建设消防技术标准需要进行消防设计的建设工程。其他建设工程，建设单位申请施工许可或者申请批准开工报告时，应当提供满足施工需要的消防设计图纸及技术资料。未提供满足施工需要的消防设计图纸及技术资料的，有关部门不得发放施工许可证或者批准开工报告。对其他建设工程实行备案抽查制度。其他建设工程经依法抽查不合格的，应当停止使用。

2. 其他建设工程的消防设计备案

其他建设工程竣工验收合格之日起5个工作日内，建设单位应当报消防设计审查验收主管部门备案。建设单位办理备案，应当提交下列材料：（1）消防验收备案表；（2）工程竣工验收报告；（3）涉及消防的建设工程竣工图纸。消防设计审查验收主管部门收到建设单位备案材料后，对备案材料齐全的，应当出具备案凭证；备案材料不齐全的，应当一次性告知需要补正的全部内容。

3. 其他建设工程的消防设计抽查

消防设计审查验收主管部门应当对备案的其他建设工程进行抽查。抽查工作推行"双随机、一公开"制度，随机抽取检查对象，随机选派检查人员。抽取比例由省、自治区、直辖市人民政府住房和城乡建设主管部门，结合辖区内消防设计、施工质量情况确定，并向社会公示。消

防设计审查验收主管部门应当自其他建设工程被确定为检查对象之日起 15 个工作日内,按照建设工程消防验收有关规定完成检查,制作检查记录。检查结果应当通知建设单位,并向社会公示。

建设单位收到检查不合格整改通知后,应当停止使用建设工程,并组织整改,整改完成后,向消防设计审查验收主管部门申请复查。消防设计审查验收主管部门应当自收到书面申请之日起 7 个工作日内进行复查,并出具复查意见。复查合格后方可使用建设工程。

二维码内含精彩案例及解析,
快来扫一扫吧!

案例 10 - 6

二维码内含本模块"1＋X"证书习题及答案,
快来扫一扫吧!

"1＋X"证书习题 10

参考文献

［1］生青杰.建设工程法［M］.武汉:武汉理工大学出版社,2007.

［2］黄国铨、朱国红.工程建设法规与实务［M］.北京:中国传媒大学出版社,2011.

［3］马文婷.建筑法规［M］.北京:人民交通出版社,2007.

［4］徐广舒.建设法规［M］.北京:机械工业出版社,2008.

［5］唐茂华.工程建设法律与制度［M］.北京:北京大学出版社,2008.

［6］叶胜川、刘平.工程建设法规［M］.武汉:武汉理工大学出版社,2011.

［7］杨陈慧、杨甲奇.建筑工程法规实务［M］.北京:北京大学出版社,2011.

［8］赵承雄、蒋成太.建筑工程法律法规及相关知识［M］.哈尔滨:哈尔滨工程大学出版社,2011.

［9］朱宏亮.建设法规［M］.北京:武汉理工大学出版社,2006.

［10］全国一级建造师执业资格考试用书编写委员会编.建设工程法规及相关知识［M］.北京:中国建筑工业出版社,2011.

［11］生青杰.工程建设法规［M］.北京:科学出版社,2003.

［12］张文显.法理学［M］.北京:高等教育出版社,2001.

［13］郭明瑞.民法学［M］.北京:北京大学出版社,2001.

［14］崔建远.合同法［M］.北京:法律出版社,2000.

［15］王召东.建设法规［M］.武汉:武汉理工大学出版社,2005.

［16］住房和城乡建设部工程质量安全监管司组织编.建筑施工安全事故案例分析［M］.北京:中国建筑工业出版社,2010.

［17］王文杰.建设工程法律实务操作及疑难问题深度剖析［M］.北京:法律出版社,2012.

［18］建设工程质量管理条例［Z］.北京:中国建筑工业出版社,2000.

［19］建设工程安全生产管理条例［Z］.北京:中国建筑工业出版社,2003.

［20］中华人民共和国住房和城乡建设部.工程监理企业资质管理规定［Z］.北京:中国建筑工业出版社,2007.

［21］中华人民共和国住房和城乡建设部.建筑工程施工许可管理办法［Z］.2001.

［22］中华人民共和国住房和城乡建设部.工程造价咨询企业管理办法［Z］.2020.

［23］中华人民共和国住房和城乡建设部.注册建造师管理规定［Z］.2016.

［24］中华人民共和国住房和城乡建设部.注册监理工程师管理规定［Z］.2016.

［25］中华人民共和国住房和城乡建设部.注册造价工程师管理办法［Z］.2016.